中国书籍社科丛刊

第一辑

自闭症儿童研究

基于交际话语障碍及其社区化融合

李发睿 ｜ 著

中国书籍出版社

China Book Press

光明日报出版社

图书在版编目（CIP）数据

自闭症儿童研究：基于交际话语障碍及其社区化融

合/李发睿著 . -- 北京：中国书籍出版社：光明日报

出版社，2024.11. -- ISBN 978 - 7 - 5241 - 0154 - 3

Ⅰ. G766

中国国家版本馆 CIP 数据核字第 20248044KP 号

自闭症儿童研究：基于交际话语障碍及其社区化融合

李发睿　著

责任编辑	王　淼　戎　骞
责任印制	孙马飞　马　芝
封面设计	中联华文
出版发行	中国书籍出版社
地　　址	北京市丰台区三路居路 97 号（邮编：100073）
电　　话	（010）52257143（总编室）　　（010）52257140（发行部）
电子邮箱	eo@ chinabp. com. cn
经　　销	全国新华书店
印　　刷	三河市华东印刷有限公司
开　　本	710 毫米×1000 毫米　1/16
字　　数	226 千字
印　　张	16.5
版　　次	2025 年 3 月第 1 版　2025 年 3 月第 1 次印刷
书　　号	ISBN 978 - 7 - 5241 - 0154 - 3
定　　价	95.00 元

前　言

自从 1911 年瑞士医学先驱 Eagen Bleuer 首次引入自闭症概念以来，经历了从 1943 年美国著名医生 Leo Kanner 详尽报告首批 11 例自闭症病例的里程碑时刻，至今已跨越一个多世纪的探索历程。伴随着"Kanner 三联征"理论框架的确立——即社会互动障碍、语言及非语言沟通障碍，以及兴趣狭窄与重复刻板行为模式的界定和确立，自闭症的研究路径逐渐清晰：从初步聚焦于病症的细致观察，到深入探索其诊断与治疗策略，最终汇聚于如何促进自闭症患者的康复与社会融合，寻求更为高效、适宜的路径、模式与方法策略。

当前，自闭症研究领域的主流趋势仍聚焦于开辟康复融合的新途径、构建新型模式及创新方法策略上，其中，自闭症儿童在社交场合中的语言交流障碍及其如何成功融入社区、社会生活，已成为学术界与实践界共同瞩目的热点与焦点议题。这一趋势不仅体现了对自闭症个体全面福祉的深切关怀，也预示着在跨学科合作与技术创新驱动下，自闭症康复融合领域将迎来更加光明的前景。

自闭症儿童所面临的社会交际与话语障碍，构成了一个多维度且错综复杂的挑战领域，其核心深刻植根于言语、语言及交流能力的显著缺陷之中。这些障碍可细化为几大核心类别，每一类均对儿童的沟通与发展构成独特而深远的影响。首先，语言障碍显著表现为词汇量的匮乏、句式结构的单调以及表达能力的局限，这直接限制了儿童语言信息的综合理解能力和生成能力的发展。这种障碍不仅体现在语言产出的贫乏上，更在于无法有效运用语言来传达复杂思想和情感，从而严重制约了儿童在认知、学习及社交等多方面的进步。其次，语音障碍作为另一大难题，具体表现为发音困难，导致语音清晰度与准确性的降低。这不仅影响了语言交流的直接性，还可能进一步加剧儿童在社交互动中的不自信与孤立感。再者，儿童期起病的言语流畅障碍，如口吃或言语不连贯、重复、仿说等，更是为流畅的交流设置了重重障碍。这些障碍不仅阻碍了信息的有效传递，还可能对儿童的自尊心和社交意愿造成打击。尤为重要的是，社交语用交流障碍的存在，揭示了自闭症儿童在社交场合中理解和运用语言进行恰当沟通能力的缺失。这包括但不限于非言语交流（眼神交流、面部表情等）和言语交流（话题维持、对话轮转等）的困难，严重妨碍了儿童在社交互动中的有效参与和人际关系的建立。最后，还存在一类未特定的社会交流障碍，这类障碍可能涉及更为广泛的社会互动难题，其表现复杂多样且尚未被明确归类于上述具体类别之中，进一步增加了干预与支持的难度。

自闭症儿童语言障碍的核心特征，首先是源于词汇掌握、句式构建及语言理解与表达过程中的深刻缺陷，这些缺陷显著阻碍了他们的语言习得与运用能力。无论是口头、书面还是手语交流，这些语言障碍都表现得尤为明显。其次是自闭症儿童在词汇量和语法规则的应用上受到限制，进而影响其表达能力的全面发展。

换而言之，他们可能在首次使用单词和短语时表现出延迟、迟钝，词汇量相较于同龄正常儿童明显偏少且缺乏多样性。在句子构建上，他们的句子往往更为简短、结构单一，且常伴有语法错误，尤其是在处理过去时态时更为显著。此外，尽管有些自闭症儿童能够利用语境来推断某些信息的含义，但他们在语言的综合理解能力上仍存在不足。例如，他们可能遇到找词困难，言语解释贫乏，对同义词、多重含义或文化相关的文字理解吃力。

在记忆新词汇和句子方面，自闭症儿童同样面临挑战，这表现为他们难以处理长度增加的指令，难以复述言语信息的连续内容，以及难以掌握记忆新的语音信息、声音序列的能力——这是学习新词汇的关键技能之一。在表述能力上，他们可能难以提供关于重要事件的详尽信息，或难以叙述一个连贯、有条理的故事。

值得注意的是，自闭症儿童的语言能力通常远低于其年龄应有的发展水平，这种显著差异对他们的学业成绩、职业表现以及日常社交和有效交流能力构成了显著障碍。他们可能表现出羞怯、沉默寡言，或更倾向于与特定人群（如家人或熟悉的朋友）交流。虽然这些社交特征并非语言障碍的直接诊断标准，但若持续且显著存在，则提示有必要进行全面的语言评估。

语言习得是一个从幼儿期逐渐发展至青少年期达到成人水平的过程。自闭症儿童的语言障碍往往在其早期发展阶段即已显现，但个体间的差异显著，特别是在早期词汇习得和词语组合能力上。还有一点就是，伴有感受性语言障碍（即理解语言困难）的自闭症儿童，其障碍程度往往更为严重，治疗难度也更大，且常伴随阅读理解方面的困扰。

关于语言影响要素，有一点需要明确，双语环境并非自闭症儿童语言障碍的诱因或加剧因素，但双语自闭症儿童可能会经历语言发展的延迟或独特模式，其语言障碍会同时影响两种语言的学习与使用。自闭症儿童的语言障碍深受遗传因素影响，家族中有语言障碍史的成员比例较高。此外，不可忽视的是，听力障碍是导致语言问题的关键因素之一，语言障碍往往与听力损害、其他感官缺陷或言语—运动障碍相关联。同时，自闭症儿童的语言障碍也常作为智力障碍的一个显著标志，暗示其背后可能涉及不同程度的智力功能受损。

　　自闭症儿童的语言障碍与社交语用交流障碍之间存在着深刻的相互关联，后者聚焦于语言在社交情境中的实际运用与理解障碍。这主要体现在自闭症儿童难以适应复杂的社交规则，这些规则涉及言语及非言语交流（如肢体语言、面部表情）的精准把握与灵活运用。他们可能缺乏根据听众或情境调整语言策略的能力，难以遵循日常对话和社交叙事的自然流程。

　　这种社交语用交流能力的缺失，直接制约了自闭症儿童在有效沟通、社交融入、关系建立与维护，以及学业和职业成就方面的表现。他们可能因此面临沟通障碍、社交孤立等挑战，进一步影响其全面发展。这里要说明的是，语言能力的损害是社交语用交流障碍的常见伴随特征，凸显了自闭症儿童在语言结构、语义理解和表达上的局限性，这进一步加剧了他们在社交互动中的困难。面对这一复杂情况，有部分自闭症儿童可能选择避免社交场合，倾向于独处；而另一部分儿童则可能通过及时的干预与支持，在社交语用交流能力上展现出改善迹象。然而，仍有大量儿童会持续面临这些挑战直至成年。因此，针对自闭症儿童的语言与社交语用交流障碍，采取早期识别、个性化干预策略以及持续的社会支持体系至关重要，旨在助力他们逐步克服障碍，提升社交技能，最终实现更加广泛的社会融入。

　　自闭症儿童的语言学习与使用过程充满挑战，这些障碍往往在儿童早期就已显现，并可能伴随其成长而持续存在，对儿童的全面发展构成长期且深远的影响。因此，针对这一综合性难题，需要家庭、学校、医疗机构以及社会各界的紧密合作与共同努力。通过实施早期诊断、制定个性化干预方案以及提供持续的支持与关怀，可以帮助这些孩子逐步克服障碍，提升他们的语言能力和社交技能，最终促进他们更好地融入社会，享受平等而充实的生活。

　　本书深入剖析了自闭症儿童在交际话语领域所面临的障碍，并以此为切入点，广泛探讨了其社会生态系统中的社区化融合路径。通过系统性研究，本书旨在揭示并讨论触发自闭症倾向的根源因素，同时积极寻求针对这一特殊群体的有效诊断、康复策略及社会融合模式与方法。笔者期望，通过本书的探讨分析，能够激发医院、专业康复机构、学术界专家、家长及教育工作者等社会各界的共同关注与努力，携手构建一个安全无虞、氛围轻松、自由开放且和谐共融的社会生态环境，专为自闭症儿童的康复与融合量身打造。

在此愿景下，本书进一步探索了社会生态化影响干预、治疗、康复、融合的理念，即如何在自然、动态的社会生态环境中，运用综合性的诊断治疗与康复融合手段，对自闭症儿童进行全方位的支持与引导。笔者倡导一种新的机制，该机制不仅能够促进儿童语言交流能力的逐步恢复，还能在更广泛的社会融合互动中，帮助他们逐步建立自信，提升社交技能，最终实现与社会的无缝对接与和谐共处。

本书的诸多论题和讨论分析，尽可能地做到全面、系统、客观，内容上结合最新的前沿研究，与时俱进，做到理论、实践结合，客观性、实践性、实用性和可读性较强；结构合理、规范，体系性强，通俗易懂，适合对自闭症研究和康复融合感兴趣的人士以及其他相关人员阅读参考。

李发睿

二〇二四年六月

目　录
CONTENTS

绪论

自闭症概况与社区化融合近况

随着自闭症领域在临床诊断、治疗康复及科研探索方面的持续深化，针对自闭症儿童所面临的交际语言障碍及其社区融入问题的研究亦日益广泛且深入。本书集大成地整合了自闭症障碍的多维度特征，包括其患病率、发展轨迹与病程演变、风险因子与预后评估、社会交际障碍的诊断挑战、诊断生物标志物或行为特征的相关性探讨，以及鉴别诊断的要点。内容全面而专业，不仅详尽阐述了相关核心概念，还为关键术语提供了丰富的上下文背景，旨在成为家庭（特别是自闭症儿童家庭）、康复中心、教育机构及医疗机构临床工作者（含研究人员）不可或缺的实用指南。

此书不仅是自闭症康复研究与实践的宝贵资源，更在促进自闭症精神障碍精准诊断、优化康复路径、改善自闭症儿童社交沟通技能及推动其社会融合方面，具有重大的现实意义和指导价值。笔者满怀期待，希望本书的出版问世将为国内相关领域的专业人士及广大从业者提供极具参考价值和启发性的见解，共同推动自闭症研究与康复事业的进步。

本书开篇即概览自闭症的基本情况，深入剖析自闭症儿童在社区化融合方面的现状，并奠定自闭症儿童社区化融合模式研究的理论与实践基石。在此过程中，笔者遵循《精神障碍诊断与统计手册》（第五版-修订版，DSM-5-TR）及《国际疾病分类手册》（第十一版，ICD-11）

中对于自闭症的权威定义与特征描述：自闭症作为一种神经发育性障碍，其核心症状包括社交交往与互动能力的显著受损、兴趣范围极度狭窄及重复刻板行为模式。追溯历史，1980 年美国精神医学学会（APA）的正式认定，为自闭症医学诊断与康复研究开启了新纪元。

随后，本书深入探讨自闭症儿童语言交际能力的发展轨迹，特别是聚焦于交际话语领域，详细阐述多种解释性理论（如心理理论、执行功能障碍理论、弱中央统合理论、注意缺陷理论、具身认知理论、社会生态系统理论、社会建构主义及会话分析理论等）对自闭症儿童社会交际话语研究的贡献与洞见，同时指出传统心理学研究在此领域的局限性。

接下来，研究聚焦于自闭症儿童语言能力发展的核心——社会交际话语的分析，这一部分将围绕他们的叙事话语与互动话语两个维度展开。通过对自闭症儿童交际话语的细致分析，笔者旨在揭示其独特特征，精准定位问题所在，进而设计针对性的干预方案，实施有效的治疗与康复措施，以期显著提升他们的生活质量，促进其更好地融入家庭与社会。

在此基础上，本书创新性地提出自闭症儿童融合康复的新模式——基于社会生态系统的社区化融合，并将此模式付诸实际的诊断与康复实践中。随后，笔者引入社会生态系统社区化融合互动的新视角，深入探讨该视角下自闭症儿童交际话语障碍及社区化融合的研究框架，包括理论基础、研究方法、实践应用及研究发现。我们进一步探讨该视角下自闭症儿童社会融合研究的理论与实践价值，对语言康复、社会融合进行全面总结，并对未来研究方向提出展望。

此外，在探讨自闭症相关议题时，鉴于本书的核心聚焦于自闭症儿童，因此主要采用"自闭症儿童"这一表述。然而，为了更全面地覆盖自闭症研究和实践的相关内容，增强文本的普适性和灵活性，文中亦会适时采用"自闭症人群""自闭症群体""自闭症者""自闭症患儿"及"自闭症患者"等概念。这些不同的称谓在不同情境下，或是为了泛指所有自闭症个体，或是为了避免同义反复，抑或出于表达上的便利与流畅。同时，为了与国际通行术语接轨，文中亦会穿插使用自闭症的英文缩写"ASD"（Autism Spectrum Disorder）。特此说明，以便读者更好地理解文中各类表述的用意与范围。

第一节 自闭症概况

自闭症谱系障碍（Autism Spectrum Disorder，ASD）简称"自闭症"，也被称之为"孤独症"，是一种神经发育性障碍，其核心特征为社会交往障碍、兴趣狭窄以及重复刻板行为。据此儿童自闭症也被称为儿童孤独症，是一种以儿童某方面的行为缺陷模式加以界定的广泛性发展性障碍。根据美国精神医学学会（2024）的《精神障碍诊断与统计手册》（第五版-修订版）（DSM-5-TR），自闭症谱系障碍的定义、诊断标准及其特征为：社交交流和社交互动方面存在持续性的缺陷，受限的、重复的行为、兴趣或活动模式，症状存在于发育早期，症状导致社交、职业或目前其他重要功能方面的有临床意义的损害，症状不能用智力发育障碍（智力障碍）或全面发育迟缓来更好地解释（详见本书的附录一和附录二）。自闭症人群普遍具有语言缺陷障碍，根据自闭症者的智商水平可进一步划分为高、中、低功能自闭症，并与阿斯伯格综合征（Asperger Syndrome，AS）共同构成自闭症谱系症状（Autism Spectrum Conditions，ASC）及其相应的诊断标准。

鉴于自闭症障碍的病理生理学机制尚未明确确立，临床医师与科研人员目前主要依赖于细致观察并分析个体的行为模式，结合一系列测试手段来进行疾病的诊断与确诊。这一诊断框架聚焦于个体在社会互动与沟通能力上的显著缺陷，以及表现出的重复性、刻板化行为或异常强烈的兴趣偏好。通常而言，若自闭症儿童个体在多个关键领域均展现出明显困难，且至少在 3 岁之前已有一个或多个领域内出现异常症状的证据，基本就可以被诊断为自闭症障碍。

迄今为止，科学界对于自闭倾向的统一定义仍是一项复杂且具挑战性的任务。在医学实践中，主要依赖标准化的量表来评估儿童，其中得分落在自闭症疑诊与确诊之间的个体，通常被归类为具有自闭倾向的儿童。学术界普遍强调区分典型自闭症与更广泛意义上的自闭系列障碍。

典型自闭症儿童的特征在于他们在处理人际关系、语言交流以及行为兴趣等多方面均存在显著障碍。而相比之下，一般意义上的儿童自闭症状涵盖了更广泛的范畴，这既包括了典型自闭症的表现，也涵盖了那些展现出非典型自闭症特征或疑似自闭症的障碍疾病，即所谓的自闭倾向。这类儿童可能在某些特定领域遭遇困难，但在其他领域则能保持相对正常的功能，因此，这些状况有时被视为较为轻度的自闭症表现。值得注意的是，自闭倾向儿童的问题同样不容忽视。深入描述和分析他们的状况，积极探索有效的治疗方案，不仅能够为这类儿童的干预训练提供宝贵的指导，还能为他们的康复矫治工作提供重要参考，促进他们更好地融入社会与生活。

自闭症的概念最早可追溯至 1911 年，由瑞士的 Eagen Bleuer 提出。随后，1943 年美国儿童精神病学家 Leo Kanner 通过观察并报告了 11 例自闭症病例，定义了该病症的三大核心特征："Kanner 三联征"——即早期（3 岁前）出现的社会交往障碍、言语与非言语交流障碍，以及兴趣狭窄与重复刻板行为。此后，自闭症的全球患病率显著上升，据美国疾病控制与预防中心的自闭症与发展障碍监测网（Autism and Developmental Disabilities Monitoring Network）的数据显示，从 2014 年的 1.68%

至 2020 年已增至 2.76%。

在中国，自闭症的研究与认知正逐步获得社会各界的广泛关注与深入探索。自 1982 年南京儿童心理卫生研究所的陶国泰教授首次报道自闭症儿童案例以来，这一领域的研究便踏上了快速发展的轨道。近年来，随着全国范围内多项调查的深入进行，自闭症的高发态势越发显著。据估算，全国 6~12 岁自闭症儿童的出现率已达到 0.7%，而 0~14 岁自闭症儿童的保守估计数量更是高达约 200 万，且每年新增病例数量惊人，约在 16 万~20 万例之间。这一严峻形势不仅凸显了自闭症作为公共卫生问题的紧迫性，也促使社会各界对自闭症儿童的关注与支持日益增强。

在自闭症儿童广泛发展性障碍中，社交交流障碍是其核心要素之一。这一障碍的基本要素和主要表现可以简要概括为以下几方面。

一、社交交流障碍：自闭症儿童的核心困境

自闭症儿童在构建和维系社交纽带的过程中，经常会遭遇显著的交际困难挑战。他们往往难以把握并融入社交场合的微妙规则，显得与这些规则格格不入。在与人交往时，他们可能难以自然地建立起眼神的桥梁，难以分享彼此的兴趣与情感波动，这种深度的情感与兴趣交流的缺失，使得他们在同龄人的群体中显得尤为孤独和边缘化。

自闭症儿童的社交交流障碍，其复杂性与深远影响远不止语言层面。这一障碍如同一张错综复杂的网，覆盖了非言语沟通、社交理解与适应等多个维度。在非言语沟通方面，他们可能难以理解或运用面部表情、肢体语言等信号，这进一步加剧了他们在社交互动中的隔阂感。而在社交理解与适应上，他们可能难以解读社交情境中的微妙线索，难以灵活调整自己的行为以适应不同的社交场合，这直接影响了他们参与社交活动的能力与效果。

基于以上的综合分析可知，自闭症儿童的社交交流障碍是一个多维度、深层次的问题，它不仅限制了他们在日常生活中的社交互动，还对其功能发展产生了深远的影响。因此，我们需要更加全面地理解这一问题，采取综合性的干预措施，以帮助他们更好地融入社会，享受与人交往的乐趣。

（一）语言交流障碍的多维度挑战

自闭症儿童在语言表达领域遭遇着多方面的严峻考验。首先，他们常常面临词汇选择受限、语法结构混乱以及代词误用等语言基础能力的挑战，这直接会限制他们构建清晰、准确句子的能力。在交流中，他们可能陷入特定词汇或短语的重复循环，缺乏语言的创新性和灵活性，使得对话难以深入且富有成效。

其次，自闭症儿童在语音语调的运用上也显得异常，这往往导致交流过程中的自然流畅性受损。他们的声音可能缺乏抑扬顿挫，语调单调，难以传达出情感的细腻变化，进一步阻碍了与他人之间情感与理解的共鸣。

这种语言交流的障碍，如同一道难以逾越的鸿沟，将自闭症儿童与周围的世界分隔开来。它不仅限制了他们表达自我、分享感受的能力，也加剧了他们在社交互动中的孤立感和挫败感。因此，针对自闭症儿童的语言交流障碍，我们需要采取更加细致入微、个性化的干预策略，帮助他们逐步克服这些挑战，提升语言能力，更好地融入社会。

（二）非言语沟通障碍的逐步深化

自闭症儿童在非言语沟通领域，包括身体语言、面部表情及眼神交流等方面，展现出显著的短板。他们常表现出避免目光接触的行为，这不仅是社交互动中的一大障碍，也会严重阻碍他们从对方眼神中读取情感与意图的能力。同时，他们对于面部表情的解读能力受限，难以准确捕捉并回应他人的情绪变化。在自我表达方面，他们同样难以运用恰当的身体语言来传达内心的感受与需求，使得非言语沟通成为他们社交互动中的一大难题。

这种非言语沟通的缺失，如同在社交互动的舞台上撤去重要的布景与道具，让自闭症儿童在尝试融入与理解他人的过程中倍感艰难。它不仅会限制他们与他人建立深层次情感联系的能力，也会加剧他们在社交环境中的孤立感与隔阂感。因此，在关注自闭症儿童的语言发展同时，我们同样需要重视并干预他们在非言语沟通方面的困难，以促进其更全面的社交能力发展。

（三）社交理解与适应的极度困难

自闭症儿童在探索社交世界的征途上，面临着理解与适应的双重挑战。他们仿佛置身于一场复杂的社交迷宫中，难以捕捉并解读那些微妙而多变的社交信号，如隐喻的深意、讽刺的幽默或是字里行间的言外之意。这种对社交信息的解读障碍，如同戴上一层厚厚的隔音罩，让他们难以捕捉到社交场合中细腻的情感交流与意图表达。因此，在面对社交情境的变化时，他们往往显得手足无措，难以灵活调整自己的行为以融入其中，从而在集体生活中显得格格不入。

（四）社交动机与兴趣的严重缺失

对于自闭症儿童而言，社交的舞台并非总是充满吸引力的。他们内心深处可能缺乏一股主动探索与交流的驱动力，更倾向于在自己的世界里独自遨游，享受那份宁静与自在。即便被带入社交的场合，他们也可能因为对社交规则的不解或是不适，而显得冷漠或笨拙。这种对社交动机与兴趣的淡漠，不仅会限制他们与他人的深入交往，也会让他们错失通过社交互动来丰富自己情感体验与认知能力的宝贵机会。

（五）刻板行为与兴趣的独特模式

自闭症儿童常沉浸于一种独特的、对特定活动或物体的深度迷恋之

7

中，并展现出显著的重复行为倾向。这些行为模式，如重复排列物品、执着于特定的游戏或话题等，虽然体现了他们独特的专注力，但也可能成为他们融入正常社交活动的障碍。这种过度的迷恋与重复行为，往往使得他们难以将注意力从固定的事物上转移，从而错过了与他人建立联系和互动的机会。

与此同时，自闭症儿童的兴趣范围也显得相对狭窄，他们可能对某些领域有着超乎寻常的热情，而对其他广泛的兴趣爱好则缺乏兴趣或关注。这种兴趣的单一性，加上他们行为上的刻板性，使得他们在面对多样化的社交环境和情境时，显得较为僵硬和难以适应。他们可能难以根据场合的变化调整自己的行为方式，也难以理解并遵循社交互动中的微妙规则。

因此，自闭症儿童的刻板行为与兴趣的独特模式，会进一步加剧他们在社交交流中的挑战。为了帮助他们更好地融入社会，我们需要尊重并理解他们的这些特点，同时采取适当的方法引导他们逐渐拓宽兴趣范围，增加行为的灵活性和适应性。

概括地来说，社交交流障碍是自闭症儿童广泛发展性障碍中的核心要素之一。它不仅影响自闭症儿童与他人的有效沟通，还限制他们的社会适应与功能发展。因此，针对这一障碍的干预与治疗对于改善自闭症儿童的生活质量具有重要意义。

二、语言发育和发展障碍

自闭症谱系障碍儿童在语言成长领域普遍遭遇显著的滞后与异常表现。他们难以流利地运用语言来表达内心的想法与需求，即便开口，其语言模式也常显得机械重复，缺乏灵活性和创新性。这种语言发展的迟缓或障碍，直接构筑了沟通的壁垒，使得他们在社会交往中举步维艰，进一步加深了融入社会的难度。

值得注意的是，自闭症儿童的语言问题仅仅是其广泛性发展障碍中的冰山一角。他们不仅在语言上落后于同龄儿童，还伴随着一系列独特的、非典型的行为模式，这些特征远远超出了单纯语言障碍的范畴。例如，他们可能展现出对社交互动缺乏兴趣，偏好不合常规的社交与游戏方式；在交流时，可能过度依赖手势等非语言手段，而忽视了语言的运用；情感表达上，也可能出现与情境不符的行为，如无故发笑或拒绝身体接触；同时，他们还可能表现出视线回避、对特定事物或活动的高度重复性行为等特征。

这些复杂多样的表现，往往指向了自闭症儿童神经系统层面的异常。特别是，它们与某些神经系统疾病或状况，如获得性失语症、癫痫相关的失语综合征等，存在潜在的关联，提示了自闭症可能涉及更深层次的神经生物学机制。因此，在关注自闭症儿童语言发展的同时，还需全面审视其整体行为模式与神经生理状况，以便制定更为精准有效的干预策略。

自闭症儿童的语言迟缓，通常表现为在 2~3 岁这一关键语言发展期未能如期掌握语言技能，或在此后出现语言能力的退化。这种语言发展的停滞或倒退，是自闭症早期识别的重要标志之一。值得注意的是，语言丧失或退化也可能是癫痫的症状之一，因此，全面的诊断评估对于鉴别病因至关重要。

在自闭症儿童的日常交流中，语言障碍成为一道难以逾越的鸿沟。他们难以准确表达自己的思想与需求，同时，理解他人的话语与意图也显得尤为困难。这种双向的沟通障碍，不仅阻碍其有效会话的形成，还深刻影响他们的社交互动与情感表达。进一步观察发现，许多自闭症儿童在语言表达上存在鹦鹉学舌（echolalia）现象，即无意识地重复他人的话语；他们的语调、语速及语言节奏也可能出现异常；语法结构往往不够成熟，难以构建复杂的句子。此外，即便部分自闭症儿童具备一定的语言能力，其语言交际的有效性也大打折扣，表现为语言的重复刻板、缺乏实际意义，甚至自言自语、词汇单调等现象。这些语言特征不仅会限制他们的社交能力，还会为他们融入社会带来巨大挑战。

三、重复与刻板的行为模式

自闭症儿童常展现出一种高度重复与刻板的行为模式，这种模式不仅体现在他们的语言交流上，还深入渗透至身体动作、物体使用及日常习惯等各方面。他们倾向于重复特定的躯体动作或保持固定的姿势，对某些玩具或物体的摆弄和注视表现出异乎寻常的迷恋。在言语表达上，他们可能频繁模仿他人的话语、腔调或特定短语，缺乏自发的创造性语言。

有些自闭症儿童对于日常习惯的变化持有强烈的抗拒态度，他们渴望环境能够保持原样，任何细微的变动都可能引发他们的不安与焦虑。从吃饭的座位、碗筷的摆放，到出门的路线、上厕所的便池位置，这些看似微不足道的细节，在他们眼中都是不可动摇的常规。一旦这些常规被打破，他们可能会表现出强烈的情绪反应，如生气、违抗或拒绝合作。

此外，自闭症儿童还常常出现刻板的重复动作，这些动作可能包括但不限于弹手指、拍手、身体扭动、旋转、挥动手臂等。有些儿童甚至可能采取更为极端的行为，如扯头发、抓破皮肤或咬伤自己，这些行为往往伴随着过高的活动量和过大的动作幅度。他们的游戏方式也常常显得异常且重复，缺乏多样性和创新性。

总体来看，自闭症儿童的行为模式呈现出高度的僵化与刻板性，他们对环境的任何变动都表现出极端的敏感与抗拒。这种重复性、局限性的行为特征不仅限制了他们在社交、学习和生活自理等多方面的发展，还使得他们在面对新情境或挑战时经历深切的痛苦与困难。因此，对于自闭症儿童的教育与干预，需要特别关注他们的行为模式，采取灵活多样的策略来帮助他们逐渐适应变化，发展更加灵活和多样化的行为方式。

四、兴趣范围的极端局限性

自闭症儿童的兴趣世界往往被少数几个特定的主题所牢牢占据，展现出极高的选择性和专一性，其投入程度与执着追求远超出常人的想象。他们对非典型物体的迷恋，或是对特定兴趣的狂热追求，不仅限定了他们的兴趣范围，也深刻影响了他们的社交互动模式。这些兴趣往往成为他们与外界交流的唯一桥梁，但又因其独特性而难以被他人所理解或接纳，从而加剧了他们的社交隔阂。

在自闭症儿童的兴趣世界里，常见的是对一般儿童视为寻常的玩具和游戏毫无兴趣，却对某些无生命的物体，如纽扣、日历、门牌等，展现出异常的热情和偏好。他们的关注点常常落在物体的非主要功能或细节上，如反复触摸物体的表面，或是长时间凝视旋转、晃动的东西。这种对细节的过度关注，以及对非生命物体的特殊偏好，使得他们的兴趣世界显得既狭窄又独特。

在言语交际方面，自闭症儿童同样面临巨大的挑战。他们的交流往往围绕着有限的几个话题展开，难以根据对话情境灵活调整话题或对话方式。他们可能会反复纠缠于某一话题，不恰当地打断或改变对话方向，使用不符合社会规范或语境的词汇。此外，他们在交际话语表达的连贯性、逻辑性等方面也表现出明显的不足，难以像同龄正常儿童那样流畅、有条理地表达自己的思想和情感。

随着社会对自闭症认识的不断深入和接纳度的提高，自闭症儿童的言语交际障碍也引起了越来越多的关注。研究表明，自闭症儿童在语用能力方面存在显著的缺陷，具体表现为难以在社交语境中灵活运用语义策略，违反语义规则等。这种语用能力的不足，不仅限制了他们在口头交流中的表现，也影响了他们与他人的社交互动和情感交流。

因此，对于自闭症儿童而言，提供个性化的教育干预和支持显得尤为重要。通过针对性的训练和指导，帮助他们拓展兴趣范围、提高言语交际能力和语用能力，将有助于他们更好地融入社会，与他人建立更加和谐的人际关系。同时，全社会的关爱、帮助和接纳也是自闭症儿童成长道路上不可或缺的力量源泉。

社会交际与话语能力的发展迟缓，是自闭症谱系障碍中普遍且公认的标志性特征，其核心在于语用能力的显著缺陷，这一观点在学术界已达成共识。近年来，随着研究的深入，自闭症患者的语义加工过程逐渐受到重视，尤其是针对高功能自闭症及阿斯伯格综合征患者的探索，尽管这些研究所得结论存在多样性，但都指向了自闭症儿童在社交互动、言语及非言语交流方面的核心挑战，以及兴趣受限与重复刻板行为的显著表现。

若未能及时采取有效治疗与干预措施，自闭症症状可能会逐步加剧，最终可能导致患者终身面临功能障碍，对个人、家庭乃至整个社会造成深重的负担与影响。因此，探索并实践可行的帮助途径，促进自闭症儿童的早期康复与社会融入，不仅是对患儿及其家庭的深切关怀，也是社会文明进步的体现。

在此过程中，明确区分自闭症与抑郁症等心理障碍至关重要。抑郁症患者虽可能表现出社交回避与言语减少的症状，但其起病年龄多集中于青少年期，且往往是在原有正常语言能力基础上出现的暂时性障碍。随着抑郁症的缓解与治疗，患者的智力、记忆及交流能力能够恢复至正常水平。相比之下，自闭症患者的治疗与康复之路则更为复杂与漫长，难以通过单一的药物疗法实现与常人的完全交流能力。然而，通过行为干预、康复训练等多维度的支持，可以在一定程度上提升他们的社交技能，尽管这种提升可能无法达到正常人群的水平，但仍是帮助他们更好地适应生活、融入社会的重要步骤。这一区别强调了针对不同心理障碍采取个性化治疗策略的重要性。

综上所述的基本要素和主要表现，自闭症儿童的社交交流障碍是其广泛发展性障碍中的核心要素之一。这一障碍不仅影响他们的社交能力和生活质量，也给家庭和社会带来沉重的负担。因此，加强对自闭症的研究与认知、提高早期诊断率、推广有效的干预和治疗措施、建立完善的社会支持体系等对于改善自闭症儿童的生存状况和康复融合具有重要意义。

第二节　自闭症儿童的社区化融合近况

鉴于自闭症的复杂成因至今尚未完全阐明，医疗领域尚未研发出针对性的特效药物，因此，自闭症的治疗与康复策略聚焦于综合性治疗框架，该框架涵盖了行为疗法、教育康复训练、药物辅助治疗以及物理治疗等多维度方法。当前，自闭症患病率的持续攀升及庞大的患者群体，不仅给医疗体系带来前所未有的压力，也深刻触及社会各个层面，衍生出一系列亟待解决的社会问题，如康复资源的分配、教育体系的适应性调整、家庭支持体系的构建以及社会保障政策的完善等。这些问题凸显了自闭症已远远超越了单一医学范畴，成为一个复杂的社会性议题。

解决这一系列挑战的关键，在于推动自闭症人群，特别是自闭症儿童的社会融合进程。社会融合不仅意味着为自闭症个体创造更加包容、无障碍的社会环境，还涉及提升公众意识、增强社会支持体系、优化教育资源配置以及促进家庭与社区间的紧密合作等多方面。通过这些努力，我们可以帮助自闭症儿童更好地融入社会，享受应有的权利与机会，同时也为减轻家庭负担、促进社会和谐贡献力量。

一、社区化融合的概念

"融合"这一概念最早用于特殊儿童的教育，指特殊儿童接受并参与到正常儿童的日常教育之中。早期的融合教育更强调特殊儿童在物理层面的参与融合，使其能够参与到普通学校的教学当中，与正常儿童共同学习。但是，自闭症儿童不同于其他特殊儿童，其核心障碍是社会性的交际互动障碍，传统"融合"的概念不能满足自闭症儿童提升社会交际能力的现实需求。现在，融合的概念已不仅限于特殊儿童在普通学校接受平等的教育，而是代表特殊儿童更广泛地、平等地、全面地参与进正常人的生活当中，可称其为社会融合。

遗憾的是，社会融合的主流研究和实践依然停留在传统的康复与干预上，更注重基于教学的认知能力提升，将自闭症儿童的融合范围限定于教室或者家庭，忽视自然情景中社会交际互动的重要性。近年来，越来越多的学者意识到以上问题，开始重视如何在日常生活和真实环境中提升自闭症儿童的社会交际能力，其中以社区为关键平台的研究与实践开始涌现。

自闭症儿童日常生活的社区是正式的社会生态环境支持系统中的一个重要环节，其职责就是规划、完善家庭照顾目标，制定开展社区照顾方案，实施对自闭症儿童所处的各级环境体系进行人员、资源协调和整合，切实有效地帮助自闭症儿童走出各种障碍困境，最终能让他们成功融入家庭、学校和社区等，融入主流社会之中。自闭症儿童社区要以社区工作为锚点，有效地推进、落实自闭症儿童的社会化融合进程，这已经是急不可待、只争朝夕的自闭症儿童的社会化融合趋势。本书的研究基于社会生态系统视域，讨论分析自闭症儿童社会融合的新路径——社区化融合模式。以下就是研究解析自闭症儿童社会融合的现状与困境，构建社区化融合模式并详细介绍其相关内容及运作过程，最后阐述该模式的现实意义，并指明自闭症儿童社会融合的未来发展及其数智化发展趋势。

二、社会化融合的现状与困境

从 2006 年自闭症被纳入我国精神残疾范畴，自闭症儿童的诊断、教育、干预等方面取得较快发展，尤其在推动融合教育的普及上，已有显著成效。但是，当前自闭症儿童社会化融合之路依然存在诸多障碍，并且更多是社会层面的问题。

（一）自闭症儿童面临的社交困境：需求强烈却难以满足

在自闭症的核心障碍之中，社交沟通障碍尤为显著，但这绝不代表自闭症儿童对社交互动持否定或无感态度。事实上，众多自闭症儿童内心深处涌动着强烈的社交愿望与需求，他们同样怀揣着建立深厚联系、分享内心情感以及融入社会大家庭的渴望。然而，由于他们独特的交流方式、对非言语信息的理解局限以及在遵循社交规范方面的困难，这些珍贵的社交需求在日常生活场景中往往遭遇重重阻碍，难以获得充分的满足与积极的回应。简而言之，自闭症儿童不仅渴望社交，而且他们的这一需求在现实中常常面临难以满足的困境。

第一，自闭症儿童的社交互动需求没有被重视。大众对自闭症的了解多停留在"自闭"和"孤独"的字面意义，以为自闭症儿童更喜欢独处，不喜欢说话，不喜欢与人交往。实际上多数自闭症儿童都有很强的社交欲望，问题在于他们没有掌握或者不会遵守正常人的社会交际规则，因而在社会交际中屡屡受挫。同时，自闭症儿童个体差异性大，存在较大比例的认知能力受损儿童。这导致在他们的日常生活和干预中，老师与家长也容易忽视其社交需求，将更多的注意力放在认知康复训练上。

第二，自闭症儿童缺乏社会交际互动平台，即缺乏日常的互动对象和交际场景。绝大多数自闭症儿童的交际互动对象仅限于家长，以及干预和个训的老师。那些家庭条件困难，没有条件进行长期干预训练，或者自闭症程度较重的留守儿童，他们的日常生活完全局限于家庭中，极其缺乏与同龄儿童或其他环境角色的交际互动。

（二）自闭症儿童家庭承载的经济和照顾压力大

自闭症儿童家庭普遍面临严峻的经济与照护挑战。根据中国自闭症教育康复发展报告，一个引人深思的现象是，超过六成的自闭症儿童家庭被迫选择由母亲全职负责孩子的日常照料，这一选择不仅限制了家庭劳动力的多元化，还显著削弱了家庭的经济支撑能力。更令人担忧的是，约四分之一的家庭在自闭症儿童的康复治疗上，每月的投入远远超出了他们的收入水平，导致家庭经济陷入困境，常常出现入不敷出的艰难局面。

尽管我国政府在自闭症儿童康复领域已提供一定的经济援助，每年为 1.2~2.4 万元的补助，然而这一支持额度与家庭实际面临的庞大开支相比，仍显得杯水车薪。据行业蓝皮书调研显示，自闭症儿童家庭的年均康复支出普遍约为 6 万元，这一数字远远超出了政府补助的范围，使得许多经济条件普通乃至困难的家庭在应对相关开销时倍感吃力，严重影响了整个家庭的生活质量。

（三）自闭症儿童融合教育环境的稀缺与挑战

自闭症儿童群体存在显著的个体差异，其中不乏认知能力相对较强的学龄儿童。对于这部分儿童而言，构建适宜的融合教育环境至关重要，它不仅是他们获取知识的重要途径，更是促进其社会融入的关键环节。然而，我国当前在自闭症儿童融合教育资源的供给上，无论是数量还是质量，均存在明显的不足。

尽管自 2014 年起实施的国家"特殊教育提升计划"已将自闭症儿童纳入普通学校就读的政策框架，为更多自闭症儿童打开了融合教育的大门，但现实情况依然严峻。数据显示，尽管有 49% 的学龄自闭症儿童能够进入普通学校学习，但他们的融合之路并不平坦。高达 28% 的儿童经历了至少两次转学，反映出在适应不同教育环境方面的巨大挑战；47% 的儿童难以融入同龄人的社交圈，被误解为"喜欢一个人玩"，这不仅限制了他们的社交技能发展，也可能加剧其孤独感；更令人担忧的是，18% 的儿童在校园内遭受排斥，这对他们的心理健康和社会适应能力构成了严重威胁。

因此，我国亟须加强和改善自闭症儿童融合教育的环境，既要增加融合教育资源的数量，确保更多自闭症儿童有机会接受这一教育模式，又要提升融合教育的质量，通过专业培训、环境优化、政策支持等多方面的努力，为自闭症儿童创造一个更加包容、接纳和支持的学习环境，助力他们健康成长，顺利融入社会。

（四）公众对自闭症认知的局限与误解

自闭症作为社会议题已在我国公众视野中存在了 20 年之久，且媒体对其的报道和关注日益增加，但公众对于这一特殊群体的理解仍然停留于表面，缺乏全面而客观的认知。更为严重的是，媒体和网络空间中不时出现的"标签化"与"污名化"现象，进一步加深了社会对自闭症的误解与偏见。

一个普遍存在的误区是将自闭症简单地等同于一种情绪状态或后天可得的疾病，导致"我自闭了"这类表述成为表达沮丧情绪的流行语，这实则是对自闭症本质的极大曲解。同时，网络上流传的某些自闭症儿童情绪失控的视频，往往被未经深入了解的观众片面解读为自闭症儿童的普遍特征，如情绪不稳定、具有攻击性等，这种以偏概全的认知无疑加剧了社会对自闭症儿童的误解与恐惧。

由于缺乏正确的认知引导，公众在面对自闭症儿童时，往往容易受到既有偏见的影响，产生不必要的自我保护意识，进而在居住或教育环境中不自觉地排斥与自闭症儿童的交往。这种基于误解的排斥行为，不仅阻碍了自闭症儿童的社会融合进程，也限制了他们获得公平对待与融入社会的机会。

因此，提升公众对自闭症的认知水平，消除偏见与误解，是当前社会亟须面对的重要课题。通过加强科普教育、促进媒体公正报道以及增进社会各界的相互理解与尊重，我们有望为自闭症儿童创造一个更加包容、接纳的社会环境，助力他们健康成长，实现自我价值。

（五）自闭症儿童社会融合公共服务体系的缺失与挑战

在我国，自闭症被归类为精神残疾范畴，其相关政策与部分管理服务自然落到了中国残疾人联合会的肩上。然而，自闭症群体的复杂性与特殊性远超过其他残疾群体，使得在构建针对自闭症的社会公共服务体系时面临诸多挑战。目前，我国在社会公共服务层面尚未为自闭症群体建立起全面、系统且规范的软硬件服务体系，与已为其他残疾群体提供的完善设施和服务相比，显得尤为不足。

以其他残疾群体为例，盲人拥有盲道、盲文电梯按钮及红绿灯路口的语音提示，聋哑人在观看新闻、比赛时能享受到手语解说的便利，而残疾人士则普遍享有便捷通道和专用洗手间等公共设施。相比之下，自闭症群体在社会公共服务方面的待遇显得尤为薄弱，缺乏相应的规模性、系统性服务设施与体系。

这一现状的根源，一方面在于公众及社会各界对自闭症群体的认知不足，尚未充分认识到为他们提供专门社会公共服务的重要性与紧迫性；另一方面，即便有人意识到这一需求，但由于对自闭症特性的了解不够深入，决策者往往难以制定出切实有效的服务方案与措施。

因此，完善自闭症儿童社会融合的公共服务体系，既需要提升公众的认知水平，增强社会对自闭症群体的理解与接纳，也需要决策者深入调研、科学规划，制定出一套符合自闭症儿童特点与需求的服务标准与体系。只有这样，才能为自闭症儿童创造一个更加友好、包容的社会环境，促进他们的社会融合与全面发展。

第三节 自闭症儿童社区化融合模式的
理论与实践基础

自闭症儿童社会融合问题关乎他们在不同时期个体内外多种因素综合作用的结果，所以对自闭症儿童的治疗康复也应该从其社会生态系统出发，对其内外因素进行综合干预和整治。社区化融合式治疗与康复策略的核心在于全面介入，不仅要聚焦于自闭症儿童个体的干预，还要深入其赖以生存的生态环境，进行系统性优化与调整。这一过程超越了单纯的社区内治疗范畴，延伸至儿童的日常生活与学习环境中，旨在通过综合治理与积极干预，构建有利于其成长与发展的全方位支持体系。若忽视此社会生态体系层面的介入，治疗成效可能仅具短期效应，难以持续，自闭症儿童可能重陷孤立状态。我们尝试用社会生态化的社区化融合机制来帮助和治疗自闭症儿童，包括对自闭症儿童的干预和对他们生活的社会生态系统的干预，将自闭症儿童的治疗康复的范围扩大到儿童生活活动的整个生态圈中，不仅仅局限于在社区环境中进行治疗康复，在他们的生活、学习中，也可以进行融合干预，让他们的家长、老师等都参与到治疗康复中来。为此，我们倡导以协商与合作为基础，社区必须协调、集合多方力量，共同致力于优化自闭症儿童所处的社会生态环境。目标是营造一个充满温情、信任与自由的社会融合氛围，让自闭症儿童在社区、家庭、学校及康复机构等不同场景中，能够自觉客观地审视自我问题，激发内在潜能，感知心灵成长，最终实现顺利融入社会的目标。

一、社会生态系统理论（Society Ecosystems Theory）

在理论上，构建自闭症儿童社区化融合模式有两个要点需要明确，一是社区在社会系统中的功能与定位，二是社区与社会系统中的其他机构的内在关联。美国著名的人类学家和生态心理学家尤里·布朗芬布伦纳（Urie Bronfenbrenner）系统性地将生态学的知识引入人类社会的发展研究中，认为人类的发展处于社会生态系统之中，并且在其著作《人类发展生态学》中提出了具体可行的社会生态系统模型。家庭、团体、社区等社会生态空间是社会生态系统理论强调的人类社会环境中密不可分的各类生活环境，指出应该在人类社会环境中考察人类行为，重视环境对人类行为的影响，并在环境背景中分析人与环境的互动，即"四系统观"。

尤里·布朗芬布伦纳将社会环境由小到大分为微观、中观、外部和宏观四个主体部分，涵盖家庭、单位、学校、同龄群体、社区和社会系统等关键性要素（如图1所示）。其中微观系统处于整个社会生态系统的内核，是人类个体本身及与其密切相关的直接环境，它是动态的且不断发展变化的；中观系统作为微观系统（如家庭、学校、公司等）之间紧密交织的网络，其核心在于由亲属、同学、朋友、同事等人际关系构建的社会环境。而外部系统则指那些虽非直接参与，却对个体成长与发展具有深远影响的因素，社区作为其中典型代表，其影响不可忽视。至于宏观系统，它跨越了更广阔的文化、亚文化及社会环境范畴，塑造了不同环境下个体的思维模式与价值观，这些深层次的思想观念又反作用于微观、中观及外部系统，全面而深刻地影响着人类行为的社会化进

程。因此，自闭症儿童社区化融合式治疗与康复需全面考虑自闭症儿童
个体及其所处的多层次的综合的社会生态系统，通过综合施策，促进儿
童在社会各领域的积极适应与自我实现。

社区所处的外部系统，处于其他三个系统中的节点位置，与其他社
会环境紧密相连。对内，既可以发挥出比个人和家庭更大的影响作用；
对外，能够将宏观的社会系统中更宽泛的概念个性化和具体化，根据个
体实际情况有效促进、保障四个系统之间的有机互动。

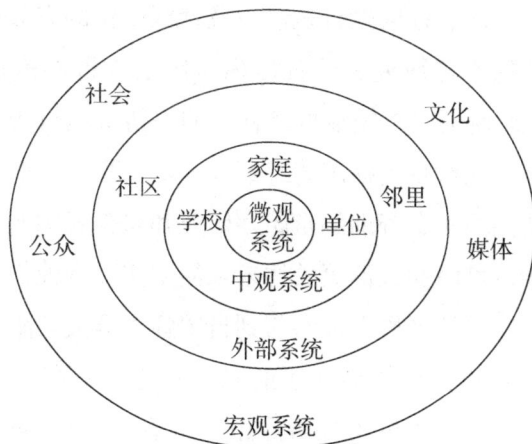

图1 社会生态环境系统图

自闭症儿童社区化融合模式强调社区在社会环境系统中的纽带作
用，通过社区化的融合模式，发挥个体和家庭难以形成的作用及影响
力，同时，将社会宏观系统中的各类资源进行整合、细化和分化，使其
能够真正落实在个体和家庭的社会实践中。

二、实践基础

社区化融合模式的运行同时需要理论指导和实践基础。其中，实践
基础主要包含两个层面。首先是已有实践研究基础，即是否有研究或者

社区已经或者正在践行类似的社区主导的自闭症儿童融合模式，相应的研究与结果是否支持社区化融合模式的可行性。其次是基层组织基础，也就是社区是否具备运作社区化融合模式的基层人员条件。实践基础的两个层面相辅相成，是社区化融合模式成功运行的关键。

（一）研究成果基础

在促进自闭症人群社会融合与提升其社交能力的研究中，涉及社区化融合的研究已经取得一定成果。这些成果基本集中在三方面，包括社区中自闭症人群本体、社区融合机制以及社区干预的有效性。

自闭症人群的本体研究关注社区内自闭症人群的需求及态度。比如，Pellicano 等调研英国自闭症群体社区的关切事项与研究基金内容之间的相关性。该研究对自闭症患者、家庭成员、相关从业者和研究人员进行访谈，发现英国基金资助的自闭症研究和参与者阐明的优先事项之间存在显著差异，自闭症人群更关注未来能切实改变他们日常生活的相关领域。因此，需要社区更多地参与到自闭症人群关切事项的制定和研究中，以确保支持和资源能够到达最需要的地方并产生最大效果。在Bailey 等的研究中，澳大利亚自闭症患者的看护者和服务提供者均认为，提升政府部门与组织机构的多元化，促进社会生态环境系统中家庭与社区的良好融洽的合作关系，能够确保自闭症儿童得到最全、最佳的援助服务并完全融入社会。除了对自闭症人群本体需求及态度的研究，还有一些学者关注社区内其他群体对自闭症群体的态度。Lilley 等调研了澳大利亚社区中，社区内部群体对自闭症人群的态度。研究发现访谈者的描述中存在诸多负面情绪，包括自闭症患者行为的羞耻、自闭症群体的污名化和家庭的社会孤立等。但是他们也发现，社区人员间的"互相照顾"使越来越多的人接受自闭症的个体差异。

自闭症社区融合机制的研究关注社区工作如何促进自闭症人群的康复与社会融合，以及机制的运行模式。冯立安等人深入探讨了采用社区照顾模式构建自闭症儿童社会支持系统的潜力与可行性。研究显示，此模式不仅有助于家长优化亲子关系，学习科学的育儿技巧，并增强自我效能感；同时，社区还能积极引导居民建立对自闭症儿童的正确认知，激发社会支持与帮助的热情。在社区平台的推动下，政府资金与专业社会团体的科学方法得以有效整合，共同促进自闭症儿童社会支持系统的建立健全。苏雪云等分析了生态学视角下的自闭症儿童融合教育支持系统，他们发现，自闭症儿童的融合教育需要各个子系统的支持，尤其需要社区子系统承担起统筹协作的功能。王建芳等调研了西安市自闭症儿童康复培训机构与社区的联动机制，发现康复机构和社区康复服务都有待进一步提高，需要不断加强和完善自闭症儿童康复机构与社区康复的联动机制。

　　在自闭症儿童社区干预的有效性的研究中，徐慧等对儿童社区康复的"组织性精神疗法"进行了探讨。他们在广州市两个不同社区组建了"亲子空间"，发现能够持续参与"亲子空间"活动的自闭症患儿，在社会融合的各个层面都取得了较大的进步和变化。Waugh等人研究探讨社会技能和心智理论干预对高功能自闭症儿童的有效性。该干预方法以社区为平台，在孩子们学习交友技巧和策略的同时，能够学会识别和考虑同龄人的心理状态的能力。Andrews等人分析社区融合的有效性，发现几乎所有研究都报告社区融合的显著性效果，包括友谊、娱乐参与、生活质量和自尊心等方面的提高。

　　整体而言，国外的研究与实践起步早，在一些发达国家已经形成有成效的政府—社区—机构等多方位协作的联合干预融合体系。国内的社区化融合研究虽然已有先行者，正在进行一些相应的实践工作，但总体上仍处于起步阶段，尚未构建起社区化融合模式的生态系统。

　　（二）基层组织基础

　　社区是社区化融合模式的关键节点，同时也是政策与管理的基层组织，具有充足的人力和能力来支持自闭儿童家庭、协调相关组织、统筹各项活动，是落实自闭症儿童社会融合的关键。而残疾人联合会的基层化为社区化融合模式的实践提供了现实的基层组织基础。

另外，中国残疾人联合会（简称残联）作为中央政府直接管理的机构，肩负着政府委托的任务，致力于残疾人事业的全面管理和发展，是全国残疾人群体统一的代表性组织。残联依据国家行政区划设立各级地方组织，并在社区、村庄以及残疾人集中的企事业单位设立残疾人协会或小组，以扩大服务覆盖面。

据 2022 年残疾人事业发展统计公报数据显示，全国范围内省、市、县、乡四级残联组织总数已达 4 万个，实现了省、市、县三级全面覆盖。其中，98.1%的乡镇（街道）和 99.1%的社区（村）均设立了残联或残协，总数超过 58.9 万个。在人员配置上，地方各级残联拥有工作人员 11.1 万人，而乡镇（街道）残联与村（社区）残协的专职委员总数则达到 55.7 万人。此外，83.9%的省级残联、63%的地级残联配备了残疾人领导干部，48.9%的县级残联也有残疾人干部任职。各级残疾人专门协会总数为 1.5 万个，其中省、市、县级协会的覆盖率分别高达 98.8%、97.8%和 92.7%。同时，全国范围内助残社会组织数量已超过 3000 个，彰显了社会各界对残疾人事业的广泛参与和支持。残联的组织和人员已经覆盖包括社区在内的基层，并形成系统的运作网络，这为自闭症儿童社区化融合模式提供了基层组织保障，保证了社区在人员数量和能力上能够开展相应社区化融合工作。

第一章

自闭症儿童话语研究及相关理论：
自闭症的多维度解析

自闭症儿童的广泛性发育障碍显著体现在语言发展、社会交际能力及重复刻板行为等多个维度。具体而言，语言发展障碍常作为自闭症最醒目的标识之一，表现为语言习得迟缓、表达受限及交流技巧缺乏。社会交际障碍则是其核心问题，患儿往往难以建立或维持与他人的有效沟通，表现出社交回避、情感互动缺失等现象。此外，重复刻板行为也是自闭症儿童的典型症状，他们倾向于坚持固定的日常生活模式，对任何细微变化都表现出强烈的抗拒。

在兴趣偏好上，自闭症儿童通常展现出对特定事物异常且狭窄的迷恋，这种偏好往往与他们的社交及语言发展形成鲜明对比。针对这些复杂特征，跨学科研究显得尤为重要，心理学、语言学、认知科学和社会学等领域的深度融合，为我们提供了理解自闭症儿童交际话语及促进其社会融合的新视角。

尽管自闭症儿童的交际话语特征在学界尚存争议，但在多个关键点上已达成广泛共识：自闭症儿童的交际表现、交际能力及交际话语加工过程均显著不同于正常发育儿童。为了揭示这些差异背后的原因，多种理论框架被提出并不断完善，如心理理论、执行功能障碍理论、弱中央统合理论、注意缺陷理论、具身认知理论、社会生态系统理论、社会建构主义及会话分析理论等。这些理论不仅为解释自闭症儿童的交际话语特征提供了丰富的视角，也为制定干预策略、促进社会融合奠定了坚实的理论基础。

在此基础上，自闭症儿童交际话语互动的研究进一步融合社会学、语言学、认知科学、认知心理学及人工智能技术等领域的理论与方法，形成多元化的研究范式。这些研究不仅深化了我们对自闭症儿童交际话语互动机制的理解，还为我们提供具体的分析工具和方法，助力我们更好地理解和帮助这一特殊群体，促进他们融入社会，享受正常的生活和健康的沟通方式。

第一节　自闭症与心理理论

这一节的内容是讨论心理理论的概念界定与核心观点，阐述心理理论的基本要素，解析其在自闭症儿童社会交际话语中的关键作用，解码自闭症与心理理论的紧密联系，分析心理理论能力受损如何成为自闭症社交障碍的根源。深入探讨自闭症与心理理论之间的复杂关系，深度解析心理理论如何作为理解自闭症社交互动障碍的关键视角。通过细化心理理论的不同维度和自闭症儿童在心理理论任务中的实时表现，我们将揭示自闭症儿童在解读他人心理状态、预测行为意图以及构建社交互动模式上的具体挑战。同时，本节还将探讨心理理论缺陷论在自闭症研究中的应用与局限性，以及如何通过跨学科的综合研究方法来深化对自闭症心理机制的理解。

一、心理理论：自闭症儿童社交话语互动的解码钥匙

在探讨自闭症儿童交际话语社会互动中的行为障碍时，一个核心议题聚焦于这些障碍如何影响及塑造其社交互动模式。在此领域，社会

学、心理学及认知科学等跨学科视角下，有三个核心概念尤为关键：社会注意（social attention）、共同注意（joint attention/joint care）以及心理理论（theory of mind），它们共同构成了理解这一复杂问题的理论框架和研究基础。

心理理论，亦称心灵理论、心智理论或精神理论，乃至简称"心学"，① 最早由 Premack 和 Woodruff② 提出，指的是个体能够洞察并理解自己及他人心理状态（如情绪、意图、欲望、假装及知识等）的能力。这一能力在社会交流中至关重要，因为它使我们能够解读他人的情感状态，预测其行为意图，进而准确把握对话的深层含义与目的，从而做出得体且有效的回应。③ 因此，在自闭症人群的社会互动研究中，心理理论的理解与应用成为剖析其行为障碍、促进社交技能发展的关键路径。心理理论的核心概念可细分为"愿望"与"信念"两大类，这两者不仅影响着个体的行为，同时也在行为过程中不断催生新的"愿望"与"信念"。④ 因此，心理理论在解释和预测人的行为方面扮演着举足轻重的角色。

自闭症与心理理论之间存在不可分割的密切关系。自闭症患者的心理理论能力受损是其社交障碍和沟通困难的重要原因之一。通过深入研究心理理论在自闭症中的作用机制，我们可以更好地理解自闭症的病因和病理过程，为自闭症的早期诊断和干预提供科学依据。同时，这也提示我们在日常生活中应更加关注自闭症患者的心理状态和需求，为他们

---

① 马博森，李发睿，曾小荣．多模态互动视角的注视研究评骘：自闭症研究的新转向［J］．兰州大学学报（社会科学版），2022，50（2）：112-121.

② PREMACK D, WOODRUFF G. Does the Chimpanzee Have a Theory of Mind? ［J］Behavioral and Brain Sciences，1978，1（4）：515-526.

③ 马博森，李发睿，曾小荣．多模态互动视角的注视研究评骘：自闭症研究的新转向［J］．兰州大学学报（社会科学版），2022，50（2）：112-121.

④ 邹启容，张显达．高功能自闭症儿童说故事能力与相关影响因素研究［J］．特殊教育研究学刊，2007，32（3）：49-54.

提供更多的支持和帮助。

二、自闭症儿童的心理理论障碍表现

在此我们来解读自闭症儿童的心理理论障碍，探讨他们在解读他人情绪、意图和心理活动等心理状态时的困难，预测和反应自闭症儿童的心理理论缺失，分析自闭症儿童在预测他人行为意图及做出得体回应方面的不足，揭示社交互动模式的构建难题，即心理理论缺陷如何影响自闭症儿童构建和维护他们的社交关系。

自闭症儿童的突出障碍就是心理缺失，即自闭症儿童在心理发展过程中未能满足某些基本需求，导致自身在情感、认知、行为等方面出现的明显缺陷或不足，也就是情感障碍和沟通障碍，他们习惯于生活在自己的"王国"或"世界"里，拒绝接纳其自身以外的他人和事物，不能有效理解他人的情感和言语交际信号，更缺乏与他人的心理或情感的同频共振能力，即缺乏心理理论。因此，对自闭症儿童进行社区化康复融合时，建立和谐融洽的融合关系是一个很困难且漫长的过程，也是至关重要的环节。他（她）会回避对方的目光，避免肢体接触，对于交谈者的任何表情和言语都没有反应或回应，当他们遇到困难时也不会向他人求助，更不会也不愿表达自己的愿望和要求。所有这些都会让他人深刻地感受到与自闭症儿童建立信任关系的极大困难。

在探讨自闭症的心理学解读时，研究者构建了一个以心理层面为核心的分析框架，旨在深入理解自闭症儿童个体的内在世界，特别是他们独特的认知运作机制、心理动态过程以及这些过程如何共同塑造出一系列障碍特征。本框架特别强调对自闭症儿童认知架构、心理模式及表征的细致考察，其中，心理理论能力缺陷论作为一个核心视角，为我们提供了理解自闭症社交难题的重要窗口。

（一）基于心理理论能力缺陷视角的自闭症解析

心理理论能力，作为个体在社交互动中深入理解并预测他人复杂心理状态（涵盖想法、信念、意图及情感等）的核心认知能力，是构建有效社交互动的根基。在自闭症的研究领域中，心理理论能力缺陷论占据重要地位，它指出相当一部分（尽管不是全部）自闭症患者在这一核心认知领域存在显著的功能障碍。

1. 心理状态识别与推断的障碍

自闭症儿童在尝试解读和推断他人心理状态时面临重重困难。具体来说，他们难以精确捕捉并解析他人的情绪表达，难以洞悉他人的真实意图，更难以准确预测他人的行为反应，常常显得"不解风情"，难以适应复杂的社交互动。这种能力的不足，如同社交互动中的"盲点"，使得他们在复杂多变的社交环境中常常感到困惑不解，难以与他人建立深层次的理解和共鸣。

2. 内在心理状态构建与理解的局限

除了直接的心理状态识别难题外，自闭症儿童在构建和理解他人内心世界方面也表现出显著的局限性。他们难以在脑海中形成关于他人心理状态一致且连贯的心理模型，这导致他们在解读社交线索、情境含义时频繁出现偏差，进而影响其社交适应能力和社会交往的深度与广度。

3. 独特的社交行为模式及其影响

心理理论能力的缺陷不仅深刻影响了自闭症儿童的心理状态识别与理解，还直接塑造了他们独特的社交行为模式。这些模式往往表现为缺乏自然流畅的眼神交流、对非言语信号的误解或忽视以及在维持或启动对话方面的显著困难。这些行为特征不仅限制了自闭症儿童在社交场合中的表现，还进一步削弱了他们的社交功能和社会融入感，对其生活质量和社会关系造成了深远的影响。

（二）全面审视自闭症：认知架构与心理过程的综合解析

在探讨自闭症儿童的心理学特征时，我们需超越单一的心理理论能力缺陷视角，转而采取一种更为全面、综合的考量方式，深入剖析其整体认知架构与心理过程的复杂交织。这一框架涵盖多个关键维度。

1. 感知觉处理的独特模式

自闭症儿童的感知觉处理机制往往呈现出异常特征，表现为对某些感官刺激的异常反应，如高度敏感或相对迟钝。这种感知觉处理的差异性不仅影响他们对外部世界的直接感知，还能深刻塑造他们如何解释和应对周围环境，并进一步加剧社交互动的复杂性。

2. 执行功能的局限性

执行功能作为个体实现目标导向行为的重要心理过程，在自闭症儿童中常表现出显著缺陷。这包括计划能力的不足、工作记忆的受限以及抑制控制的困难，直接影响了他们的决策制定、问题解决能力以及在社会环境中的适应性。这些执行功能的障碍，是自闭症儿童在日常生活和学习中面临诸多挑战的重要原因之一。

3. 情感表达与调节的困境

自闭症儿童在情感领域同样面临严峻挑战，包括情感表达的受限、情绪识别的障碍以及情绪调节能力的不足。他们可能难以准确表达自己的情感体验，也难以理解和回应他人的情感信号，这进一步加剧了他们在社交互动中的孤立感和挫败感。情感表达与调节的困难，是自闭症儿童社交障碍的重要组成部分。

借以上分析论述，自闭症的心理学解读框架是一个多维度、多层次的分析系统，它不仅关注心理理论能力这一核心视角，还全面审视了自闭症儿童的感知觉处理、执行功能以及情感表达与调节等多方面。这一综合考量方式有助于我们更加深入地理解自闭症儿童的认知运作、心理动态及过程，进而为制定个性化、有效的干预策略提供坚实的科学基础，这一点可以参考杨凌燕和肖非 2005 年的研究。

三、心理理论缺陷论的实际应用与理论探索

心理理论缺陷论在自闭症儿童研究领域的广泛应用，为这一特殊群体的早期诊断、干预策略的制定及康复过程提供了宝贵的科学视角和依据。该理论不仅加深了我们对自闭症儿童在理解和预测他人心理状态方面困难的理解，还促进了相关干预措施的发展，旨在帮助他们克服社交障碍。

然而，心理理论缺陷论在实践应用中也面临一些理论上的局限与挑战。首先，心理理论与语言能力之间的复杂关系尚未完全厘清，这在一定程度上影响了我们对自闭症儿童心理理论缺陷本质的理解。语言作为表达和交流的重要工具，其发展水平如何影响心理理论的构建和发展，仍是一个需要进一步探索的问题。

其次，自闭症儿童在心理理论任务上表现出的个体差异，也是该理论面临的一大挑战。尽管许多自闭症儿童在心理推测能力上存在缺陷，但也有部分个体能够展现出一定程度的心理理解能力，但这种能力并未有效转化为实际的社交技能和得体行为。这种差异性的存在，提示我们自闭症的心理机制可能比单一的心理理论缺陷更为复杂，需要更加综合和深入的研究。

为了更全面地理解自闭症及其社交障碍，心理学模式开始将自闭症的发展障碍视为心智活动受损在大脑层面的映射。鉴于大脑是心理活动的生理基础，研究者们正致力于通过神经科学研究方法，定位与心理理论等心理活动相关的特定大脑区域。这一努力旨在具体化心理模式与活动的内容，从而更深入地揭示自闭症的神经机制。

如果未来能够成功证实某一心理结构或模式的缺陷是自闭症行为障碍的决定性因素，那么这无疑将标志着我们对自闭症发生机制理解的重

大飞跃。这不仅将为我们提供更加精准的诊断工具，还将为干预措施的设计和实施提供新的思路和方向。① 然而，要达到这一目标，我们还需要克服当前面临的诸多挑战，包括心理理论与语言能力关系的进一步澄清、个体差异性的深入探究以及神经科学研究的持续深入等。

四、跨学科融合视角下的自闭症心理与神经机制探析

在探讨自闭症的复杂心理机制时，跨学科的研究模式展现出独特的优势。这种综合方法不仅将自闭症视为心智活动受损的反映，还通过神经生物学的视角，深入探索大脑特定区域的损伤及其与行为功能之间的密切联系。

神经生物学模式作为这一跨学科探索的重要组成部分，聚焦于大脑微观层面的变化，特别是特定脑区或神经环路的损伤。这些损伤如何影响自闭症患者的认知、情感及社交功能，成为该领域研究的核心问题。通过将发展性或精神性障碍视为大脑潜在损害的外在表现，神经生物学模式为自闭症研究提供了深刻的洞察力和新的治疗方向。

与此同时，神经心理学模式的引入，进一步丰富了我们对自闭症的理解。这一模式巧妙地将认知（情绪）功能的心理实验研究和脑区结构与功能的神经科学技术相结合，实现了从心理现象到神经机制的跨越。通过神经心理学的研究，我们能够更精准地定位自闭症相关的脑区活动，揭示其背后的神经机制，从而为自闭症的早期诊断、干预及康复提供科学依据，也可视为对自闭症发病机制的有效阐释。②

将神经生物学与神经心理学模式相融合，不仅可以促进自闭症研究

---

① 杨凌燕，肖非. 从知觉生态理论看自闭症的发生与发展 [J]. 中国特殊教育，2005
　(11)：65-69.
② 杨凌燕，肖非. 从知觉生态理论看自闭症的发生与发展 [J]. 中国特殊教育，2005
　(11)：65-69.

领域的理论创新，也能为实践应用开辟新的道路。这种跨学科的综合研究方法，使我们能够更全面地探索自闭症的成因、表现及影响，为制定更加个性化、有效的治疗策略提供了可能。在未来，随着科学技术的不断进步和跨学科合作的深入发展，我们有理由相信，对自闭症心理与神经机制的理解将会更加深入，治疗方法也将更加完善。

五、自闭症儿童康复融合中的心理理论挑战

从其他理论的各种挑战和评价来看，探讨在自闭症儿童社区化康复融合过程中，心理理论缺失所带来的信任建立、情感共鸣等难题。因此，心理理论的应对策略是通过提出增强自闭症儿童的心理理论能力、促进社交技能发展等策略，以改善其社交互动模式，实现和谐融洽的融合关系。

自闭症儿童有心理理论缺陷的假设，最早由心理学家 Baron-Cohen 等①提出，他们指出，自闭症者缺乏识别和理解他人心理状态的能力。在此之后，不断有学者设计相应任务检验这一理论的适用性和可靠性②。研究结果发现，多数实验结论都支持心理理论缺陷的假设，认为自闭症患者在推断自己和他人心理状态的能力③和移情能力④方面存在困难，而这明显影响他们的沟通和社会互动。一段成功的叙事会有两个显著特点，一方面需要说话人使用得体的交际策略维持听话人参与，另

---

① BARON-COHEN S, LESLIE A M, FRITH U. Does the Autistic Child Have a Theory of Mind? [J] Cognition, 1985, 21 (1): 37-46.
② BARON-COHEN S. Mind Blindness: An Essay on Autism and Theory of Mind [M]. Boston: The MIT Press, 1995: 89-103.
③ BARON-COHEN S, LESLIE A M, & FRITH U. Does the autistic child have a theory of mind? [J] Cognition, 1985, 21 (1): 37-46.
④ BARON-COHEN S. Empathizing, Systemizing, and the Extreme Male brain Theory of Autism [J]. Progress in Brain Research, 2010 (186): 167-175.

一方面要求他们对叙事事件中所涉及的相关人物情感、内心想法和言语行为等做出实时的恰当的阐述，而且这两个显著本质特点与心理理论的内容非常吻合。心理理论的观点指出，为了使交际互动有意义，对话中的交际双方或多方必须考虑到彼此之间的心理状态，并用适当的情绪反映心理状态①。

　　心理理论的研究最常用的一个重要任务就是错误信念任务（false-belief task）。该任务被广泛认为是评估儿童心理理论发展的重要手段，其核心在于考察儿童是否能够对他人持有的错误信念进行归因。错误信念的认知包含两个层次，即一级错误信念（first-order false belief）和二级错误信念（second-order false belief）。随着自闭症儿童的年龄增长，对错误信念的理解也会逐步加深，通常会从一级错误信念向二级错误信念过渡和发展②。一级错误信念主要指的是儿童推断故事中主角在特定情境下的想法与情感的能力；而二级错误信念则要求儿童能够评价故事主角如何推测或认知他人的想法与情感，并进一步理解主角的想法与情感是如何受到他人影响的，这表明儿童已经具备了心理活动递推性的思维能力③。早期的心理理论研究中，普遍认为自闭症儿童不能够通过一级错误信念。后续研究中发现，部分自闭症儿童经过训练能够通过一级错误信念，但是与同年龄的正常发育儿童相比，依然难以通过二级错误

---

① BARON-COHEN S. Empathizing, Systemizing, and the Extreme Male brain Theory of Autism [J]. Progress in Brain Research, 2010 (186)：167-175.

② 程燕华，马博森. 汉语自闭症儿童与正常发展儿童叙事话语中的多模态指称行为分析 [J]. 外国语文研究（辑刊），2019, 10 (1)：39-56；程燕华，马博森. 自闭症谱系障碍儿童指称行为研究综述 [J]. 中国特殊教育，2019 (9)：51-56；程燕华，马博森. 高功能孤独症儿童与普通儿童会话修正行为对比研究 [J]. 中国特殊教育，2022 (2)：28-36, 44.

③ WIMMER H, PEMER J. Beliefs about Beliefs：Representation and Constraining Function of Wrong Beliefs in Young Children Understanding of Deception [J]. Cognition, 1983, 13 (1)：103-112.

信念测试。因此，错误信念测试是用来研究自闭症儿童心理理论的重要测试工具和指标之一。

心理理论研究的一个核心焦点是共同注意现象，它作为一种关键的协调性注意技能，在自闭症儿童早期社交互动与认知发展中占据着举足轻重的地位。简单来说，共同注意是指个体利用手指指向、眼神交会等手段，与他人协同将注意力集中于共同关注的非自身对象或事件上。这一能力不仅促进了信息的共享与理解，也是社会认知发展不可或缺的一环。

共同注意可细分为两大类型：响应性共同注意（Responding to Joint Attention，RJA）与引发性共同注意（Initiating Joint Attention，IJA）。前者涉及个体对他人（如通过眼神或手势）发出的注意导向信号做出反应，将自身注意力转移至指定对象；后者则是主动行为，个体通过目光交流、手势示意等方式，引导他人关注特定对象或人。在这两种形式中，注视作为一种直观且核心的社交信号，发挥着至关重要的作用。[①]

针对自闭症群体的研究显示，他们在共同注意能力上普遍表现出显著缺陷，且这一能力更容易受到环境干扰而削弱。相关研究特别关注了自闭症儿童是否具备有效的目光追随技能，以及他们是否能够敏锐地感知并适当响应他人指向特定物体的视线动作。为了评估这些能力，研究者常采用动画或视频作为实验材料，观察并记录受试者是否能够跟随视频角色的目光移动，以此作为共同注意能力的量化指标。

有实验结果表明，与普通人群相比，自闭症人群的目光追随行为明显减少，他们在追踪目标物体时显得力不从心，显示出共同注意能力的显著受损。这一发现不仅加深了我们对自闭症社交障碍机制的理解，也

---

① 马博森，李发睿，曾小荣. 多模态互动视角的注视研究评骘：自闭症研究的新转向 [J]. 兰州大学学报（社会科学版），2022，50（2）：112-121.

为制定针对性的干预措施提供了科学依据，旨在帮助自闭症儿童提升社交互动能力，更好地融入社会。①

　　另外，自闭症儿童的社会信息加工能力同样值得关注。这涉及他们在社交互动中对面部，特别是眼部等社会信息区域的加工能力。实验通常以人物面孔为刺激，探究自闭症儿童对面部特征（如眼睛、嘴巴）、表情及情绪的识别与关注模式。研究指出，自闭症儿童在加工社会信息时表现出明显的偏好差异和加工方式异常，如对整体信息的关注减少，更多关注细节而非全局，且在日常交往中不擅长利用交际线索来解读和预测社会事件，如过度关注嘴部而非眼部。此外，单纯使用人物面孔作为实验刺激，可能无法全面反映自闭症儿童在复杂社交场景下的信息加工特征，提示需采用更多元化的评估方法。为了能够把这一局限加以弥补，有一些研究者就把叙事故事和图画书作为研究的刺激材料，研究、讨论自闭症人群在意义加工更具社交情景特征的刺激时所呈现的信息特征。研究发现自闭症儿童相较于正常发育儿童存在着信息搜索、局部加工的偏好，但是存在社会信息关注和吸收的异常，如果利用视觉策略则能够改善其对社会信息的吸收和处理的偏离。概括而论，自闭症与心理理论缺失论之间存在着密切的联系，心理理论缺失论为我们诊断、理解自闭症的社会交流困难提供了一个重要的视角，同时也为我们提供了进一步的自闭症研究和干预康复的线索。②

① 马博森，李发睿，曾小荣. 多模态互动视角的注视研究评骘：自闭症研究的新转向[J]. 兰州大学学报（社会科学版），2022，50（2）：112-121.
② 马博森，李发睿，曾小荣. 多模态互动视角的注视研究评骘：自闭症研究的新转向[J]. 兰州大学学报（社会科学版），2022，50（2）：112-121.

第二节 自闭症与弱中央统合理论

自闭症其背后的病理机制如同一个错综复杂的迷宫，至今仍是一个尚未完全揭晓的谜题。历经一个多世纪的探索，科研工作者们跨越多个学科边界，运用多样化的研究方法，坚持不懈地追寻着解开这一"黑匣子"的钥匙和答案。本节将聚焦于自闭症与弱中央统合理论之间直接且深刻的联系，探讨这一理论如何为理解自闭症患者的认知加工特点提供新的视角和解释框架。

弱中央统合理论，作为理解自闭症认知机制的重要理论之一，强调自闭症个体在信息处理过程中存在的特殊性。该理论认为，自闭症患者的大脑在整合来自不同感官、不同情境的信息时，存在显著的困难，导致他们难以形成对外界世界的整体、连贯的认知。这种信息处理方式的差异，不仅影响了自闭症患者的社交互动能力，还体现在他们独特的感知、注意、记忆及语言发展等多方面。

通过弱中央统合理论的视角，我们可以更深入地理解自闭症患者在社会交往中的挑战，以及他们在某些特定领域表现出的非凡才能。例如，自闭症患者对于细节的极端关注和对规则的严格遵循，可能正是他们大脑在努力应对信息整合困难时的一种补偿策略。同时，这一理论也为我们制定更加个性化、针对性的干预措施提供了理论依据，旨在通过训练和改善患者的信息整合能力，促进他们的社会适应和沟通能力。归纳而论，自闭症与弱中央统合理论之间存在着紧密而直接的联系，这一理论为我们揭示自闭症患者在认知加工方面的独特特征，为深入理解和干预自闭症提供新的思路和方向。

一、自闭症儿童认知障碍的复杂性和三大主流理论

自闭症儿童的研究者们普遍认为自闭症的典型症状应该是由某种特殊的认知障碍导致的，从心理学、认知科学和认知神经科学的角度解释自闭症症状的，一般有三种广泛认可和高度统一的理论。第一是心理理论缺失论（Disorder of Theory of Mind, DTM），自闭症与心理理论缺失论之间的关系是自闭症研究领域中的一个重要议题。心理理论缺失论认为，自闭症谱系障碍的儿童个体的主要缺陷在于心理理论能力，即理解他人心理状态（如信念、愿望、意图等）的能力，这种能力的缺失导致他们的社会交流困难，这种能力对于人类的社会互动和交流至关重要，它允许我们理解他人的内心世界，并据此调整自己的行为。

多项研究表明，自闭症儿童在心理理论任务中表现不佳，尤其是涉及错误信念的任务。例如，在Sally-Anne任务中，自闭症儿童往往无法正确预测角色会基于其错误信念去何处寻找物品。这种心理理论能力的缺失被认为是自闭症社会交流困难的核心原因之一。自闭症儿童难以理解他人的心理状态，因此难以预测和解释他人的行为，从而导致社会互动的困难。一些研究者认为，自闭症儿童的心理理论缺失可能与他们的认知机制有关。例如，他们可能难以抑制自己的即时反应，而更多地依赖于直接感知到的信息，而不是基于心理状态的推理。此外，自闭症儿童可能在注意力和工作记忆等认知领域也存在缺陷，这些缺陷可能进一步影响他们的心理理论能力。

心理理论缺失论为理解自闭症的社会交流困难提供了一个重要的视角。它不仅揭示自闭症儿童在心理理论任务中的具体表现，还为我们理解自闭症的社会认知缺陷提供理论基础。通过深入研究心理理论缺失的认知机制和发展轨迹，我们可以为自闭症儿童的诊断干预、治疗康复和社会融合提供更加精准和有效的策略。值得注意的是，心理理论缺失论

并不是解释自闭症社会交流困难的唯一理论，其他理论如执行功能障碍、弱中央统合等也从不同角度对自闭症的症状进行解释。这些理论之间并不是相互排斥，而是相互补充，共同构成我们对自闭症复杂性的认识。

第二是执行功能障碍理论（Executive Disorder，ED），自闭症与执行功能障碍理论之间存在密切的联系。执行功能指对自闭症儿童个体的意识和行为进行监督和控制的各种操作过程，它涉及一系列复杂的心理加工和自我调节能力，如注意和抑制、任务管理、工作记忆、监控等。在自闭症儿童中，执行功能障碍是一个常见的现象，这有助于我们更深入地理解他们的行为特征和认知障碍。

执行功能主要包括下面的四个关键成分，这些成分在自闭症儿童中常表现出不同程度的缺陷。首先是思维转换能力，自闭症儿童在多种任务或心理定势之间的转换上存在困难，这导致他们难以接受变化，表现出刻板行为（如固定式行为和常规）。其次是抑制能力，自闭症儿童可能无法有效地阻止与任务无关的信息进入思维，这可能导致他们出现冲动、多动、自伤或攻击等行为。再次是记忆刷新能力，他们可能无法积极地处理工作记忆中的信息，难以用新的、更合适的信息取代旧的、不合适的信息。最后是计划能力，自闭症儿童在完成目标时可能无法有效地安排和组织所需的步骤、技能或材料，这导致他们难以服从多步指令和缺乏生活组织能力。

执行功能障碍也有可能进一步加剧自闭症儿童的认知障碍，影响他们的学习、社交和日常生活能力。由于执行功能的缺陷，自闭症儿童可能更容易出现固执、刻板、冲动等行为问题。自闭症与执行功能障碍理论之间存在密切的联系。执行功能障碍是自闭症儿童认知障碍的重要组成部分，影响了他们的注意、抑制、任务管理、工作记忆和监控等能力，进而导致他们的社交沟通障碍和重复刻板行为。因此，在自闭症的诊断治疗和干预康复中，应充分考虑执行功能障碍的影响，并采取相应的措施来改善他们的执行功能。

第三是弱中央统合理论（Weak Central Coherence，WCC），它为理解自闭症人群的非社会性损伤提供了一个独特的视角。该理论聚焦于自闭症个体在信息加工模式上的根本差异，这些差异不仅解释了他们在语言交际、刻板行为及兴趣狭窄等方面的障碍，还揭示了他们倾向于过度关注细节信息，而难以将这些细节整合成有意义的整体认知框架。这一薄弱的中央信息统合能力，正是自闭症者与非自闭症者在信息处理上的核心区别所在。

为了深入探究这一理论在自闭症儿童视觉与语义加工过程中的具体表现，研究者需设计精密的实验任务，聚焦于交际性话语的关键要素，通过对比分析自闭症儿童与正常发育儿童在执行这些任务时的行为模式，揭示两者在信息整合能力上的差异。弱中央统合理论在此领域的应用，旨在探讨在视觉感知、非言语听觉理解及语言处理等多个层面，自闭症者如何展现出不同于常人的信息整合机制。

Frith 和 Happé 等学者指出，弱中央统合理论能够补充并超越心理理论与执行功能障碍理论的解释范畴，为自闭症个体在信息加工中的独特优势与劣势提供新的视角。他们预测，自闭症儿童在处理细节密集型任务时可能展现出超常的能力，但在需要全局视角和整合思维的任务上则可能遭遇困难。这一预测为自闭症研究开辟了新的方向，鼓励研究者从信息加工的整体性与局部性平衡角度，重新审视自闭症患者的认知特征。

尽管弱中央统合理论在自闭症研究领域引起了广泛关注，但围绕其解释力与适用范围的讨论仍在持续。部分研究已尝试利用眼动追踪等生理测量技术，如分析瞳孔变化等生理指标，在互动交际情境中捕捉自闭症儿童的视觉注意模式，以进一步验证和深化该理论的理解。这些努力不仅丰富了自闭症认知研究的工具箱，也为未来干预策略的制定提供了科学依据。

二、弱中央统合理论的核心地位与核心观点

在具有广泛影响和高度认可的自闭症认知特征相关理论中，弱中央统合理论是与自闭症儿童的交际话语研究联系最为紧密、最为核心、解释力最强和研究最多的理论之一。这一概念最早由 Frith 于 1989 年提出，指的是在视觉、非言语听觉、语言处理等多个领域中，对零散信息进行整合以形成整体意义的认知过程。Frith 采用"局部"（local）这一术语来描述自下而上的离散信息处理方式，而"整体"（global）则用以表达自上而下的基于意义的信息加工。一般而言，人们的信息处理方式是将分散的信息整合成更高层次的意义，这一过程即为整体加工。然而，自闭症患者表现出特定的信息整合失衡特征，即存在弱中央统合倾向。Frith 和 Happé① 提出，弱中央统合理论不仅能解释心理理论和执行功能方面的障碍，还能解释自闭症患者表现出的某些异常优势和劣势。据此，他们预测自闭症患者在关注局部信息的任务中会表现更佳，即更擅长处理零散信息；而在需要整体加工的任务中则可能表现较差。弱中央统合是一种以细节为导向（detail-focused processing）或自下而上（bottom-up processing）的认知加工模式②。

Frith 和 Happé 在 2006 年再次对弱中央统合进行讨论，认为最早对中央统合的认识，即"中央统合能力的缺陷导致提取整体信息的失败"这一观点值得进一步讨论。首先，这种情况可能是局部处理优势的结

---

① FRITH U, HAPPÉ F. Autism：Beyond Theory of Mind [J]. Cognition，1994，50：115-132.

② 马博森，李发睿，曾小荣. 多模态互动视角的注视研究评骘：自闭症研究的新转向 [J]. 兰州大学学报（社会科学版），2022，50（2）：112-121.

果；其次，这也可能是一种加工偏好，而不是缺陷；最后，弱中央统合可能会伴随社会认知缺陷同时发生，而不是用来解释社会认知缺陷。为进一步探索以上三个问题，Frith 和 Happé 梳理 2006 年以前的 50 篇相关实证研究，并对相关的计算和神经模型进行讨论。发现自闭症人群具有很强的局部加工偏好，并且伴随着较弱的整体加工能力。局部加工偏好似乎不仅仅是执行功能障碍造成的结果，而且是独立于心理理论缺陷不受其影响的。自闭症人群在细节加工为主（detail-focused processing）的任务中表现更优秀，但是这种优势是否以耗损正常的整体加工来进行依然不确定。弱中央统合理论更倾向于一种局部加工的优势，而不是整体加工的缺陷，这种特征是否自闭症群体所独有的，依然不明确。弱中央统合并不会导致执行功能障碍，而且多数研究表明，弱中央统合与社会认知缺陷之间并无关联。同时他们发现，自闭症人群可以在明确要求完成整体加工需求的任务时，成功加工整体意义，他们会将局部加工的重心移向整体加工，尤其是在开放性的任务中。

三、弱中央统合的研究进展和自闭症视觉加工

对弱中央统合理论假设的验证与讨论主要集中在自闭症患者的视觉加工、语义加工、交际话语加工等方面，其中视觉加工和叙事加工都与交际话语研究紧密相关。视觉加工研究是弱中央统合理论最集中的领域，也是弱中央统合理论量化研究最早的领域。此类研究常使用视觉、听觉或者视听觉结合的刺激呈现方式观测被试的加工过程，尤其是自闭症人群整体加工和局部加工特征。视觉加工研究领域常用的实验任务有嵌入图形测试（embedded figures test）、积木任务（block design task）、Navon 图形测试（Navon figures test）、图形再认（figure recognition）和视觉错觉任务（visual illusions task）等，这些测试和任务都能够突出体现局部加工或者整体加工的结果。虽然视觉加工的研究结果并不统一，

但是多数研究者发现自闭症儿童视觉加工具有局部加工偏好或优势[1]，而整体加工能力可能并未受损。

四、弱中央统合的自闭症儿童社会交际话语

不少学者使用弱中央统合理论解释自闭症儿童的社会交际话语加工理解和产出表达中的一些特征。比如，Harry[2] 研究是否可以通过提供情境支持来增强自闭症儿童的幽默理解和欣赏能力，发现自闭症儿童可以从支持语境中受益，在明确的欣赏或表达对幽默的识别方面，能够运用语言语境识别语言幽默。Nagano 于 2020 年设计了听小故事的实验，讨论自闭症儿童和青少年与对应控制组在解释第三人称代词时使用语言结构和语言情景线索的情况，该研究聚焦第三人称代词的理解加工是否受弱中央统合理论的影响。结果表明自闭症儿童和正常发育儿童在检测词内音位变化方面同样准确，两组儿童在熟悉词汇的表征中具有相同的语音细节水平。Heather 于 2011 年也设计了听故事的实验检验"弱中央统合"认知风格在多大程度上影响口语交际话语的理解和推理加工。结果表明，自闭症儿童根据事件脚本进行推理的能力较差，但两组儿童

---

① KEEHN B, BRENNER L A, RAMOS A I, et al. Brief Report: Eye-movement Patterns during an Embedded Figures Test in Children with ASD [J]. Journal of Autism & Developmental Disorders, 2009, 39 (2): 383-387; JOBS E N, FALCK-YTTER T, BLTE S. Local and Global Visual Processing in 3-Year-Olds with and without Autism [J]. Journal of Autism and Developmental Disorders, 2018, 48 (6): 1383-1387; BURGHOORN F, DINGEMANSE M, LIER R V, et al. The Relation between Autistic Traits, the Degree of Synaesthesia, and Local/Global Visual Perception [J]. Journal of Autism and Developmental Disorders, 2020, 50 (1): 12-29. 郑玉玮，李文浩，黄亮. 自闭症谱系障碍个体社会性注意的眼动特征及干预策略 [J]. 中国特殊教育，2020 (3): 49-54.
② PURSER H R M, HERWEGEN J V, RANZATD E, et al. The Role of Context in Verbal Humor Processing in Autism [J]. Journal of Experimental Child Psychology, 2021, 209 (4).

在需要演绎逻辑推理的推理上没有显著差异。Rumpf[①] 研究阿斯伯格综合征儿童、多动症儿童和正常儿童在交际话语结构和心理状态言语上是否有区别，他发现阿斯伯格综合征儿童和自闭症儿童故事叙事都短于正常儿童，而且不能指出故事的主旨。Kenan[②] 也发现自闭症儿童的叙事包含较少的中心思想、较少的场景、角色和动作，但不包含物体。

五、自闭症儿童弱中央统合能力与社会认知缺陷的探讨

为了深入理解自闭症儿童在社交互动中的挑战，我们聚焦于其弱中央统合能力与社会认知缺陷之间的复杂关系。这一视角源于 Frith 等学者于 1989 年提出的弱中央统合理论，该理论指出自闭症谱系障碍个体在信息处理上存在显著障碍，他们难以将广泛刺激整合成连贯且富有意义的整体背景，即往往不能实现"广泛刺激的整合与广泛背景的概括"，从而导致他们在关注细枝末节的同时忽略了整体观念[③]。

自闭症儿童的弱中央统合能力具体表现为，在面对复杂信息时，他们总是过于关注细枝末节，而忽视整体框架的构建。这种信息处理方式在社交话语中尤为明显，因为他们难以将多方信息有效整合成一个连贯的语境。在对话中，他们可能会过分纠结于某个具体细节，而忽略对话的整体流向和目的，导致交际话语显得缺乏连贯性和组织性，呈现出对细节部分描述冗长且无法有效地组织交际话语信息的现象。

---

① RUMPF A L, KAMP-BECKER I, BECKER K, et al. Narrative Competence and Internal State Language of Children with Asperger Syndrome and ADHD [J]. Research in Developmental Disabilities, 2012, 33 (5): 1395-1407.

② KENAN N, ZACHOR D A, WATSON L R, et al. Semantic-Pragmatic Impairment in the Narratives of Children with Autism Spectrum Disorders [J]. Frontiers in Psychology, 2019, 10: 2756.

③ HAPPÉ F G E. An Advanced Test of Theory of Mind: Understanding of Story Characters Thoughts and Feelings by Able Autistic, Mentally Handicapped, and Normal Children and Adults [J]. Journal of Autism and Developmental Disorders, 1994, 24 (2): 129-154.

社会认知缺陷则是自闭症儿童在社交互动中面临的另一大挑战。由于他们难以准确理解他人的情绪、意图和社交规则，因此在与他人交往时常常表现出困惑、不安甚至抵触。这种社会认知的缺失进一步加剧了他们在社交场合中的孤立感和无助感。

针对自闭症儿童的这些特点，我们在进行社会交际话语能力的干预康复时，必须充分考虑其弱中央统合能力和社会认知缺陷。具体一点说，我们可以采用以下策略和方法：

1. 分步骤训练：将复杂的社交话语任务分解成若干个小步骤，逐步引导儿童完成。每个步骤都注重信息的整合和连贯性训练，帮助儿童逐渐建立起整体观念。

2. 强化情境模拟：通过模拟真实的社交场景，让儿童在安全的环境中练习社交话语。在模拟过程中，注重引导儿童关注对话的整体流向和目的，提高他们的社交意识。

3. 情绪识别与表达训练：加强儿童对情绪的理解和表达能力训练。通过识别不同情绪的表情、声音和肢体语言等信号，帮助儿童更好地理解他人的情绪状态，并学会恰当地表达自己的情绪。

4. 社交规则教育：向儿童传授基本的社交规则和礼仪知识，帮助他们理解并遵守这些规则。通过反复练习和反馈，儿童逐渐掌握社交技巧并形成良好的社交习惯。

上述分析表明，通过针对自闭症儿童弱中央统合能力和社会认知缺陷的干预康复策略和方法，我们可以帮助他们提高社交话语能力并改善社交功能，增强他们交际话语的连贯性、完整性和有效性。这不仅有助于他们更好地融入社会，还能提高他们的生活质量和幸福感。

第三节 自闭症与执行功能障碍理论

自闭症与执行功能障碍理论之间存在着紧密的契合点，两者相辅相成，共同揭示自闭症这一复杂神经发展性障碍的深层机制。自闭症显著地影响儿童的社交互动、沟通能力以及表现出重复和刻板的行为模式，这些症状通常在儿童早期显现，并因个体差异而展现出多样化的表现形态。执行功能障碍理论作为理解自闭症儿童行为特征的关键框架之一，为阐释自闭症儿童在交际话语中的特殊表现提供了有力的理论支撑。该理论强调，自闭症儿童在执行需要计划、组织、监控和调节的高级认知任务时存在困难，这些任务对于日常社交互动和有效沟通至关重要。因此，执行功能障碍不仅解释了自闭症儿童为何在复杂社交情境中显得力不从心，还揭示了他们在表达自我、理解他人及灵活应对环境变化方面的局限性。

通过执行功能障碍理论的视角，我们可以更加深入地理解自闭症儿童在交际话语中的挑战，包括语言组织的困难、非言语信号的忽视、对话维持的障碍以及难以适应社交规则的变化等。这一理论不仅为我们提供了自闭症儿童行为背后的认知解释，还为设计更加有效、个体化的干预措施指明了方向，旨在通过加强执行功能训练，帮助自闭症儿童改善社交技能和沟通能力，更好地融入社会生活。

一、自闭症与执行功能的有机联系

执行功能（Executive Function，EF），这一概念由 Espy 等学者率先提出，并随后在学术界得到广泛而深入的探讨和推广，它指代的是人类有意识的自我行为管理和调节自身思维与行为的一系列复杂的心理加工过程，如注意和抑制、任务管理、工作记忆、监控、更新和检查工作记忆的内容等。该框架由三大核心支柱构成：工作记忆、反应抑制以及认知灵活性，这一划分由李红等人①做过详尽阐述。在本书中，执行功能是指自闭症儿童个体在实现某一特定目标时，通过灵活、优化的方式控制多种认知加工工艺协同操作的认知神经机制。执行功能强大的人可以在快速变化的复杂任务中保持高度的合理性，从大量信息中筛选出必要的信息，组织信息，制定实施计划，形成推理，解决问题。② 当执行功能遭遇障碍时，会显著影响个体的神经心理机能，具体表现为在规划、决策、认知灵活性、工作记忆操作、抑制控制以及对行为的监控等方面出现显著困难，这也与 Moses③、王娟和沈秋苹④等人的研究结果一致。

二、自闭症儿童的执行功能障碍的具体表现

执行功能障碍理论深刻揭示自闭症儿童在认知、行为调控及社交互动中的核心挑战，这些挑战根源于他们在执行功能上的显著不足。详细来说，自闭症儿童的执行功能障碍可具体化为以下几大核心方面。

（一）注意力分配与干扰抑制障碍

自闭症患者面临的一大难题在于难以有效聚焦任务相关信息，同时

① 李红，高山，王乃弋. 执行功能研究方法评述［J］. 心理科学进展，2004（5）：
693-693.
② 胥兴春，胡月. 国外儿童第二语言习得研究述评及展望［J］. 中国特殊教育，2014
（7）：91-96.
③ MOSES L J，CARLSON S M，SABBAGH M A. On the Specificity of the Relation Between
Executive Function and Children's Theories of Mind ［M］//SCHNEIDER W，SCHU-
MANN-HENGSTELER R，SODIAN B. Young Children's Cognitive Development：Interre-
lationships among Executive Functioning，Working Memory，Verbal Ability，and Theory
of Mind. Mahwah：Lawrence Erlbaum Associates，2005：131-145.
④ 王娟，沈秋苹. 高功能自闭症儿童的叙事：特征、相关理论及干预策略［J］. 中国
特殊教育，2017（11）：38-43.

易受无关刺激的干扰，导致注意力分散。这种能力的缺失使得他们在处理复杂任务时，难以维持稳定的注意力集中，易发生分心或冲动反应，影响任务完成的质量与效率。

（二）多任务处理能力受限

在需要同时处理或切换多个任务时，自闭症患者常表现出显著困难。他们难以灵活地在不同任务间分配注意力，导致任务执行效率低下，影响整体工作进度与效果。

（三）工作记忆受损

作为执行功能的关键一环，工作记忆负责信息的暂时存储与加工。自闭症患者的工作记忆往往存在缺陷，这直接限制了他们在需要记忆与推理的任务中的表现，如逻辑推理、问题解决等，均可能受到显著影响。

（四）缺乏灵活性与适应性

自闭症患者的思维与行为模式常展现出高度的刻板性，难以根据环境变化或任务需求做出灵活调整。他们倾向于坚持既定的行为模式，难以变通或创新，这在面对新情境或挑战时尤为明显。

（五）规划与组织能力薄弱

在日常生活与活动中，自闭症患者可能面临规划与组织方面的挑战。他们难以制订详尽的计划、安排合理的步骤以达成目标，导致行动缺乏系统性、条理性和完整性。这种缺陷不仅影响他们的日常生活效率，还可能对学业、工作等造成不利影响。

三、执行功能障碍对自闭症儿童的影响

执行功能障碍对自闭症儿童的社交互动和日常生活产生着深远的影响。由于他们在认知加工和行为控制上的困难，自闭症儿童往往难以与

他人建立良好的社交关系，表现出沟通障碍和社交退缩。同时，他们的日常生活也常常受到刻板行为和固定模式的限制，难以适应新环境和新任务的要求。

执行功能障碍理论能为我们分析和理解自闭症的行为表现提供新的视角。通过关注自闭症儿童的执行功能缺陷，我们可以更好地理解他们的认知加工和行为控制问题，并制定相应的干预措施来帮助他们改善社交互动和日常生活能力。但是，需要注意的是，执行功能障碍并不是自闭症儿童特有的问题，也可能出现在其他神经发展性障碍中。因此，在评估和治疗自闭症时，我们需要综合考虑患者的具体情况和个体差异。

在执行功能的多元组成中，工作记忆占据了一个尤为关键的位置，它是这一功能体系中最早发展的成分，主要承担在复杂认知活动中临时储存并处理信息的任务①。特别是在叙事情境中，儿童依赖工作记忆将故事中的各个角色在脑海中长久保持，并通过细致的比较与区分，有效排除外界干扰因素，以准确理解故事情节。进一步的研究还揭示，拥有较大工作记忆容量的学龄前儿童，在叙述故事时能够展现出更高的同理心，更擅长从他人视角出发，理解并预测他人的需求，同时能够灵活调整指称策略以适应不同的交流情境。此外，众多研究均强调工作记忆容量（负荷）与交际话语文本中指称使用的精准度和丰富性之间存在着紧密的正相关关系②。

（一）社交互动的深刻障碍

自闭症儿童在社交互动领域展现出的执行功能障碍尤为显著，这一

---

① BADDELEY A. Working Memory [J]. Science, 1992, 255 (5044)：556-559.
② ARNOLD J E, BENNETTO L, DIEHL J J. Reference Production in Young Speakers with and without Autism：Effects of Discourse Status and Processing Constraints [J]. Cognition, 2009, 110 (2)：131-146; KUIJPER S J M. Who is he? Children with ASD and ADHD Take the Listener into Account in Their Production of Ambiguous Pronouns [J]. PLo S ONE, 2015, 10 (7)：1-18.

障碍成为制约其认知成长与交际质量提升的关键因素①。详细解释一下，由于抑制控制能力的显著不足，这些儿童在交流过程中极易分心，难以维持对对话内容的持续关注与理解，进而难以捕捉并跟随故事的逻辑线索。

　　反应抑制，作为执行功能体系中的核心环节，要求个体能够适时地抑制那些不符合当前情境需求或不适宜的行为反应，对于个体灵活应对环境变化与调整社交策略至关重要。② 多项研究表明，自闭症儿童的反应抑制能力与其交际话语能力的表现之间存在着紧密的关联③。正是由于这种抑制控制机制的缺陷，自闭症儿童在交际中往往难以精准选择适宜的指称策略，导致交流过程中指称不明、歧义丛生的现象频繁发生④，进一步加剧了他们在社交互动中的挑战与困境。

（二）日常生活的多重挑战

　　自闭症儿童面临的执行功能障碍，不仅深刻影响着他们的社交互动

① PENNINGTON B F, OZONOF S. Executive Functions and Developmental Psychopathology [J]. Journal of Child Psychology and Psychiatry, 1996, 37 (1): 51-87.
② BACSO S A, NILSEn E S. What's That You're Saying? Children with Better Executive Functioning Produce and Repair Communication more Effectively [J]. Journal of Cognition and Development, 2017, 18 (4): 1-24.
③ NILSEN E S, GRAHAM S A, SMITH S, et al. Preschoolers' Sensitivity to Referential Ambiguity: Evidence for a Dissociation between Implicit Understanding and Explicit Behavior [J]. Developmental Science, 2010, 11 (4): 556-562; KUIJPER S J M. Who is he? Children with ASD and ADHD Take the listener into Account in Their Production of Ambiguous Pronouns [J]. PLo S ONE 2015, 10 (7): 1-18; ELENI P, PERISTERI E, BALDIMTSI E, ANDREOU M, et al. The Impact of Bilingualism on The Narrative Ability and the Executive Functions of Children with Autism Spectrum Disorders [J]. Journal of Communication Disorders, 2020, 83 (3): 105-121.
④ NILSEN E S, GRAHAM S A, SMITH S, et al. Preschoolers' Sensitivity to Referential Ambiguity: Evidence for a Dissociation between Implicit Understanding and Explicit Behavior [J]. Developmental Science, 2010, 11 (4): 556-562.

能力，还广泛渗透至日常生活的每一个角落。Happé 和 Frith① 的研究深刻揭示了这一现象，指出自闭症儿童的执行功能障碍导致了日常交际话语的匮乏，以及构建文本意义能力的显著不足。他们难以将零散的局部信息有效整合成连贯、有深度的陈述，这不仅削弱了交际话语的内在逻辑性，也严重影响了整体表达的清晰度和完整性。

因此，对于自闭症儿童而言，提升执行功能，特别是强化工作记忆与反应抑制这两项核心能力，成了改善其交际话语质量、促进社交能力发展的关键所在。通过针对性的训练与干预，帮助自闭症儿童增强信息处理能力，优化行为调控机制，将有助于他们在日常生活中更加自信、流畅地与他人交流，享受更加丰富多彩的社交体验。

四、研究启示与未来探索路径

在自闭症认知特征的传统解释性理论之外，近年来，一系列新兴理论如雨后春笋般涌现，为自闭症儿童在交际话语和语言层面的独特性提供了新颖而深刻的见解。镜像神经元功能障碍假说便是一例，该假说指出自闭症儿童可能因镜像神经元系统的异常而无法充分理解故事内容，这种障碍可能源于他们难以推测故事中人物的目的与意图②。与之相呼应，社会脑假说则聚焦于社会认知的神经基础，认为自闭症儿童社会脑区域的激活异常是导致其社会认知障碍的根源，进而影响其叙事表现，包括对故事人物心理状态、事件时间线及因果关系的理解③。这些障碍

① HAPPÉ F G E, FRITH U. The Weak Coherence Account: Detail-focused Cognitive Style in Autism Spectrum Disorders [J]. Journal of Autism and Developmental Disorders, 2006, 36 (1): 5-25.
② 李忠励，叶浩生. 自闭症谱系障碍的病因分析：来自镜像神经系统的启示 [J]. 中国特殊教育，2014 (8)：60-66.
③ 周念丽. 透视和促进 ASD 学前儿童"社会脑"发展：神经可塑敏感期的教育干预模式之建构 [J]. 华东师范大学学报（教育科学版），2013, 31 (2)：49-55.

的共同作用，使得自闭症儿童在整合故事情节、把握故事全貌时面临重重困难①。

这些新兴理论不仅拓宽了我们对自闭症儿童交际话语特征的认识边界，更在神经机制层面揭示了其背后的深层原因。它们不仅为学术界提供了宝贵的理论资源，也为临床实践指明了潜在的干预方向。未来，随着科学技术的不断进步和跨学科研究的深入融合，我们有望基于这些理论成果，开发出更加精准、有效的干预措施，以支持自闭症儿童在交际话语能力和社交技能上的发展。

事实上，未来的研究可以进一步探讨这些理论假设的实证基础，通过神经影像学、脑电生理学等先进技术手段，直接观测自闭症儿童在社交互动中的神经活动模式，以验证并细化这些理论模型。同时，也应关注不同理论之间的整合与对话，探索自闭症儿童交际障碍的多维度、多层次解释框架。在此基础上，开发个性化的干预方案，结合认知行为疗法、神经反馈训练等多种手段，全面提升自闭症儿童的社交沟通能力，促进其全面融入社会。

第四节　自闭症与具身认知理论

自闭症儿童面临的语义加工障碍，构成其语言交际话语障碍的核心挑战与主要难题。这一障碍不仅深刻影响着他们的日常交流，还限制他们在社会互动中的有效参与。在这一背景下，具身认知理论为我们理解自闭症儿童的社会交际话语障碍提供了新的视角，揭示了两者之间的紧

---

① 钟毅平，张笑仪，范伟. 中文听觉双字词认知中的正字法即时激活效应：来自 ERP 的证据［J］. 中国临床心理学杂志，2011，19（4）：437-440，469.

密联系。自闭症儿童在社交场合中普遍遭遇的交际话语障碍，往往伴随着复杂的语言处理难题，特别是在词汇语义加工层面。他们可能难以准确理解词义、掌握词汇间的微妙关系，以及在语境中灵活运用词汇，这些困难直接导致了他们在表达思想和感受时的局限性。语义加工障碍不仅影响了自闭症儿童的语言流畅性和准确性，还削弱了他们通过语言建立联系、分享情感和理解他人意图的能力。

　　具身认知理论强调身体经验在认知过程中的重要性，认为认知活动不仅仅是大脑内部的操作，而且是与身体感知、动作和情感体验紧密相连的。这一理论为解释自闭症儿童的社会交际话语障碍提供了新的思路：自闭症儿童可能由于身体感知与语言加工之间的某种脱节，导致他们在理解和表达语言时遇到障碍。例如，他们可能难以将身体感知到的情感、意图或场景转化为恰当的语言表达，或者在理解他人语言时缺乏相应的身体共鸣和情感体验。因此，在干预自闭症儿童的社会交际话语障碍时，我们可以借鉴具身认知理论的理念，通过增强他们的身体感知、动作体验和情感共鸣，来促进其语言加工能力和社交技能的发展。例如，通过情境模拟、角色扮演和身体游戏等活动，帮助自闭症儿童建立更加丰富的身体经验库，提高他们理解和表达语言的能力，从而逐步克服社会交际话语障碍。

一、自闭症与具身认知理论

　　具身认知（Embodied Cognition，EC），也可以叫作"化身化"或"具体化"（embodiment），是心理学基于哲学和认知科学的一门越来越备受关注的新兴科学研究领域。自闭症则是先天性的广泛性发育障碍的代表性疾病，其标志性特征就是社会交往缺陷、兴趣狭窄和重复性的刻板行为，自闭症儿童普遍共有的社会交际障碍是语言方面的缺陷①。世界知名的自闭症研究专家 Tager-Flusberg 分别于 1985 年、1991 年和1995 年通过大量综合分析一系列实证研究的结果指出，自闭症群体与典型发展人群的语言发展路径在语音和语法能力两个层面是一致的，但是发展速度会比较慢或迟缓，故被认为他们存在语言障碍问题。而事实是自闭症儿童真正受损的是他们的语义—语用处理能力，这才是其语言障碍的核心问题，也是影响其正常社会交际的敌人。自闭症儿童在话语沟通中遭遇的语义处理难题，主要体现为他们难以遵循合作语用原则及语义约束原则，导致无法即时且恰当地运用语义策略来选取适宜的词汇或短语。

（一）　自闭症儿童的社会交际与语言障碍

具身认知理论强调身体在认知过程中的重要性，提示我们可以通过观察和分析自闭症儿童在身体动作、面部表情、手势等非言语行为上的表现，来深入理解他们词汇语义加工的内在机制。例如，通过观察自闭症儿童在理解或使用特定词汇时的身体反应，可以揭示其认知过程中可能存在的障碍点。目前自闭症儿童的语言交际障碍研究尚没有针对其特殊的语义障碍问题方面的，而具身认知理论视角下的自闭症儿童的词汇语义加工研究可以对自闭症儿童普遍存在的语义加工障碍进行分析和解释，能够针对性地改善自闭症儿童的语义障碍问题，为他们的词汇语义加工研究提供新途径。

为了深化对上述现象的理解，研究者们可以引入具身认知理论，将自闭症儿童词汇语义处理的研究与其普遍存在的社交互动障碍紧密相连，开辟出一条基于具身认知视角的新研究路径。这条路径不仅涵盖自

---

① 宋宜琪，靳羽西. 具身理论：自闭症个体词汇语义加工研究的新视角 [J]. 南京师范大学文学院学报，2018（3）：26-32.

闭症儿童语言障碍的诊断、治疗、康复及社会融入的实证研究，还致力于在理论层面探讨并验证具身认知理论应用于自闭症儿童词汇语义处理研究的可行性与合理性，从而为该领域的研究指明新的方向。

具身认知理论，亦称涉身认知或寓身认知理论，它强调生理体验与心理状态之间的紧密联系，是跨学科研究的结晶，源自 20 世纪 80 年代以来的认识论、认知科学、神经科学、计算机科学、现象学及数字智能技术等领域对人类认知、语言及知识探索的成果。其核心在于揭示认知过程的具身性，即个体自身在认知活动中扮演着核心角色。若将认知过程比作计算机的运算，身体则是不可或缺的硬件基础，而思维则是运行其上的软件。尽管在功能上，软件与硬件可相对独立，但在实际认知过程中，二者紧密相连、不可分割，认知行为根植于身体之中。

当前，认知心理学正处于一场由认知语言学、文化人类学、哲学前沿理论、机器人科技以及人工智能等新兴领域共同驱动下的深刻转型期，这一转型期被广泛称为"后认知主义"时代。在这一背景下，具身认知（EC）作为核心议题脱颖而出，它不仅挑战了传统认知观的界限，还预示着认知科学研究的新方向和新趋势，强调认知过程与身体经验、环境互动之间的紧密关联。它主张将身体、心智与环境视为一个不可分割的整体，共同参与认知活动的构建。这一理念由乔治·莱考夫（George Lakoff）与马克·约翰逊（Mark Johnson）在其标志性著作《我们赖以生存的隐喻》（*Metaphors We Live by*）① 及《女人、火与危险事物：范畴揭示的心智》（*Women，Fire，and Dangerous Things：What Categories Reveal about the Mind*）② 中首次提出，他们指出，具身认知的核

---

① LAKOFF G，JOHNSON M. Metaphors We Live by ［M］. Chicago：The University of Chicago Press，1980：56-78.

② LAKOFF G. Women，Fire，and Dangerous Things：What Categories Reveal about the Mind ［M］. Chicago：The University of Chicago Press，1987：121-134.

心在于大脑通过身体感知世界，认知过程本质上是身体与外界环境相互作用的产物，感觉、记忆、思维及想象均是在此基础上形成的。Fowler①指出，严格说来，词汇一旦脱离它原来所属的范畴，而用于新语境，新认知便出现了。具身认知更是成为众多学科（包括哲学、符号学、认知心理学、语用学、语义学、阐释学等）的研究热点，它不再仅仅是一种认知现象，更重要的是人类普遍的一种语言思维方式、一种语言认知手段，也是人类给万事万物用语言命名的主要手段。具身认知贯穿于人类一切自然语言之中，是语言更是思维体系的有机组成部分②，自闭症儿童的语言障碍的发生、诊疗、康复和研究都离不开具身认知这个基础。

（二）语义加工障碍：自闭症儿童语言交际障碍的核心

具身认知理论深刻阐明了身体在认知架构中的核心角色，以及身体、心智与环境三者间不可分割的紧密联系。它主张，正是通过身体与周遭环境的持续互动，个体的认知能力得以不断塑造与深化③。这一理论框架为审视自闭症儿童在词汇语义处理层面所面临的挑战提供了新颖且富有洞察力的视角，同时也为制定更具针对性的干预策略奠定了坚实的理论基础。

确切地说，具身认知理论强调，人类的知识与理解并非单纯源自抽象的思考或逻辑推理，而是根植于身体的感官体验与动作实践之中。换言之，我们是通过身体的感觉器官去感知世界，通过身体的运动去与世界互动，从而构建起对世界的认知与理解。这种认知模式打破了传统观

---

① FOWLER H W. A Dictionary of Modern English Usage ［M］. London：Word sworth Editions Ltd. , 1965：430.

② WALES K. A dictionary of Stylistics ［M］. England：Longman Group UK Ltd. , 1989：66-91.

③ 周夕佳. 具身认知观及其对教学的价值与启示 ［J］. 江苏教育研究，2020（1）：3-6.

念中身心分离的界限，强调了身体活动体验在认知过程中的基础性地位。

具身认知理论还指出，人类的知识体系并非孤立于身体与环境之外，而是与它们紧密相连、相互作用的产物。因此，在理解自闭症儿童的认知障碍时，我们不能忽视身体因素的重要性，而应当关注他们如何通过身体与环境的互动来构建自己的认知世界，并据此设计出更加贴近他们实际需求的干预方案。

具身认知理论不仅为我们提供了一种全新的认知视角，也为自闭症儿童的词汇语义处理障碍研究及干预实践提供了新的思路与方向。具身认知不仅是一种语言认知形式，而且是人们思维和行为的方式，是由于两个事物的某一特征有类似之处，而用指一个事物的词来指另一个事物，也是丰富语言和习得词汇的重要手段。人类概念体系的核心根植于个体的感知、身体运动及实际经验之中，这种想象力的构建同样无法脱离物质形态的束缚，因为它深深植根于具身认知———一种以经验（尤其是身体经验，即"近取诸身"的直观体验）为基础的认知模式，涵盖隐喻、转喻及心理意象等机制。非直接经验衍生的概念，实则是通过隐喻、转喻及心理意象的创造性转化而来，它们超越了外在世界直接映射的界限，展现了心智对现实的超越性探索。正是这样的想象力孕育了"抽象"思维，使心智得以突破视觉与感知的局限。自闭症儿童的语言障碍在语言学和文学领域的研究运用同样极为广泛、频繁，用英国诗人及文学评论家 I. A. Richards 的话来说，它是"无处不在的语言原则"（the omnipresent principle of language）[1]。

---

① RICHARDS I A. The Philosophy of Rhetoric［M］. New York：Oxford University Press, 1967：103.

二、具身认知视角下的自闭症儿童词汇语义加工

具身认知起源于哲学，现在已经成为社会认知心理学的新取向，具身认知理论又是认知语言学的哲学基础，具有情境性、生成性、隐喻、具身性、动态性和主体性特点。自 20 世纪 90 年代以来，认知科学研究领域逐渐聚焦于具身认知理论的实证探索，引领了一股被誉为"第二代认知科学"的研究潮流。具身认知哲学核心观点在于，社会交际中的语义处理深深植根于个体的身体经验与实践之中，倡导"由近及远，以身度物"（即《易经》里说的"近取诸身，远取诸物"）的认知加工模式，这一理念同样适用于语言认知。这一思潮的兴起，已渗透至自闭症儿童社交障碍研究领域，特别是揭示了受损语言经验如何深刻影响自闭症儿童的社会互动能力。

宋宜琪和靳羽西[①]认为，具身认知理论独树一帜地凸显了身体在认知流程、心智活动以及环境交互中的桥梁作用，主张身体的积极参与是驱动个体认知不断进化、在与外部世界持续对话中苗壮成长的关键。然而，尽管其蕴含的理论潜力深邃且广泛，具身认知在自闭症语言障碍领域的探索之旅仍显初露锋芒，国内外相关研究资源相对匮乏，亟待丰富与深化。

鉴于此，本书致力于在具身认知的坚实理论基础之上，开辟一条新路径，探讨其在自闭症儿童词汇语义加工研究领域的应用潜力与合理性。具身认知强调外在经验如何被内化为个体独特且身心交融的本体体验，通过身体的动态状态映射出客观知识的轮廓，这种深刻的身体体验构成了具身认知主体性的精髓所在。

---

① 宋宜琪，靳羽西. 具身理论：自闭症个体词汇语义加工研究的新视角 [J]. 南京师范大学文学院学报，2018（3）：26-32.

　　基于此视角，自闭症儿童词汇语义加工的研究可沿双轨并进：一轨聚焦于自闭症个体是否因感觉运动系统的独特挑战，发展出了别具一格的词汇语义表征模式，这一探索或能类比盲人与聋人在语义处理中的特殊路径，揭示自闭症群体特有的语义处理机制；另一轨则着眼于自闭症个体是否依赖感觉经验的模拟重构来解码词汇的深层意义，鉴于过往研究已证实语义表征能自动触发相关感官记忆的激活，这一方向有望为理解自闭症儿童在语义理解上的独特策略提供新视角，进而深化我们对这一复杂群体的认知与关怀①。

　　遵循具身认知的基本原理——认知即身体之认知，心智乃身体之心智，我们推测自闭症儿童在词汇语义加工时可能缺乏对相关感觉经验的模拟再现。与典型发展儿童不同，自闭症儿童在词汇与图片语义加工的比较研究中显示出图片加工的优势，这进一步支持了上述假设，即他们可能不依赖或较少依赖感觉经验的模拟来解析词汇语义。这一发现不仅丰富了我们对自闭症认知特点的理解，也为未来的干预和治疗策略提供了新的视角。

　　在具身认知的理论框架下，自闭症儿童展现出一种独特的认知发展模式，他们通过积极与环境互动，主动探索外部世界，累积丰富的身体经验，并将这些客观存在的知识逐步内化为个人主观的认知体系。研究者们基于这一视角，提出了关于自闭症儿童在图片语义处理上优势来源的假设——这可能得益于他们超乎寻常的视觉空间能力。同时，也引发了另一项引人深思的推测：自闭症儿童在处理视觉词汇时，或许并未遵循普通发展个体普遍采用的感觉运动经验模拟再现路径，而是开辟了一条非传统的语义激活渠道。然而，这一新颖假设目前仍处于理论探讨阶

---

　　① 宋宜琪，靳羽西. 具身理论：自闭症个体词汇语义加工研究的新视角［J］. 南京师范大学文学院学报，2018（3）：26-32.

段，亟待通过严谨的实证研究来加以验证①。

现有研究成果已为我们提供了一些线索。例如，当自闭症儿童处理动作动词和情绪词时，其大脑运动区域的激活程度相较于对照组显著降低，这一发现暗示了他们在词汇语义加工过程中，对于感觉运动经验的模拟再现程度可能较低。这一结果不仅挑战了我们对自闭症儿童认知机制的传统理解，也为进一步探索其独特的语义处理模式开辟了新的方向。未来研究将继续深入挖掘这一领域，以期更全面地揭示自闭症儿童在词汇语义加工中的特殊机制。

自闭症儿童的语义加工障碍的具身认知化解释，特别是违反合作语用原则和违背语义制约原则，往往与其身体在认知过程中的参与度不足有关。具身认知理论强调身体在认知中的核心作用，认为身体是认知活动的基础，而自闭症儿童可能由于身体感知、动作协调等方面的障碍，导致在理解和运用语义时遇到困难。然而，关于自闭症儿童是否存在其他独特的语义激活方式，目前仍缺乏相关研究。

认知，其本质根植于身体（含大脑）与周遭环境之间复杂而动态的交互作用之中。在具身认知的理论透镜下，自闭症词汇语义加工的研究领域得以拓展，它将自闭症患者的核心挑战——感觉运动障碍与语言障碍的深层症结——语义障碍，紧密地交织在一起，为解开自闭症语义障碍之谜铺设了一条前所未有的探索之路。

此研究路径的开辟，不仅填补了现有研究的两大关键空白，更引领了研究范式与理论深度的双重飞跃。首先，在方法论层面，它摒弃了以往简单套用普通发展人群语义加工模式的做法，转而聚焦于自闭症患者的独特感觉运动障碍特征，通过创新性的研究方法，深入探索其个性化

---

① 宋宜琪，靳羽西．具身理论：自闭症个体词汇语义加工研究的新视角［J］.南京师范大学文学院学报，2018（3）：26-32.

的词汇语义表征机制。这一转变不仅体现了对自闭症个体差异的尊重，也为精准干预策略的制定提供了科学依据。

其次，在理论构建上，具身认知的语言观为理解自闭症语义加工异常提供了全新的视角。它超越了传统中心统合能力弱化的单一解释框架，转而从语言本身出发，深入挖掘自闭症儿童词汇语义障碍的根源。这一理论深化不仅丰富了我们对自闭症认知机制的理解，也为未来研究指明了方向，即需更加关注身体、语言与环境三者之间的相互作用，以及它们如何共同塑造自闭症患者的认知世界。

三、具身认知对自闭症干预康复的启示与研究趋向

深入分析并将具身认知理论应用于自闭症儿童语言的语义加工研究，不仅是对当前研究不足的一种弥补，更是为这一领域开辟了新的研究视角和路径。这种结合可以丰富具身认知理论，强化其对自闭症儿童语言交际障碍的解释性和支撑力，同时，自闭症儿童的词汇语义加工研究还可以为具身认知理论提供新的实证数据和案例支持，进一步验证和丰富该理论在特殊人群中的应用；可以探索自闭症儿童的认知障碍根源，通过具身认知的视角，深入剖析自闭症儿童词汇语义加工障碍的生理、心理和社会文化根源，为制定更有效的干预策略提供理论依据；也可以促进跨学科合作，鼓励认知科学、神经科学、心理学、教育学、社会学等多学科之间的合作与交流，共同推动自闭症儿童词汇语义加工研究的深入发展。具身性不仅凸显了身体在认知过程中的核心地位，还揭示了认知受身体物理属性及活动方式的深刻影响。同时，具身性也体现了心智、身体与环境三者间不可分割、相互依存、相互影响的系统特性。所以，自闭症儿童的缺陷（障碍）的诊疗、康复和融合须遵循具身性认知的规律，促使他们在具身与生活环境的互动过程中康复并融入社会生态系统之中。

第五节　自闭症与社会注意缺陷理论

尽管心理理论缺陷、执行功能障碍及弱中央统合理论各自在解析自闭症儿童交际话语障碍方面展现出一定程度的洞察力，但至今尚未有任一认知理论能够全面而深入地阐释自闭症谱系人群所经历的社交障碍、沟通困难及重复、刻板行为模式的全部复杂性。Happé 与 Ronald① 在其研究中，通过详尽地回顾与探讨基因学、认知科学及神经生物学领域的多项证据，揭示自闭症群体在处理社会性与非社会性信息时的显著差异，为这一领域带来新的视角。

他们提出一种创新的自闭症"三位一体"缺陷障碍模型，该模型强调自闭症人群在社会互动、沟通技能以及灵活想象能力这三个核心维度上均存在显著的缺陷。这一模型不仅涵盖了自闭症儿童在交际话语中的直接挑战，如难以理解复杂社交线索、表达情感与意图的困难，还深入他们在更广泛社交环境中的适应性问题，如缺乏灵活应对变化的能力、难以形成和维持人际关系等。此外，该模型还强调自闭症障碍的多元性和异质性，即不同自闭症个体在上述三个核心维度上的缺陷程度和表现形式可能存在显著差异。这种认识促使我们更加关注个体差异，推动个性化干预策略的发展，旨在针对每个自闭症患者的具体需求，提供更为精准和有效的支持。

综上所述，Happé 与 Ronald 的"三位一体"缺陷障碍模型为我们理解自闭症提供更为全面和深入的框架，同时也指出未来研究的方向，

① HAPPÉ F G E, RONALD A. The Fractionable Autism Triad: A Review of Evidence from Behavioural, Genetic, Cognitive and Neural Research [J]. Neuropsychology Review, 2008, 18 (4): 287-304.

即继续探索自闭症障碍的生物学基础、认知机制及其与社会环境之间的相互作用。

一、社会注意缺陷与眼动追踪

社会注意缺陷，指自闭症人群在加工社会性交际信息时存在的困难，难以像正常人对社会性交际信息保持充分和足够的注意。它是多种神经发育障碍（如孤独症谱系障碍 ASD、注意缺陷多动障碍 ADHD 等）儿童常见的症状之一。这些患者在社会互动中往往表现出对社交线索的注意不足，特别是在处理面孔、眼神交流以及社会场景等方面的信息时存在困难。社会注意缺陷严重影响了患者的社交能力和生活质量。

在人际交往的过程中，自闭症儿童对交际对方的个体面部特别是眼部的注视，被视为社会注意的一种显著表现。近二十年来，社会注意成为自闭症研究领域的一个焦点，众多学者揭示了自闭症患者的社交沟通障碍与其在社会注意方面的缺陷之间的紧密关联。这类患者往往更易被非社交性质的信息所吸引，而忽视了社交信号的重要性[①]。应运而生的眼动追踪技术是通过测量眼睛注视点的位置或眼球相对头部的运动来实现对眼球运动的追踪。该技术能够记录并分析注视点、注视时长、眼

---

① SCHILBACH L. Eye to Eye，Face to Face and Brain to Brain：Novel Approaches to Study the Behavioral Dynamics and Neural Mechanisms of Social Interactions [J]. Current Opinion in Behavioral Sciences，2015（3）：130-135；BUSH J C，KENNEDY D P. Aberrant Social Attention and Its Underlying Neural Correlates in Adults with Autism Spectrum Disorder [M] //PUCE A，BERTHENTAL B I. The Many Faces of Social Attention：Behavioral and Neural Measures. London：Springer，2015：179-220；郝艳斌，王福兴，谢和平，等. 自闭症谱系障碍者的面孔加工特点：眼动研究的元分析 [J]. 心理科学进展，2018，26（1）：26-41；高世欢，陈顺森，苏彦捷，等. 视觉正常的自闭症儿童双眼注视点间距的特点及其意义 [J]. 心理学报，2019，51（9）：1018-1027.

跳、移动轨迹、瞳孔缩放等眼动指标数据①。这些数据反映人的注视行为，而注视行为则是注意力主观分配的表现，能够在一定程度上反映大脑的思维活动。

针对自闭症儿童的社会注意研究，眼动追踪技术成为一个不可或缺的工具。这一技术通过监测受试者在观看屏幕上的各种刺激时的眼球运动，来分析其认知加工过程。社会注意缺陷与眼动追踪技术之间存在着紧密的联系，眼动追踪技术作为一种客观、敏感且非侵入性的测查工具，为理解和评估自闭症儿童的社会注意缺陷提供了重要的手段。以下来详细探讨眼动追踪技术对自闭症儿童的社会注意缺陷的支撑性作用。

ASD 儿童普遍存在社会注意缺陷，特别是在面孔注视和社交互动方面。鉴于此，眼动追踪技术就被广泛地应用于 ASD 儿童社会注意缺陷的研究之中，通过分析 ASD 儿童对情绪面孔、社交场景等的注视模式，研究者能够更准确地评估其社会注意能力。有研究发现，ASD 儿童较少注视面孔区域，对面孔中眼睛区域的注视更少，这就发现验证了 ASD 儿童社会注意受损的"注视厌恶"假说，并揭示了其神经机制可能与杏仁核、梭状回、颞上沟和前脑岛等脑区的异常激活有关。

在自闭症儿童社会性信息的加工研究中，研究者通常将材料信息分为社会性刺激和非社会性刺激。社会性刺激就是与人的社会属性紧密相连的信息，比如，人的面部区域；而非社会性刺激则指与社会性属性关联不紧密的刺激信息，比如，汽车、石头等。研究发现自闭症儿童常在

---

① 李珍，苟秉宸，初建杰，等．一种基于眼动追踪的产品用户需求获取方法［J］．计算机工程与应用，2013，51（9）：233-237.

任务中对非社会性信息表现出更多的兴趣，而忽视社会性信息①。

此外，研究者们也指出了在使用交际线索发起注视方面的眼动追踪设备的明显不足②。更具体地说，自闭症儿童往往难以通过注视来预测社会事件③，并且在观察面部时，他们更倾向于注视嘴部区域，而非眼部区域④。这些发现为我们深入理解自闭症儿童在社会注意方面的缺陷提供新的视角，也为未来的诊断干预和治疗康复提供重要的参考依据。眼动追踪技术有效地为社会注意缺陷的研究提供有力和保障性的支持。随着技术的不断发展和完善，眼动追踪技术将在更多领域得到应用和

---

① GUILLON Q, HADJIKHANI N, BADUEL S, et al. Visual Social Attention in Autism Spectrum Disorder: Insights from Eye Tracking Studies [J]. Neuroscience and Biobehavioral Reviews, 2014, 42 (6): 279 – 297; CHEVALLIER C, PARISH – MORRIS J, MCVEY A, et al. Measuring Social Attention and Motivation in Autism Spectrum Disorder Using Eye – Tracking: Stimulus Type Matters [J]. Autism Research, 2015, 8 (5): 620–628.

② TREPAGNIER C, SEBRECHTS M M, PETERSON R. Atypical Face Gaze in Autism [J]. Cyberpsychol Behav, 2002, 5 (3): 213 – 217; FALCK – YTTE T, FERNELL E, HEDVALL A, et al. Gaze Performance in Children with Autism Spectrum Disorder When Observing Communicative Actions [J]. Journal of Autism and Developmental Disorders, 2012, 42 (10): 2236 – 2245; FALCK – YTTE T, FERNELL E, HEDVALL A, et al. Gaze Performance in Children with Autism Spectrum Disorder When Observing Communicative Actions [J]. Journal of Autism and Developmental Disorders, 2012, 42 (10): 2236–2245.

③ RUFFMAN T, GARNHAM W, RIDEOUT P. Social Understanding in Autism: Eye Gaze as a Measure of Core Insights [J]. Journal of Child Psychology and Psychiatry, 2001, 42 (8): 1083–1094; MONDADA L. Challenges of Multimodality: Language and the Body in Social Interaction [J]. Journal of Sociolinguistics, 2016, 20 (3): 336–366.

④ KLIN A, JONES W, SCHULTZ R, et al. Visual Fixation Patterns During Viewing of Naturalistic Social Situations as Predictors of Social Competence in Individuals with Autism [J]. Archives of General Psychiatry, 2002, 59 (9): 809–816; HANLEY M, RIBY D M, MCCORMACK T, et al. Attention During Social Interaction in Children with Autism: Comparison to Specific Language Impairment, Typical Development, and Links to Social Cognition [J]. Research in Autism Spectrum Disorders, 2014, 8 (7): 908–924; 陈顺森, 白学军, 沈德立, 等. 7~10 岁自闭症谱系障碍儿童对情绪面孔的觉察与加工 [J]. 心理发展与教育, 2011, 27 (5): 449–458.

推广。

在上述讨论的基础上发现，眼动追踪在自闭症儿童的社会注意缺陷研究方面有其强大的优势，比如，眼动追踪技术的客观性可以提供客观、量化的眼动指标数据，避免主观评估的偏见和误差；它的敏感性能够捕捉到细微的眼动变化，有助于发现早期或轻微的社会注意缺陷；其非侵入性的测查方法，对被试者的生理和心理影响较小。同样，眼动追踪也面临严峻的挑战，比如，其眼动数据的解释需要结合具体的研究背景和任务设计，存在一定的主观性和复杂性；其技术限制性程度过高，目前眼动追踪技术的精确度和稳定性仍有待提高，特别是在复杂环境或运动状态下。而且，眼动数据的样本差异性很大，比如，不同自闭症儿童在眼动模式上存在差异，需要充分考虑样本的典型性、多样性和代表性之间的关系。

二、自闭症儿童的社会注意缺陷与社会信息加工机制

自闭症儿童的社会注意缺陷与社会信息加工机制是一个复杂而深入的研究领域，自闭症儿童社会注意很重要的一个方面就是社会信息加工，也是其社会交际的核心，它指人们在交际时对人物或事件局部区域或整体等社会信息的关注以及加工。

从自闭症儿童的社会注意缺陷角度来看，自闭症谱系障碍这种神经发育障碍的核心症状之一便是社会交往障碍，具体表现包括自闭症儿童难以对社会刺激做出定位，他们可能无法像正常儿童那样迅速且准确地注意到周围环境中的社会刺激，如他人的面部表情、声音和动作等。在社会交际中，自闭症儿童常回避眼神接触这个社交互动中非常重要的环节，他们往往避免与他人进行眼神交流，这便进一步阻碍他们的社交发展。自闭症儿童在社交中面对社会刺激时，可能无法产生恰当的情感反应，如无法理解他人的情绪状态或无法表达自己的情感需要。另外，自

闭症儿童在社会交际中也可能存在注意分配的困难，他们可能难以在多个社会刺激之间进行有效的切换和整合，从而影响他们的社交互动能力。

自闭症儿童在社会信息加工机制上展现出与典型发展儿童显著的差异，这些差异主要体现在以下几方面：首先，视觉信息处理上，自闭症儿童倾向于展现出局部加工偏好，即他们更专注于刺激的细节，而忽视整体结构，这种倾向可能阻碍了他们对社会信息的综合理解和整合。其次，在社会认知层面，他们面临理解他人意图、情感及信念等社会信息的困难，这进一步加剧了其社交互动的障碍。最后，他们的社会性注意模式也显得非典型，往往偏好非社会性刺激（如物体的物理特性）而忽视社会性刺激（如面部表情和身体语言），这一特征加深了他们在社交交流中的挑战。

为了深入理解自闭症儿童的社会信息处理机制，研究者常采用人物面孔作为研究工具，分析他们对面部特征、表情及情感的关注度和处理模式。研究发现，自闭症患者对眼睛的注视减少，表明其对社会信息的关注度降低，且处理策略异于常人，可能更多地聚焦于如嘴部等其他非典型社交线索区域。然而，单一面孔刺激难以全面反映自闭症在复杂社交环境中的信息处理全貌，因此，研究逐渐转向使用图画书等富含社交情境的材料，以更全面地探索其交流特征。

针对自闭症儿童的社会注意缺陷及信息处理障碍，多种干预康复策略应运而生，包括录像示范、社会故事讲述以及同伴介导的干预等，旨在通过多种途径提升其社交互动能力和技巧。在此过程中，家长和教师的积极参与至关重要，他们通过构建丰富的社交环境、增加互动机会及运用恰当的沟通技巧，为自闭症儿童的社会功能改善提供了有力支持。

一言以蔽之，自闭症儿童的社会注意缺陷与社会信息加工机制是一个复杂且亟待深入探索的领域。通过科学研究与有效干预的并行推进，我们有望为自闭症儿童创造更加包容的社会环境，助力他们提升生活质量，实现更全面的社会融入。

三、自闭症与 ADHD 的注意缺陷

自闭症儿童的注意缺陷/多动障碍（Attention–Deficit Hyperactivity Disorder，ADHD）的核心特征就是持续发生的注意缺陷和（或）多动—冲动模式干扰功能或发育。另外，ADHD 的注意缺陷表现为患者在执行任务时容易分心，难以遵循指令或完成任务，注意力难以持久，且这种表现并非由于故意违抗或理解力不足。多动则体现在不适当的场合下过度活动，如坐立不安、频繁的小动作或言语过多。在成人中，多动可能表现为极度的焦躁不安或影响他人的安宁。冲动性则是指未经深思熟虑便采取行动，可能带来潜在伤害，如社交上的不当干预或缺乏长远考虑的决策。

ADHD 通常在儿童早期即显现症状，尤其是 12 岁之前，其临床表现多样。由于起病时间的精确性难以界定，故无需特别标注更早的发病年龄。如果在 12 岁之前没有任何症状，则无法诊断为 ADHD。当看似是 ADHD 的症状在 13 岁之后首次出现时，它们更有可能被用另一种精神障碍来解释，或者被认为代表物质使用对认知的影响。

注意缺陷/多动障碍的表现必须在一个以上的场所存在。在诊断过程中，需从知情者处收集信息，以确认个体在不同环境下的显著症状表现，因为这些症状往往因环境情境的不同而有所变化。在某些特定情境下，如获得正面反馈、受到严密监督、参与有趣活动或一对一互动时，ADHD 的症状可能会减轻甚至消失。值得注意的是，虽然语言、运动或社交发育迟缓并非 ADHD 的特有症状，但它们与 ADHD 经常并存，情绪失调或情绪冲动通常发生在患有 ADHD 的儿童和成人身上。患有 ADHD 的个体自我报告并被他人描述为易发怒、容易有挫败感和过度的

情绪反应。患有 ADHD 的自闭症儿童即使不存在某种特定的语言学习障碍，他们的专业学习或日常工作表现也会经常受损。他们可能在多个领域表现出神经认知缺陷，如在工作记忆、任务转换、反应时间、反应抑制、警觉性和计划（组织）等方面，尽管这些症状不够明显，不足以作为诊断指标。

尽管注意力缺陷/多动障碍（ADHD）并非直接由某一特定的生理特征所决定，但患有 ADHD 的个体相较于一般人群，可能表现出更高的细微生理异常风险，包括轻度的运动协调障碍及其他神经系统非特异性体征。还有一点就是，某些具有明确神经发育障碍病因的儿童，同样可能展现出注意力不集中、冲动行为及过度活跃等 ADHD 的典型症状。若这些症状全面且持续地符合 ADHD 的诊断标准，则应将之诊断为ADHD。

许多家长在孩子初学走路的时期便初步察觉到孩子超乎寻常的活动水平，然而，在四岁之前的年龄段，由于儿童行为具有高度多变性和正常发展的特点，这些 ADHD 相关症状往往难以明确区分。随着孩子进入小学阶段，ADHD 的注意力缺陷症状变得更为显著，对学业和日常生活的负面影响也逐渐加剧，因此，ADHD 大多在这一阶段被正式确诊。

进入青少年早期，虽然大多数 ADHD 患者的症状趋于稳定，但部分个体可能经历病情恶化，伴随出现反社会行为倾向，且注意力缺陷问题在学业压力增大时尤为凸显。这强调了持续监测和个体化干预对于ADHD 患者的重要性，特别是在其成长过程中的关键转折点上。与 ASD儿童一样，ADHD 儿童也存在社会注意缺陷，特别是在维持注意力和抑制不恰当反应方面。因此，眼动追踪技术也是支持该领域研究的不二选择，同样被用于 ADHD 儿童社会注意缺陷的研究中。通过分析 ADHD儿童在各种眼动任务（如朝向眼跳、反向眼跳等）中的表现，研究者能够评估其反应抑制能力和注意维持能力。

有研究发现，ADHD 儿童在朝向眼跳任务中表现出较长的眼跳潜伏期和较大的反应时变化；在反向眼跳任务中则表现出更多的方向错误和较长的眼跳潜伏期。这些发现支持了 ADHD 儿童反应抑制机能失调的假说，并揭示其神经机制可能与背外侧前额叶（DLPFC）等脑区的功能异常有关。

第六节　自闭症与社会生态系统理论

自闭症，作为一种普遍存在的神经发展性障碍，其核心特质鲜明地体现在社交互动的严重障碍、语言及非语言沟通能力的显著受限，以及一系列高度刻板和重复性的行为模式上。这些特征通常在儿童早期阶段便开始显现，其深远的影响可能跨越至成年，成为个体长期面临的挑战。为了更全面地理解、诊断及干预自闭症及其复杂的成因，社会生态系统理论为我们提供了一个极具价值的多维度分析框架。该理论强调，自闭症儿童的成长与发展并非孤立事件，而是生物因素与环境因素相互交织、动态作用的产物。

从社会生态系统对自闭症儿童影响的具体内容来看，生物因素作为个体内在的基本保障，包括自闭症儿童的先天特质、遗传基因以及相关的生物化学过程等，这些因素在自闭症的发生与发展中扮演着基础性角色。而环境因素，则是一个更为广阔且复杂的领域，它涵盖从家庭、社区到社会文化等多个层面的外部条件，如家庭环境、教育资源、社交支持以及社会文化背景等，这些环境因素以不同的方式和程度影响着自闭症儿童的发展轨迹。通过社会生态系统理论的视角，我们能够更加系统地审视自闭症儿童所处的多维度环境，理解生物与环境因素之间的相互作用，从而制定更加全面、个性化的干预策略，以促进自闭症儿童的全面发展和社会融入。

一、自闭症与社会生态系统理论的引入

1979 年，著名人类学家和生态心理学家，也是人类发展生态系统理论的创始人尤里·布朗芬布伦纳，在他的《人类发展生态学》（*The Ecology of Human Development*）著作中建立了极具影响力的人类发展生态学理论，详细介绍了人类发展及其社会中生活中基本涉及的几个关键性的环境因素，即学校、家庭和社会因素等，并对它们之间的关系进行深入分析，他的理论模型将人生活的环境以及与环境的交互作用称之为"行为系统"，即微观系统、中观系统、外观系统和宏观系统。它们是由小到大的四个层次，构成了被称之为"四系统观"的社会生态系统理论。他指出人类在与环境的交互作用的过程中扮演着重要的角色，反过来，环境对于个体行为心理发展也有着重要的影响。也就是说，自闭症儿童的个人行为既要受到所处的社会生存环境中的各种生活事件的实时影响，还要受到随时随地发生在更大更广袤环境范围的班级、学校、社区、国家乃至世界中的各色事件的间接影响和作用。

二、布朗芬布伦纳的生态系统模型解析

在尤里·布朗芬布伦纳的理论框架下，环境与社会个体之间的动态交互作用于个体发展的过程，具体通过四种层次的系统机制得以体现。以下是对这四种机制，特别是针对自闭症儿童发展环境的详细解析。

（一）微观系统（Microsystem）

微观系统构成了个体最直接的生活环境，是社会生态环境中最内层的一环。对于自闭症儿童而言，其微观系统主要包括家庭和学校两个关键领域。家庭作为第一个微观系统，由父母及可能存在的同胞兄弟姐妹

组成，是儿童最早且持续影响深远的社交环境。在这里，家庭成员间的互动、情感支持及教育方式直接塑造着自闭症儿童的社会行为模式和情感发展。学校环境，特别是幼儿园至小学阶段，构成了另一个重要的微观系统，由教师、同伴及教育环境共同构成。这一系统中，师生关系、同伴关系以及教学方法对自闭症儿童的社会技能学习、语言发展及认知能力提升具有不可替代的作用①。这两个微观系统均处于不断变化之中，持续影响并塑造着自闭症儿童的发展轨迹。

（二）中观系统（Mesosystem）

中观系统关注的是各个微观系统之间的相互关系与互动模式，特别是家庭、学校及同伴群体等关键环境之间的交织网络。对于自闭症儿童来说，家庭与幼儿园（或学校）之间的紧密联系与合作，构成了其成长道路上至关重要的中观系统。一个和谐、支持性的家庭—学校关系，意味着双方能够积极沟通、共享信息、协同制订教育计划，共同为自闭症儿童创造一个连贯、一致且充满关爱的学习与成长环境。这种合作模式不仅有助于提升自闭症儿童的社会适应能力和学业表现，还能促进其情感和社会技能的全面发展②。相反，若家庭与学校之间缺乏有效沟通或存在冲突，可能导致教育目标不一致、支持力量分散，从而阻碍自闭症儿童的健康成长和康复进程。因此，加强家庭与学校之间的合作与协调，是中观系统优化的关键所在。

（三）外观系统（Exosystem）

外观系统指的是那些自闭症儿童虽不直接参与，却通过间接途径对其成长与发展产生深远影响的外部环境因素。这些外部因素不直接作用

---

① 刘杰，孟会敏. 关于布朗芬布伦纳发展心理学生态系统理论［J］. 中国健康心理学杂志，2009，17（2）：250-251.

② 刘杰，孟会敏. 关于布朗芬布伦纳发展心理学生态系统理论［J］. 中国健康心理学杂志，2009，17（2）：250-251.

于儿童个体，而是通过作用于家庭、学校、社区等中间系统，来塑造和调节自闭症儿童的成长环境。例如家庭经济状况，父母的社会地位、职业背景与文化素养等，这些因素虽不直接与儿童互动，却会潜移默化地影响家长的育儿观念、教育方式及家庭内部的情感氛围，从而间接地作用于自闭症儿童的成长轨迹。同样，幼儿园或学校的教育资源配置、师资力量以及所处的社区文化背景，也会通过影响教育者的教育理念、教学策略及社区的整体价值观，间接促进或限制自闭症儿童在知识学习、社交技能提升及情感发展方面的进步。因此，认识到并努力优化这些外观系统因素，对于全面促进自闭症儿童的发展潜力、提升其生活质量具有不可忽视的重要性①。

（四）宏观系统（Macrosystem）

宏观系统作为环境层次的最高维度，是一个广阔而深远的综合性框架，它涵盖了文化、亚文化、社会制度、经济结构以及普遍的社会生态要素。这一系统超越了微观、中观及外观系统的具体范畴，以更为宏大的视角审视并影响着自闭症儿童的认知观念、教育模式及社会对他们的期望与态度。宏观系统内的文化价值观、社会政策、教育资源分配机制等，都直接或间接地塑造着自闭症儿童所处的社会环境，影响着他们被接纳的程度、接受的教育类型及质量，以及最终的发展成就。因此，在探讨如何支持自闭症儿童发展时，必须考虑到宏观系统这一更为广泛而深远的背景，努力推动社会文化的包容性、教育政策的公平性与科学性，以及经济资源的合理配置，以期为自闭症儿童创造一个更加有利、更加理解与支持的社会环境。

具体来说，宏观系统通过一系列社会性的、观念性的要素来塑造这

---

① 刘杰，孟会敏. 关于布朗芬布伦纳发展心理学生态系统理论［J］. 中国健康心理学杂志，2009，17（2）：250-251；赵洁. 人类发展生态学视角下美国"社会——情绪学习"项目中的家校合作研究［D］. 上海：上海师范大学，2016：1-7.

一环境，包括但不限于社会的多元化价值观念与占据主导地位的价值体系，这些观念决定了社会对自闭症儿童的接纳程度与期望标准；社会资源分配的原则与观念，影响着为自闭症儿童提供的支持与服务的质量与范围；社会风俗、习惯与道德风尚，它们共同构建了一个社会对个体差异的态度与行为准则；教育领域的观念与实践，决定了自闭症儿童接受教育的类型、内容及方法；以及社会的职业选择与就业观念，影响着自闭症儿童及其家庭对未来职业规划的考量与决策。宏观系统作为一个宏大的背景舞台，不仅定义了自闭症儿童所处的社会环境，还深刻影响着他们的成长路径与发展方向。

布朗芬布伦纳的生态系统理论对自闭症儿童交际话语障碍及其社区化融合研究具有特殊的启迪。他强调个体发展是在家庭、社区和国家构成的多元多样、错综复杂的社会生态背景中发生或进行的，会受到各种不同层次系统和关系的影响和作用。此观点对影响自闭症儿童发展的环境提供了独特且较为全面的解释，是目前自闭症儿童融合教育界广泛传播的一种理论，它给我们分析和研究自闭症儿童的发展提供了很好的理论基础，使我们更全面、更辩证地看待影响自闭症儿童发展的社会生态环境系统。

三、时间维度下的自闭症儿童发展与社会生态系统

尤里·布朗芬布伦纳的社会生态环境系统包括空间系统和时间系统，以上是对其空间维度的四循环系统的分析介绍。而在时间维度上，尤里·布朗芬布伦纳提出长期系统，即在时间的催化下，首先是自闭症儿童本身会随年龄而发展，其次是他（她）所处的周围的四个环境系统也会随着时代的变化而变化，而且会综合地共同对他（她）产生直接或间接的影响作用。因此，我们就能总结出，社会生态化系统运动的关键点就在于要考虑发展的自闭症儿童所处的环境以及自身的变化，更

要全面地考虑到可能影响自闭症儿童发展的一切因素①。

影响自闭症儿童发展的环境因素复杂多样，每个层次的环境系统对自闭症儿童个体的发展的影响都各不相同，而且各个环境系统之间也会相互影响，共同作用于自闭症儿童个体的发展。但鉴于篇幅有限，本书只对自闭症儿童的空间维度的四循环系统，尤其是微观系统和中间系统进行重点分析和干预，没有涉及如制度文化、思想观念体系等宏观系统方面。也没有对时间维度上的长期系统做太多分析和介绍。

另外，除了尤里·布朗芬布伦纳的生态系统理论外，还有一种生态学模式的自闭症观点也值得一提，就是基于知觉生态理论框架，对自闭症儿童的理解可转化为一种社会生态学的视角。该视角十分强调，自闭症并非个体内部静态的病症，而是一个动态发展的过程，植根于个体与环境间复杂的相互作用之中。自闭症的问题不在于个体的内在世界，而在于个体与环境互动关系的失调。根据这一生态学模式，自闭症患者的社会互动障碍，既源于早期或先天的神经生物学损伤，也促进了后续神经行为异常的发展，揭示了自闭症与人类社会环境之间深刻的互动联系。

四、社会生态系统的自闭症干预康复应用与启示

社会生态学模式的自闭症儿童观念摒弃仅聚焦于自闭症儿童心理或大脑的孤立视角，转而通过探索患者与环境间的动态交互作用来阐释其行为特征。这一视角能够合理解释为何部分高功能自闭症儿童个体虽能在特定情绪识别和心理理论测试中表现出色，却在日常社交中展现出不合群的行为模式。在生态学模式下，自闭症被视为一种先天的神经系统

---

① 赵洁. 人类发展生态学视角下美国"社会——情绪学习"项目中的家校合作研究 [D]. 上海：上海师范大学，2016：1–7.

发育障碍，其后续影响在于，若自闭症儿童未能在与环境的持续互动中有效克服这一初始障碍，则可能进一步引发认知、行为和情绪等多方面的次生发展问题。

若只是一味地强调环境因素，而忽略其自身内在的因素，如神经生理损伤的话，这也是不合理的。自闭症儿童的发展不是孤立的，往往是在内外因素的多重作用下不断演进的。研究者更倾向于从生态学的视角来解释自闭症儿童的异常行为。通过理解、解析和应用社会生态系统理论，我们可以更全面地关注自闭症儿童的发展需求，为他们提供更加全面、有效的支持和帮助。社会生态环境各个系统都在不同程度上塑造着自闭症儿童的行为模式和社会适应能力，对自闭症儿童的康复进程和社会融入起到重要作用，并在为自闭症儿童创造一个更加包容、支持的社会环境方面发挥着关键作用，通过这一理论视角，我们可以更加全面地理解自闭症儿童面临的挑战和需求，从而制定更加精准、有效的干预策略和支持措施。

总体来说，自闭症与社会生态系统理论之间存在着深刻的、密切的相互联系。在自闭症儿童的诊断干预和治疗康复过程中，社会生态系统理论为制定综合性的干预方案提供了理论框架。例如，医生在咨询治疗时，应注意家庭、学校等环境因素是否有不良影响；社工可以运用同理心、鼓励支持等技巧帮助家长疏导情绪，同时担任家庭和学校之间的联系者，提供外部资源信息；教师和学校则需要为自闭症儿童创造包容、接纳的学习环境。

第七节　自闭症与社会建构主义理论

近年来，社会建构主义学习观在自闭症儿童干预治疗与康复融合领域逐渐崭露头角，其核心理念为自闭症儿童的教育实践带来了深远的影响。建构主义学习观摒弃儿童作为知识被动接受者的传统观念，转而强调儿童是积极的学习主体，他们能够在既有经验的基础上，主动整合并重构自身经验与外部环境的信息，实现有意义的学习。这一观点与自闭症儿童的干预和教育需求高度契合。社会建构主义的核心论断指出，所有知识，包括心理学领域的知识，都是历史与文化的产物，具有鲜明的特殊性和动态性，不存在普遍适用、永恒不变的对人性和社会的认知框架①。这一认识论上的转变，为理解自闭症儿童在社交、语言及非语言交流等方面所面临的独特挑战提供新的视角。它提示我们，自闭症儿童的干预治疗方法和路径不应是僵化不变的，而应充分考虑其个体差异、文化背景及历史经验，采用灵活多样、个性化的策略。

在这样的理论指导下，自闭症儿童的干预治疗和康复融合更加注重激发他们的内在潜能，鼓励他们基于自身经验进行主动探索和学习，同时强调社会环境的支持作用，通过构建包容、理解的社会氛围，促进自闭症儿童与社会环境的积极互动与融合。这一转变不仅有助于提升干预治疗的效果，更为自闭症儿童实现自我价值、融入社会生活开辟更加广阔的道路。

一、社会建构主义理论与自闭症交际话语研究

社会建构主义（social constructionism），亦称社会建构论，作为一种理论思潮，自 20 世纪 80 年代在西方心理学，尤其是社会心理学领域内兴起，并作为后现代主义在心理学领域的重要理论构建之一，其思想根源可追溯至 20 世纪初的知识社会学。近几十年来，该理论在自闭症

---

① 许放明．社会建构主义：渊源，理论与意义 [J]．上海交通大学学报（哲学社会科学版），2006（3）：46-51

交际研究领域的应用取得了显著进展，其核心主张在于质疑知识的绝对客观性，转而强调其深厚的文化、历史及社会烙印，同时指出任何对现实的解读均不可避免地受到特定立场与预设的影响。

　　研究者们依托社会建构主义视角，通过收集自然发生的会话数据，运用会话分析与话语分析技术，致力于在真实情境中重新评估自闭症人群的交际困境，深入探索其实际交流能力及其社交环境中其他参与者的互动动态。仔细说来，这类研究聚焦于自闭症儿童在家庭内部的多成员日常互动，分析诸如回声式语言的使用、交流互动的反馈机制，以及家长如何调整策略以促进自闭症儿童的言语能力的发展等，不仅揭示自闭症个体独特的交流模式，也展现家庭成员间互动模式的多样性和灵活性①。

　　社会建构主义的核心论断深刻揭示了社会文化作为知识创生与变迁的根本驱动力，它聚焦于探讨文化力量如何雕琢知识的形态与分类，并作为一种反本质主义的知识论，深入剖析知识声明背后复杂的社会话语网络，以及这些网络中潜藏的价值观念（即意识形态）如何在正式与非正式生活领域内，通过本体论与知识论的交织互动得以巩固或消解。作为跨学科的理论桥梁，社会建构主义融合了哲学思辨、社会学洞察与心理学洞察的多元视角，其理论边界的开放性也激发了关于其精确定义与学科归属的广泛学术探讨。

　　该理论的核心价值在于其整合性，它荟萃了多种研究方法与理论流派的精华，特别是在社会知识建构的集体性与社会性上达成了广泛共识。分析框架上，社会建构主义分为宏观与微观两个视角：宏观层面探

---

① BERGER P L, LUCKMANN T. The Social Construction of Reality: A Treatise in the Sociology of Knowledge [M]. New York: Doubleday, 1966: 58 – 89; GUBRIUM J, HOLSTEIN J. The Constructionist Mosaic [M] //HOLSTEIN J, GUBRIUM J. Handbook of Constructionist Research. New York: The Guilford Press, 2008: 76–90.

讨集体认知图式与权力结构间的动态交互；而微观层面则细腻剖析个体间如何通过细致入微的互动过程共同构建意义，实现彼此间的深刻理解①。在自闭症交际话语的研究中，这一微观视角尤为突出，为洞察自闭症群体的独特交际模式提供了新颖的理论视角。

社会建构主义还强调了知识建构的社会性本质，这一立场直接挑战了个人主义与心理主义的传统范式。传统心理学往往孤立地审视自闭症儿童的内在心理过程，如认知、记忆、情感等，以解释其社交难题。而社会建构主义则主张，知识是在人与人之间的协商、对话与共识中逐步形成与发展的，它强调社会性互动对于构建世界认知的关键作用。自闭症儿童的语言交流被视为一种富有生命力的社会实践，它不仅是知识生产的源泉，也是知识进化的动力。

在自闭症干预的实践中，社会建构主义的理念被巧妙地融入 DIR（发展、个别差异、人际关系）模式之中，这一模式通过诸如地板时光和哈宁模式等具体干预方法得以生动展现。这些方法的核心在于，它们紧紧围绕自闭症儿童的个人兴趣，积极倡导家长与儿童携手共进，共同参与富有创造性的活动。这一过程中，不仅注重提升儿童的象征性表达能力，还深刻关注其情感体验的丰富与深化，旨在全面促进人际关系的建立与认知能力的均衡发展。

DIR 模式深刻体现了建构主义学习理论的精神实质，即儿童是学习过程中的主体与中心。它强调，通过真实、自然的人际互动与模仿学习，能够有效激活儿童的镜像神经元系统，这一创新思路为改善自闭症症状开辟了新的途径。在这一框架下，儿童不再是被动的接受者，而是主动的探索者，他们通过与环境和他人的积极互动，不断构建和发展自

---

① GUBRIUM J, HOLSTEIN J. The Constructionist Mosaic ［M］//HOLSTEIN J, GUBRIUM J. Handbook of Constructionist Research. New York：The Guilford Press, 2008：76-92.

已的知识与技能，最终实现自我成长与社会融合的目标①。

二、社会建构主义视角的自闭症交际话语机制及其社会性

社会建构主义理论聚焦于社会互动中意义的共创与相互理解的达成，主张知识生成根植于社会交往与实践，并由社会进程维系。它是一种强调知识的情境性和社会性的理论取向，它反对本质主义和科学主义对知识的单一解释，倡导从社会文化角度理解知识的产生和发展。在多个学科领域和实际应用中，社会建构主义都展现出了其独特的价值和影响力②。它摒弃了传统心理学侧重于个体心理机制及社会学关注宏观社会结构的视角，转而强调社会实践与互动作为解析社会现象的根本途径③。在此框架下，语言、眼神交流、面部表情及肢体语言等互动媒介被视为构建社会现实的关键要素，因为它们不仅是交流的工具，更是共同塑造世界观的重中之重。

自闭症儿童交际话语研究和社会建构主义共同关注的核心问题，一是自闭症儿童个体经验与社会文化的互动，即建构主义和社会建构主义都强调个体经验与社会文化之间的紧密联系和相互作用。在自闭症干预中，这种互动关系尤为重要，因为自闭症儿童在社交、语言和非语言交流等方面的障碍往往与其所处的社会文化环境密切相关。二是知识与技能的建构性，即无论是建构主义还是社会建构主义，都认为知识和技能是通过个体与环境的互动而不断建构和发展的。在自闭症儿童干预康复

---

① 马博森，曾小荣，龚然. 国外自闭症人群多模态话语及智能辅助诊断与干预研究 [J]. 语言战略研究，2020，5（2）：10-16.

② STERPONI L, SHANKEY J. Rethinking Echolalia: Repetition as Interactional Resource in the Communication of a Child with Autism [J]. Journal of Child Language, 2014, 42 (2): 275-304.

③ O'REILLY M, LESTER J. Examining Mental Health Through Social Constructionism: The Language of Mental Health [M]. London: Palgrave Macmillan, 2017: 78-98.

中，这种建构性思想体现在通过具体的干预活动和情境来促进自闭症儿童在社交、语言和非语言交流等方面的能力提升。

社会建构主义特别指出，人际间的每一次互动都是知识形态的创新源泉，故而互动模式及其多样性至关重要。通过互动，我们共同构建一个人类社会的认知世界，其中，交际、话语、故事与叙事作为核心要素，维系并丰富这一构建过程，形成各具特色的互动体系。① 而多模态互动视角则可以深化这一理解，它能够细致探讨如何在复杂的社会互动中创造意义与共识，包括自闭症个体在内的特殊群体之互动行为亦被纳入这一分析框架，尤其是他们的注视行为，被视为社会建构机制的体现，为相关研究提供理论支撑。

在采纳社会建构主义作为研究范式的基础上，针对自闭症儿童交际言语障碍的深入探索，研究者不仅承认该群体面临的交际挑战，而且侧重于在现实社会情境中细致观察与分析其交际能力。这一转变开启了自闭症干预策略的新视角，与传统模式形成鲜明对比。传统方法往往侧重于早期干预以遏制交际障碍的发展，而社会建构主义则倡导一种更为动态与包容的视角，它要求临床专家深入解读自闭症儿童话语背后的深层意义，观察他们如何利用言语行动参与社会互动，并着重于强化其主体意识，鼓励与促进他们与成人世界间建立起更加丰富、真实且高效的社会联系。

Sterponi 与 Kirbyk② 的研究深刻阐述了这样一种观点：通过他们提出的研究路径，我们不仅能够更加精确地洞察自闭症儿童在交际过程中

---

① MAYNARD D W, MCDONALD T A, STICKLE T. Parents as a team：Mother, father, a child with autism spectrum disorder, and a spinning toy ［J］. Journal of Autism and Developmental Disorders, 2016, 46（2）：406-423.

② STERPONI L, DE KIRBYK. A Multidimensional Reappraisal of Language in Autism：Insights from a Discourse Analytic Study ［J］. Journal of Autism and Developmental Disorders, 2016, 46：394-405.

的具体需求与面临的障碍，还能够显著增强干预措施的针对性和实效性。这一研究范式不仅极大地丰富了自闭症交际言语障碍领域的理论基础，为学术界提供了宝贵的洞见，而且为实践工作者提供了强有力的支撑，促进了干预策略朝着更加人性化、强调互动以及高效化的方向不断迈进①。这种进展标志着在理解和改善自闭症儿童交际能力上的重大飞跃。

第八节　自闭症与会话分析理论

自闭症儿童交际言语障碍的互动分析研究，是一项深度整合会话分析精髓并超越传统界限的综合性探索方法。它摒弃单一交际模态的局限，转而采用一种多模态、多维度的立体分析框架，旨在细致入微地剖析互动过程中各参与方行为及过程的复杂交织，从而揭示这些动态交互背后隐藏的深刻逻辑与紧密联系。在这一框架下，自闭症儿童会话交际时的注视行为不再被视为孤立的现象，而是被巧妙地嵌入一个更为宽广的语境网络之中。这一网络融合语言交流、面部表情、肢体动作等多种模态，它们相互交织、相互印证，共同绘制出一幅全面而精细的互动图景②。这种多维度的分析方式，不仅深化对自闭症儿童注视行为本身的理解，也极大地拓宽我们对他们整体交际能力的认知视野。

同时，会话分析还高度重视对互动情境的整体把握，将具体发生的环境、氛围，以及参与者的情绪状态、态度倾向等动态因素纳入考量范

---

① 马博森，曾小荣，龚然．国外自闭症人群多模态话语及智能辅助诊断与干预研究[J]．语言战略研究，2020，5（2）：10-16.

② 马博森，李发睿，曾小荣．多模态互动视角的注视研究评骘：自闭症研究的新转向[J]．兰州大学学报（社会科学版），2022，50（2）：112-121.

围。这些丰富的情境因素不仅为分析提供了更为丰满的背景信息，也使得我们对自闭症儿童交际言语障碍的理解更加贴近真实、更加全面而深刻。通过这样一种综合立体的研究方法，我们能够更加精准地捕捉自闭症儿童在交际互动中的细微挑战与独特表现，进而为制定更加科学、更加个性化的干预策略提供坚实的理论支撑和实践指导。这不仅有助于改善自闭症儿童的社交技能，提升他们的生活质量，也为推动自闭症研究领域的发展贡献了新的思路和方法。

一、自闭症与会话分析理论

会话分析（Conversation Analysis，通常简称为 CA）是 20 世纪 60 年代末 70 年代初诞生于美国的一种社会学研究方法，其理论创始人是社会学家 Harvey Sacks、Schegloff 以及 Jefferson 等。他们在继承 Goffman 和 Garfinkel 的社会学分析方法的基础上广泛吸收语言学、人类学、社会学、言语交际和心理学等社会科学领域的知识以及研究方法，然后提出并发展成为会话分析的研究方法，是一种研究日常社会语言交际互动的方法，涵盖言语和非言语行为。它被认为是话语分析的一个分支领域，话轮转换（turn-taking）是会话分析的核心问题，自闭症儿童常常在话轮转换方面存在很大困难和障碍。自闭症与会话分析理论之间的联系主要体现在对自闭症儿童的语言交流障碍和会话分析语言交流过程的研究上。通过运用会话分析理论来观察和分析自闭症儿童的会话过程，可以更深入地理解他们的语言交流障碍，并为诊断和干预提供有价值的参考。会话分析理论还可以为自闭症儿童的诊断干预和治疗康复提供指导。通过分析和理解自闭症儿童的会话过程，可以制定更有针对性的干预康复方案，以改善他们的语言交流能力。例如，可以通过教授患者如何正确理解和使用非语言行为、如何组织语言来表达自己的意图和需求等策略来提高他们的会话能力。在自闭症的诊断和评估过程中，会话分析可以作为一种辅助工具，通过观察和分析患者的会话过程来评估其语言交流能力，这也有助于医生更准确地判断儿童的自闭症症状及其严重程度。

在自闭症儿童的会话分析中，话语标记语（discourse markers）也是一个不容忽视的关键因素，对自闭症儿童的交际会话的研究也是近年来会话分析和语用分析研究的一个崭新而又急迫的热点课题，引起了语言学家们的普遍的关注。自闭症儿童的话语标记语障碍在于无法得体地识别和使用这种标记语进行话轮转换。正如其名称所暗示的，会话分析最初专注于随意的对话，但随后其方法被扩展到涵盖更多以任务和机构为中心的互动，例如，在医生办公室、法庭、执法部门、热线电话、教育环境中以及大众媒体中发生的互动。因此，"会话分析"这一术语的内涵已经得到了显著的拓展，它现在不再局限于传统的对话分析，而是广泛涵盖了多样化的社会交际互动模式，成为研究自闭症儿童交际言语障碍时不可或缺的重要方法论基石。在互动研究的广阔领域中，访谈、直接观察、会话分析及多模态互动分析法等多种策略并存，共同构成了强大的研究工具箱。①

然而，尽管访谈与直接观察等方法因其普及度高而广受欢迎，但它们往往受限于主观感知和经验回顾的局限性，难以保证研究的客观性、实时性和综合性。相比之下，会话分析以其独特的优势脱颖而出。它专注于在自然语境下捕捉真实的语料，通过录音、录像等技术手段，实现对即时语言动态的精准记录与深入分析。② 这种方法能够细致入微地揭示互动过程中的微妙之处，包括语言使用、非言语行为以及它们之间的

① 马博森，李发睿，曾小荣. 多模态互动视角的注视研究评骘：自闭症研究的新转向 [J]. 兰州大学学报（社会科学版），2022，50（2）：112-121.
② 马博森，李发睿，曾小荣. 多模态互动视角的注视研究评骘：自闭症研究的新转向 [J]. 兰州大学学报（社会科学版），2022，50（2）：112-121.

复杂关系，从而为理解自闭症儿童的交际障碍提供更为丰富、深入的视角。

二、会话分析的自闭症儿童诊疗康复

会话分析的理论魅力源于其独特的跨学科视野，它将自然语言、独特社会个体（特别是自闭症儿童）以及复杂的社会环境紧密融合，从交际语用学的深刻层面，细致剖析了语言在社会互动中的多元功能。其研究精髓聚焦于互动过程中的言语行为细节，如话轮的自然流转机制、毗邻语对的精妙构建、序列结构的内在逻辑与优先性，以及互动进程如何动态推进等，这些元素均在互动研究的宏观架构下得到深入剖析。

与访谈、直接观察等传统研究方法相比，会话分析展现出几大鲜明差异：首先，它侧重于对实时社会行为的深度剖析，而不仅仅是依赖内在感知与经验的主观阐释，从而确保了分析的客观性与即时性；其次，会话分析能够捕捉到行为变化的微妙瞬间，进行精细的即时分析，而传统方法往往受限于记录或编码框架，更倾向于对事件进行较为笼统的概括性描述；最后，会话分析直接植根于自然发生的语料之中，追求原生态的真实性与丰富性，而传统方法可能涉及研究者一定程度上的引导，从而影响了语料的自然生成状态。

在此背景下，会话分析为自闭症儿童交际言语障碍的研究提供坚实的理论支撑与实践路径，助力探索其交际话语行为规律、语言思维模式及表达特性。针对自闭症儿童这一特殊群体，理解并改善其语言障碍，不仅是保障其表达需求、实现社交权利的关键，更是促进其融入社会生活的必要步骤。自闭症儿童的语言发展轨迹常伴随延迟、模仿性语言、代词使用混乱、韵律异常及沟通效率低下等特征，这些均指向语言交际应用的根本难题。无论是语言指称功能的缺失、名词使用的僵化，还是对话维持能力的不足，均深刻揭示了自闭症儿童在语言交际层面的多维度障碍，亟待通过科学的方法论指导下的深入研究与干预来解决。

三、多模态互动分析与自闭症儿童交际话语

自闭症儿童交际言语障碍的多模态互动分析方法根植于会话分析的理论土壤，它强调对实时社会行为的直接观察与分析，摒弃主观感知与经验回顾的局限性，确保对互动事件的客观解读。尽管自闭症语言领域的杰出研究者如 Tager-Flusberg[①] 等指出，自闭症儿童在语音、词汇掌握、语义理解及语法结构上，其发展水平往往能接近同龄正常儿童，然而，在真实的社会语用交流场景中，他们却面临显著的理解与运用障碍。这些障碍具体表现为：对交谈中重要信号的无视或误解、回应时缺乏与上下文的有效关联以及在维持对话流畅性上的显著困难。这些特点共同凸显了自闭症儿童在即时、动态的对话环境中所展现出的不适应性与挑战，强调了除语言结构本身外，社会语用能力的不足是他们交流障碍的重要方面。

从自闭症儿童交际言语障碍互动分析的角度出发，研究流程涵盖原始多模态资源（如录像）的采集、精细转写、精准标注及深入分析等多个环节。视频资源作为核心资料，其采集质量对研究至关重要，要求研究者在录像前后进行周密准备，包括确定摄像机配置、优化场地布置与取景、选择合适的录像模式等，以确保素材的有效性与丰富性。

在自闭症儿童交际言语障碍互动分析中，研究者还需超越单纯识别

---

① TAGER-FLUSBERG H. The Conceptual Basis for Referential Word Meaning in Children with Autism ［J］. Child Development, 1985, 56 （5）: 1167 - 1178; TAGER - FLUSBERG H. Semantic Processing in the Free Recall of Autistic Children: Further Evidence for a Cognitive Deficit ［J］. British Journal of Developmental Psychology, 1991, 9 （3）: 417-430; TAGER-FLUSBERG H. "Once Upon a Rabbit": Stories Narrated by Autistic Children ［J］. British Journal of Developmental Psychology, 1995, 13 （5）: 45-59.

交际障碍的层面，运用会话分析及相关方法论，细致考察障碍在互动序列中的位置、持续时间、上下文环境等关键因素，综合评估其对互动者行为的影响。这种多理论、多模态的视角，有助于全面揭示自闭症儿童语用障碍的复杂性，包括其话语行为、会话能力及语篇处理方面的具体表现。

四、会话分析的自闭症交际言语障碍的深度探索

会话分析在自闭症儿童社会交际话语障碍的研究中发挥着重要的作用。会话分析将自然语言、社会的人（包括自闭症儿童）和社会生态环境结合起来，从交际语用的角度来探讨分析语言的功能。这为自闭症儿童的语言交际研究提供了坚实的理论基础。自闭症儿童的会话分析强调观察自然语料，使用自然情景中互动的录音及录像进行研究，通过分析即时的语言变化，展现互动中的细节。① 这种方法论为自闭症儿童的语言行为研究提供了有效的分析工具和手段。会话分析能够揭示自闭症儿童的语言交际障碍。通过细致观察发现障碍，会话分析能够细致地观察自闭症儿童在自然语境下的语言交际行为，包括话轮转换、毗邻语对、序列结构、优先结构等方面的表现。通过会话分析，可以揭示自闭症儿童在语言交际方面存在的障碍，如语言发展迟滞、鹦鹉学舌式语言、代词颠倒、韵律失调及缺乏有效交流等。这些障碍的发现对于制定针对性的干预措施具有重要意义。

对自闭症儿童的会话分析还有利于指导他们的干预康复融合训练。基于会话分析的结果，可以确定自闭症儿童在语言交际方面的具体障碍点，从而制定更加个性化和有效的干预目标。它可以帮助设计干预康复

---

① 马博森，李发睿，曾小荣. 多模态互动视角的注视研究评骘：自闭症研究的新转向 [J]. 兰州大学学报（社会科学版），2022，50（2）：112-121.

融合方案：会话分析还可以为干预方案的设计提供指导。例如，可以根据自闭症儿童在会话中的表现，设计针对性的会话教学活动，如分阶段进行会话学习、运用视觉教法加强会话学习等。

综上所陈，会话分析在自闭症儿童的研究中发挥着不可替代的作用，为揭示语言交际障碍、指导干预训练、推动学术交流与合作、提高自闭症儿童的生活质量以及社会融合度提供强大的理论基础和有力的实践支持。

会话分析理论可以为理解自闭症儿童的语言交流障碍提供一个重要的视角。通过观察和分析自闭症儿童的会话过程，可以揭示他们在语言交流方面存在的问题和困难。例如，会话分析可以关注自闭症患者在会话中的非语言行为（如肢体语言、面部表情）以及语言行为的异常（如鹦鹉式仿说、文法结构不成熟等），从而更全面地了解他们的语言交流障碍。

自闭症儿童的会话分析也有助于提高自闭症儿童的社会话语交际技能和能力，这是一个漫长艰辛的综合性的过程，提高自闭症儿童的社会技能和交际能力需要多方面的努力和支持。通过建立信任关系、设定明确目标、逐步引导与训练、创造支持性环境、培养兴趣爱好、强化积极行为和树立榜样等方法，可以帮助自闭症儿童更好地融入社会，与他人建立良好的关系。

本书在此还需进一步聚焦自闭症儿童在社会交际中最具挑战性的语用难题，通过解析其交际言语的话语、会话及语篇层面，深入探讨语用障碍的语言学、认知学及社会生态学根源。这一努力旨在为自闭症研究及儿童康复融合实践提供理论支持与实践指导，促进自闭症儿童更加顺畅地融入社会交往和日常社会生活之中。自闭症儿童在社会交际中最具挑战性的语用障碍主要体现在以下几方面。

（一）社交交往障碍

1. 难以理解非言语线索：自闭症儿童在解读面部表情、肢体语言和声音语调等非言语信息时存在困难，这直接影响到他们与他人的社交互动。他们可能无法准确理解他人的情绪状态或意图，从而难以建立有效的社交关系，进而很难形成和谐的人际关系。

2. 语用交流困难：即便语言功能不差的自闭症孩子，在与人交谈时也可能对比喻、反讽等语言表达难以理解，且缺乏适当的回应。这种交流障碍使得自闭症儿童在社交场合中显得格格不入，难以融入群体。

3. 社交反应不适当：自闭症儿童在社交互动中可能表现出不适当的目光接触、不懂得轮流说话、回应他人的时间不准确（不能恰当实时地接话轮和识别话语标记，如太快或太迟回应交际对方）等。这些不适当的社交反应会进一步加剧他们的社交障碍。

（二）语言沟通障碍

1. 社交语言发展迟缓：自闭症儿童的社会语言发展往往迟缓于同龄儿童，他们可能在学习和使用词汇、语法和其他语言结构方面遇到困难。这种社会语言发展迟缓使得他们在表达自己的需求和想法时受到限制，其结果就是无法成功有效地融入正常的社会生活。

2. 重复性交际言语：自闭症儿童可能会出现重复性言语的症状，如机械地复述先前听到的话语或喜欢背诵某些固定内容。这种重复性言语不仅影响他们的正常交流，还可能引起他人的误解和反感。

3. 社交沟通方式不当：自闭症儿童在尝试沟通时，可能采用不恰当的表达方式，如望着成人大发脾气以表示在玩耍中遇上困难。这种沟通方式不仅无法有效地传达信息，造成或导致社交失败，甚至还可能加剧社交冲突。

（三）社交行为模式异常

1. 固定刻板行为：自闭症儿童常常表现出固定的日常活动安排、

对环境变化高度敏感以及强烈的对称感等刻板行为。这些行为模式会严重限制他们的社交灵活性，使得他们难以适应不同的社交环境和情境。

2. 对环境变化的敏感：自闭症儿童对环境的细微变化可能产生强烈的反应，如不安、焦虑或抵触情绪。这种对环境变化的敏感性势必会增加他们在社交场合中的不适感和紧张感，这使他们本来就不畅通的语用交际雪上加霜。

（四）语用障碍综合影响

自闭症儿童的社交交往障碍、语言沟通障碍和行为模式异常相互交织、相互影响，共同构成他们在社会交际中最具挑战性的语用障碍。这些障碍不仅影响他们的社交能力和语言表达能力，还可能导致他们在学习、工作和生活中遇到诸多困难。

（五）语用障碍应对策略

针对自闭症儿童在社交互动中面临的语用障碍，家长、教育工作者及社会各界应协同采取以下策略，以促进其社交沟通能力的全面发展与融入社会。

1. 早期识别与个性化干预：首要任务是及早通过专业机构进行评估，明确孩子的语用障碍特点。随后，制定并实施个性化的教育干预计划，重点聚焦于提升自闭症儿童的社交语言技能，为他们搭建一座通向社会的桥梁。

2. 强化非言语沟通能力：鉴于非言语信息在社交中的重要性，应利用游戏、艺术疗法、角色扮演等多种互动方式，增强自闭症儿童对非言语信号（如面部表情、肢体语言、语调变化）的理解与运用能力。这些活动不仅能提升他们的社交感知力，还能促进情感共鸣。

3. 丰富语言环境，促进语言发展：创造一个充满语言刺激的环境，鼓励自闭症儿童多听故事，参与讨论，尝试表达自己的想法，并适时引入读写训练。通过增加语言输入与输出的机会，促进他们语言能力的全面发展，特别是社交语言的运用。

4. 行为模式调整与灵活性提升：运用行为疗法和认知行为疗法，帮助自闭症儿童识别并减少刻板行为，同时教授他们更灵活、适应性的社交技巧。通过模拟真实社交场景，引导他们学习在不同情境下做出适当反应，增强社交互动的自然流畅度。

5. 构建社会支持网络：建立一个包容、鼓励的社会环境，鼓励自闭症儿童参与集体活动、志愿服务等社会实践，让他们在实践中学习如何与他人建立联系、分享经验。同时，加强与家庭成员、学校、社区及专业机构的合作，共同为自闭症儿童提供全方位的支持与帮助，增强其社交自信心和归属感。

第二章

自闭症儿童交际话语障碍研究

在自闭症研究领域，作为核心障碍之一的交际话语障碍受到来自语言学、心理学、脑科学、计算机科学和特殊教育学等诸多学科的关注。其中，语言学主要关注自闭症人群特有的语言现象和交际障碍，心理学更注重了解语言现象和语言交际障碍背后的认识心理机制。比如，自闭症和阿斯伯格综合征定义最早的提出者 Leo Kanner 于 1943 年、1946年，Asperger 于 1944 年、1991 年通过临床观察，初步描绘了自闭症儿童语言的特异性，为后续的研究奠定了基础。后来的研究者 Rutter 于1970 年的研究认为，自闭症损伤是由核心语言障碍所触发，而这一观点也在1997 年 Sigman 和 Capps 等人的研究中得到进一步的证实和支持。随着研究不断深入，Baltaxe[①] 提出自闭症是一种语用功能性损伤的观点，这一思路引导学界开始通过语言来研究自闭症儿童在高阶认知能力方面存在的障碍，并结合临床观察和实验数据提出一系列现今依然影响深刻的关于自闭症人群认知的理论，如前面章节介绍的弱中央统合理论、执行功能障碍和心理理论等。在探究自闭症人群的语言障碍时，研

---

① BALTAXE C A M. Pragmatic Deficits in the Language of Autistic Adolescents [J]. Journal of Pediatric Psychology, 1977, 2: 176-180.

究者们发现不同自闭症个体的语言表现具有高度的异质性,① 很难明确去划分自闭症下面的亚类。而高度异质性的发现也推动了自闭症诊断标准的更新,比如 DSM-5 在制定自闭症的诊断标准时,将 DSM-4 中的语言障碍归为社会交际互动障碍中。

从研究方法来看,不同学科对自闭症儿童交际话语障碍的研究范式也不尽相同。心理学领域依然采用实验范式为主的方法进行交际障碍研究,更多地聚焦自闭症人群某一个特定的语言现象或者障碍,设计实验并通过诱发材料收集研究目标的行为数据。通过对比自闭症人群与正常人群在实验中表现出的行为差异性来验证理论假设,分析其交际互动现象或障碍的相关机制。心理学领域的研究关注自闭症人群语言产出和理解。在产出的研究中,会设计一些半结构式的语言产出任务,分析相应指标,如叙事、会话中的句法加工和语义加工等。语言理解的研究主要通过实验探究理解加工机制,如某类词义的加工特征。语言学着重研究自闭症人群交际中不同语言层面的表现,通常通过分析语料来实现其研究目标。语言学的研究涉及交际的方方面面,相比心理学的研究范畴更宽泛,如交际中指称语的使用策略、连词的使用频率、篇章结构特征、话语修正策略和互动中话轮特征等。其中值得注意的是,互动语言学的兴起以及社会建构主义理念对自闭症人群的交际研究带来深刻影响。传统的心理学和语言学往往只聚焦说话人的言语行为特征,而忽视其他层面对说话人交际互动的影响作用。互动视角和社会建构注意视角下的自闭症人群话语研究不仅仅关注说话人本身,还关注交际互动的模式、情境等外部因素,以及互动对方的交际表现,以一种互动的、综合的视角

---

① LOSH M, CAPPS L. Narrative Ability in High-functioning Children with Autism or Asperger's Syndrome [J]. Journal of Autism and Developmental Disorders, 2003, 33 (3): 239-251; 苏怡, 谢芊芊, 苏林雁. 孤独症儿童、发育迟缓儿童和语言障碍儿童早期语言表达的异同 [J]. 中国临床心理学杂志, 2020, 28 (3): 508-512, 517.

讨论特殊人群在真实自然环境中的交际表现。在研究方法和范式上，此视角下的研究主要采用话语分析方法，来解决和回答自闭症人群互动中存在的障碍，拥有的能力以及影响他们互动交际的相关因素。

近 20 年来，随着心理科学、认知科学和医学的不断发展，新兴领域脑科学和神经科学的研究者也开始关注自闭症人群的交际研究。这些新兴领域的研究主要采用一些脑电、脑成像设备，如脑电（EEG,ERP）和脑核磁（MRI, fMRI）等，利用科技进步来深化此领域的研究。研究者可以研究自闭症人群静态的大脑区域的活跃状态，也可以设计加工任务检测相关事件与某些任务加工时大脑实时脑电波图像以及大脑区域的激活状态，从而发现自闭症人群交际障碍与脑区功能以及神经病理机制之间的关系。同样，计算科学的迅猛发展，也对自闭症交际研究带来了新的启示。计算机与自闭症相关研究的结合主要依赖对自闭症儿童多模态数据的深度学习，然后通过自闭症人群语言、动作、面部表情等来进行自动辅助诊断。①

本章从自闭症儿童交际话语中的叙事话语和互动话语两类交际话语形式入手，分别介绍自闭症儿童叙事话语分析框架和互动话语分析框架，然后梳理自闭症儿童叙事话语分析和互动话语分析的成果与发现，并对自闭症儿童交际话语特征的原因进行讨论。

第一节　自闭症儿童叙事话语分析框架

叙事（narrative）是人类交际中最常见且最有影响力的话语形式之

---

① 马博森，李发睿，曾小荣. 多模态互动视角的注视研究评骘：自闭症研究的新转向 [J]. 兰州大学学报（社会科学版），2022, 50 (2): 112-121.

一，也是儿童早期活动的重要组成部分，贯穿于儿童的日常生活之中。叙事不仅影响儿童语言的发展，在儿童的认知发展、情绪情感发展以及社会性发展中也起着重大作用。[①] 张放放于 2006 年，王娟于 2017 年也指出，叙事不仅仅是使用合适的语言来梳理人物与事件的关系，更需要说话人拥有相应的社会经验和推理能力，同时关注听话人的理解状态和需求。叙事可以体现说话人社会交际、认知水平和语言能力等方面的综合表现。在近几十年的叙事研究中，叙事已被证明是一种语言障碍评估以及临床应用治疗的有效工具。叙事不仅可以反映特殊儿童语言发展情况，用作儿童语言评价的工具，为他们的语言评价提供丰富的语言素材和样本，还可以进一步分析该群体语言能力及语言加工特征，探讨他们的认知机制以及对人际关系与社会知识的了解情况。[②] 叙事是一种揭示个体和群体语言缺陷更敏感的方式[③]，通过叙事分析可以发现常规语言能力检测中不易发现的问题。[④] 在理论研究中，叙事分析也是一种证明和验证自闭症认知特征相关理论的手段。[⑤]

---

① GRIFFIN T M. Oral Discourse in the Preschool Years and Later Literacy Skills [J]. First Language, 2004, 24 (2): 123–147; REESE DE, SUGGATE S P, LONG J, et al. Children's Oral Narratives and Reading Skills in the First 3 Years of Reading Instruction [J]. Reading and Writing, 2010, 23 (6): 627–644; FERNANDEZ C. Mindful Storytellers: Emerging Pragmatics and Theory of Mind Development [J]. First Language, 2013, 33 (1): 20–46.

② FERNANDEZ C. Mindful Storytellers: Emerging Pragmatics and Theory of Mind Development [J]. First Language, 2013, 33 (1): 20–46.

③ PAMELA A H. Language Sampling Protocols for Eliciting Text-Level Discourse [J]. Language, Speech, and Hearing Services in Schools, 1998, 29 (3): 132–147.

④ BANNEY R M, HARPER-HILL K, ARNOTT W L. The Autism Diagnostic Observation Schedule and Narrative Assessment, Evidence for Specific Narrative Impairments in Autism Spectrum Disorders [J]. International Journal of Speech Language Pathology, 2015, 17 (2): 159–171.

⑤ HAPPÉ F G E, RONALD A. The Fractionable Autism Triad: A Review of Evidence from Behavioural, Genetic, Cognitive and Neural Research [J]. Neuropsychology Review, 2008, 18 (4): 287–304.

叙事和其他话语技巧一样，在日常的社交场合和教育环境中都很重要。良好的口头叙事需要语义能力，才能够使用准确的词汇表达意义；需要句法能力，以便进行句子层次的表达；需要语言技巧，进行连接句子并表达句子之间的关系，进而形成有效的交际互动。此外，叙事者必须利用给定的语境（如物理语境和世界知识）建立故事的心理模型或心理图式，连贯地表达故事。同时，叙事者还需要考虑听者的需求和知识状态，以确保故事能够被理解和接受。在这一过程中，叙事者需要遵循 Grice① 的合作原则，使用足够准确但不过于冗长的表达和引用。

叙事几乎整合了语言的各个层面②，从词汇选择到句子结构，再到整体故事的构建，它为人们提供丰富的语言样本，用于评估叙事者的语言能力。同时，叙事活动本身也具有较强的认知和社会性含义。在叙事过程中，叙事者需要调动认知系统中的相关知识，厘清人物和事件之间的关系，选择恰当的词汇和语句。通过叙事，我们可以深入了解叙事者的思维方式、情感状态以及对世界的理解和感悟。同时，叙事也为教育者和研究者提供一个有效的工具，用于评估和提升个体的语言能力、社会能力以及认知能力。③

叙事作为人类交际的核心方式，其类型多种多样，可以从多个层面进行分类。从语言的表达形式来看，叙事主要可划分为书面语叙事和口头叙事两大类别。这两种形式在表现形式上存在显著差异。书面语叙事通常以文字为载体，强调语言的精确性和逻辑性；而口头叙事则更加注重言语模态以外的元素，如手势、眼神、面部表情等。

---

① GRICE HP. Logic and Conversation [M] //COLE P, MORGAN J. Syntax and Semantics, Vol. 3: Speech Acts. New York: Academic Press, 1975: 41-58.

② CUMMINGS L. Clinical Pragmatics [M]. Cambridge, UK: Cambridge University Press, 2009: 56-79.

③ 程燕华. 汉语孤独症儿童口头叙事语篇中的多模态指称行为研究 [D]. 杭州: 浙江大学, 2022: 27-66.

就叙事的内容而言，叙事可以分为真实故事和虚构故事。以儿童叙事为例，Hudson[①] 概括了三种常见的儿童叙事类型。首先是脚本故事，这类故事类似于日记，描述常规的惯例活动。其次是个人生活故事，包括儿童日常和成长中与社会中其他角色发生的一系列事件。最后是虚构故事，可以是儿童自己通过想象力创造的故事，或根据无字图画书讲述的故事，也可以是儿童在观看视频后复述的内容。

此外，叙事还可以按照诱发类型分类，包括自发性叙事和诱发性叙事。自发性叙事是指叙事者自主发起的叙事，通常不受外界因素的干扰，更多地反映叙事者的内在世界和情感体验。而诱发性叙事则是由不同的工具或情境引发叙事者进行叙事，如根据故事图片或道具讲述故事，观看视频后重述故事内容，等等。这种叙事类型更多地受到外界因素的影响，但也能够揭示叙事者对外界刺激的反应程度和理解效果。结合儿童叙事内容和诱发类型，叙事语篇的分类可参考图 2-1 中的分类，将儿童叙事分为自发性真实故事、诱发性真实故事、自发性虚构故事和诱发性虚构故事等多个子类。这种分类方式有助于研究者更全面地了解儿童叙事的特点和发展规律，也为教育者和研究者提供有效的工具来评估和提升儿童的语言能力、社会能力以及认知能力。

以上回顾可以发现，叙事的类型丰富多样，可以从语言表达形式、内容以及诱发类型等多个层面进行分类。每种类型都有其特点和价值，对于我们深入了解和探赜叙事者的内心世界、评估其语言能力以及指导其语言发展都具有重要的指导意义。

叙事是儿童早期重要的语言活动形式，贯穿于儿童的日常生活之中。它融合语音、语法、语义、语用等多种语言基本要素和功能，是语

---

① HUDSON J A, SOSA B B, SHAPIRO L R. Scripts and Plans: The Development of Pre-school Children's Event Knowledge and Event Planning [M]. Hiusdale, NJ: Lawrence Erlbaum Associates Publishers, 1997: 56-79.

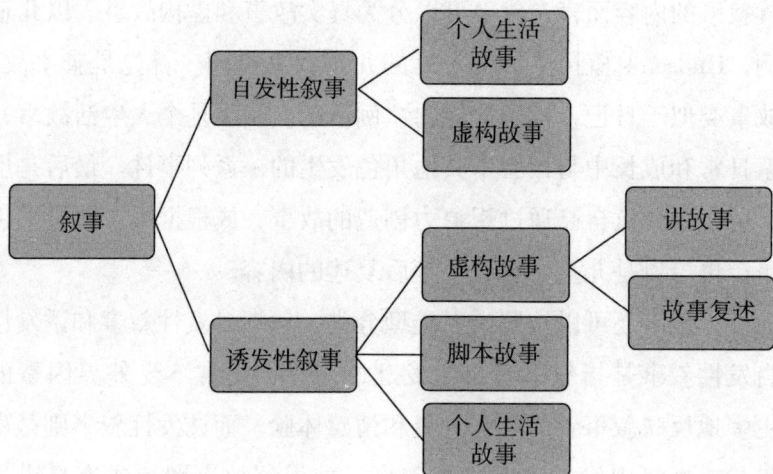

图 2-1　叙事分类图

言能力发展高级阶段的产物①。在叙事过程中，儿童需要调动自己的常识、经验和知识储备，同时运用语言知识来选择恰当有效的表述。在更宏观的层面，还要考虑叙事内容的完整性和逻辑性，能够准确地传递出角色、背景、事件等相互之间的关联。同时，儿童还需要观察交际对方的实时状态，判断对方接受信息的情况，并随时调整自己的叙事策略，完成信息的顺利传达。叙事在儿童的语言、认知、情绪情感以及社会性发展中均扮演着举足轻重的角色。② 首先，叙事是儿童语言发展状况的真实写照。由于叙事中的语言往往更为随意自然，因此它更能真实地反映出儿童的语言发展水平和过程。其次，叙事为儿童的语言发展提供宝

---

① 梁丹丹, 靳羽西, 冯文静. 5~6 岁汉语高功能自闭症儿童故事讲述能力研究 [J]. 语言文字应用, 2022 (1): 119-133.

② GRIFFIN T M. Oral Discourse in the Preschool Years and Later Literacy Skills [J]. First Language, 2004, 24 (2): 123-147; 曾维秀, 李甦. 儿童叙事能力发展的促进与干预研究（综述）[J]. 中国心理卫生杂志, 2006 (9): 572-575; FERNANDEZ, C. Mindful Storytellers: Emerging Pragmatics and Theory of Mind Development [J]. First Language, 2013, 33 (1): 20-46.

贵的锻炼机会。在叙事过程中，儿童不断地积累语言经验，学会如何更加准确、生动地表达自己的想法。此外，叙事还能促进儿童的认知发展，提升他们的逻辑思维能力和想象力。同时，通过叙事，儿童可以更好地理解和表达自己的情绪情感，从而促进其情绪情感的发展。最后，叙事还是儿童社会性发展的重要途径，通过与他人分享故事，儿童可以学习如何与他人交流、合作，建立良好的人际关系。

　　叙事能力的发展是一个循序渐进的过程，随着年龄、认知水平和语言能力的发展而发展①。儿童叙事能力的发展从没有事件与因果关系的事件描述逐步发展为有因果及有目的性的故事②。在 3 岁左右，儿童的叙事多数局限于对单一事件或行为的简单描述；到了 4 岁左右，他们开始能够构建初步的或局部的含有因果关系及目的的故事；5 岁以下儿童的叙事往往会省略重要内容，他们有时对单一事件的理解也不够充分，更缺乏对叙事目的的思考以及对故事整体因果关系的构建，这一点，可以参考 Trabasso 于 1994 年的研究。然而，到了 5~7 岁这一关键阶段，儿童的叙事能力出现了显著的提升，他们开始能够产出真正意义上的叙事，讲述结构完整、逻辑清晰的故事，甚至能够从倾听者的角度出发，让听者能够清晰地理解故事的人物、时间和事件等。③ 此后，儿童的叙事能力会持续发展和完善，直至青少年阶段形成相对成熟的叙事能力和固定的叙事方式。

---

① 梁丹丹，靳羽西，冯文静.5~6 岁汉语高功能自闭症儿童故事讲述能力研究 [J].语言文字应用，2022（1）：119-133.
② 邹启容，张显达.高功能自闭症儿童说故事能力与相关影响因素研究 [J].特殊教育研究学刊，2007，32（3）：87-109.
③ MCCABE A，ROLLINS P R. Assessment of Preschool Narrative skills [J]. American Journal ofSpeech-Language Pathology，1994，3（1）：45-56；李甦，李文馥，杨玉芳.3~6 岁儿童图画讲述能力的发展特点 [J].心理科学，2006，29（1）：25-26；王婷，吴燕，吴念阳.3~6 岁儿童在不同叙事活动中的叙事能力 [J].学前教育研究，2014（8）：17-25.

　　自闭症人群的叙事研究主要从叙事的宏观结构（narrative macrostructure）、微观结构（narrative microstructure）、叙事评价（narrative evaluation）、内部状态语言（internal state language）、叙事顺序（narrative temporality）等层面进行讨论，其中叙事的宏观结构和微观结构是学者们讨论的热点和焦点。叙事的宏观结构指叙事的主题和情节，侧重于分析叙事情节的组织及连贯性[①]，能够体现叙事者对故事内容的整体把握能力。叙事宏观层面的研究还可以体现说话人话语层面以上的语言技能，记录说话人超越个体话语的概念关联能力。[②] 多数宏观叙事的研究，都聚焦叙事者对故事结构以及故事语法的表述情况，同时关注说话人叙事话语的连贯性以及衔接手段使用的恰当性。[③] 比如，有研究发现自闭症儿童叙事的整体结构较弱，错误指称比例高[④]；相比正常发育儿童利用故事要点来连贯组织故事的能力弱[⑤]；不能总结事件结尾，在故事情节

① BAIXAULI I，COLOMER C，ROSELLÓ B，et al. Narratives of Children with High-Functioning Autism Spectrum Disorder：A Meta-Analysis [J]. Research in Developmental Disabilities，2016，59：234-254.

② HEILMANN J，MILLER J F，NOCKERTS A，et al. Properties of the Narrative Scoring Scheme Using Narrative Retells in Young School-age Children [J]. American Journal of Speech-language Pathology/American Speech-Language-Hearing Association，2010，19 (2)：154-166.

③ MILES S，CHAPMANR S. Narrative Content as Described by Individuals with Down Syndrome Andtypically Developing Children [J]. Journal of Speech，Language，and Hearing Research，2002，45 (1)：175-189；STRONG C. The Strong Narrative Assessment Procedure [M]. Eau Claire，WI：Thinking Publications，1998：19-45.

④ BANNEY R M，HARPER-HILL K，ARNOTT W L. The Autism Diagnostic Observation Schedule and Narrative Assessment，Evidence for Specific Narrative Impairments Inautism Spectrum Disorders [J]. International Journal of Speech Language Pathology，2015，17 (2)：159-171.

⑤ DIEHL J J，BENNETT L，YOUNG E C. Story Recall and Narrative Coherence of High-Functioning Children with Autism Spectrum Disorders [J]. Journal of Abnormal Child Psychology，2006，34 (1)：87-102.

数量和完整性的叙述上表现弱①；难以对事件做出整体性评价②或者难以建立事件之间的因果关系。③ 但是也有研究认为，自闭症儿童叙事在宏观能力的表现上和正常发育儿童无显著差异。④

随着语料库软件和统计分析工具在话语研究中的普及与应用，叙事的微观指标也引起了学者们的关注。叙事的微观结构重点研究叙事话语中词汇和句子层面的使用情况，侧重凸显说话人的词汇知识和语法能力。词汇层面多使用词汇量和词汇丰富度考察该层面的使用情况，词汇丰富度一般用词例词型比作为指标。在句子层面考察句子数量和句法复杂度，后者常用的指标为复杂句占比和平均句长。也就是说，叙事微观层面主要考察叙事者语言中的产出能力和词句丰富度。与宏观结构的已有研究相同，高功能自闭症儿童叙事微观结构的相关研究也不能得出相对统一的结论。比如，陈冠杏⑤在汉语自闭症儿童叙事研究中发现，自闭症儿童的叙事微观结构表现显著弱于正常发育儿童，在叙事长度、语言的丰富度、总词汇量和词汇复杂度上均显著弱于正常儿童。相反，也

① 邹启容，张显达. 高功能自闭症儿童说故事能力与相关影响因素研究 [J]. 特殊教育研究学刊，2007，32（3）：3-7；MÄKINEN L, LOUKUSA S, LEINONEN E, et al. Characteristics of Narrative Language in Autism Spectrum Disorder：Evidence from the Finnish [J]. Research in Autism Spectrum Disorders, 2014, 8（8）：987-996.

② BROWN H M, KLEIN P D. Writing, Asperger Syndrome and Theory of Mind [J]. Journal of Autism and Developmental Disorders, 2011, 41：1464-1474.

③ NORBURY C F, GEMMELL T, PAUL R. Pragmatics Abilities in Narrative Production：A Cross-Disorder Comparison [J]. Journal of Child Language, 2014, 41（3）：485-510.

④ KAUSCHKE C, BEEK B, KAMP-BECKER I. Narratives of Girls and Boys with Autism Spectrum Disorders：Gender Differences in Narrative Competence and Internal State Language [J]. Journal of Autism and Developmental Disorders, 2016, 46（3）：840-852；NORBURY C F, BISHOP D V M. Narrative Skills of Children with Communication Impairments [J]. International Journal of Language and Communication Disorders, 2003, 38（3）：287-313.

⑤ 陈冠杏，庄姣娇，卢英俊. 普通幼儿与自闭症幼儿汉语叙说能力比较研究 [J]. 中国特殊教育，2015（8）：38-42.

有研究发现自闭症儿童在叙事任务中话语量的表现上和正常发育儿童处于同一水平①，平均句长及词汇多样性也没有与正常发育儿童体现出显著性差异②；在复杂句占比上也与正常发育儿童表现出同一水准③。

　　研究不同问题，叙事分析的侧重点也有所不同，主流的叙事分析主要从叙事的内容结构、事件顺序以及观点表达等方面着手展开。Labov和 Waletsky 是最早一批关注叙事结构的语言学家，在叙事研究和分析的不断深入中，Labov④ 提出叙事结构分析的代表方法——高潮分析法（high-point）。高潮分析法包含六个要素，分别是摘要、情况介绍、进展、观点、解决方法和结束语，这也构成了叙事结构分析的主要框架。这一分析方法的提出，为后续叙事结构分析奠定了分析框架发展的基石⑤。后人在研究和分析叙事结构时，多数分析框架都是基于高潮分析法的改良或修订。研究者根据不同的研究目的和研究对象，在高潮分析法的基础框架上进行改进，从而使分析方法更好地匹配自己的研究问题。高潮分析法奠定了对后人使用叙事结构进行具体叙事分析的基石。在后来改良版的叙事分析法中，Peterson 等⑥提出的改良后的顶点分析法也被广泛应用。顶点分析法主要通过划分叙事中句子的功能与作用来

---

① NOVOGRODSKY R. Subject Pronoun Use by Children with Autism Spectrum Disorders（ASD）[J]. Clinical Linguistics & Phonetics，2013，27（2）：85-93.

② KAUSCHKE C，BEEK B，KAMP-BECKER I. Narratives of Girls and Boys with Autism Spectrum Disorders：Gender Differences in Narrative Competence and Internal State Language [J]. Journal of Autism and Developmental Disorders，2016，46（3）：840-852.

③ NOVOGRODSKY R. Subject Pronoun Use by Children with Autism Spectrum Disorders（ASD）[J]. Clinical Linguistics & Phonetics，2013，27（2）：85-93.

④ LABOV W. Some Principles of Linguistic Methodology [J]. Language in Society，Cambridge：Cambridge University Press，1972，1（1）：97-120.

⑤ 王娟，沈秋苹. 高功能自闭症儿童的叙事：特征、相关理论及干预策略 [J]. 中国特殊教育，2017（11）：38-43.

⑥ PETERSON C，MCCABE A. Linking Children's Connective Use and Narrative Macrostructure [M] //PETERSON C，MCCABE A. Developing Narrative Structure. Hiusdale，NJ：Lawrence Erlbaum，1991.

明确叙事结构中的各个要素。在对儿童的叙事结构进行研究的过程中，他们还发现，不同人群叙事的结构存在很大差异，尤其在儿童叙事中叙事结构的差异性会进一步被扩大。针对儿童叙事研究，他们提出8个维度的分析指标（如表2-1所示），分别为主题维持、顺序性、合理性、背景、评价、指涉、关联词和叙事类型。他们针对这8个维度，对每个维度进行5等级的评分。之后的儿童叙事研究中，8维度赋分的分析框架也被广泛应用于各类儿童叙事研究中，因为这一框架基本涵盖叙事宏观层面分析的全部维度。

表 2-1 叙事评定量表

Peterson 和 McCabe（1991）叙事评定量表——8 维度 5 等级评分		
（1）	Topic maintenance	主题维持
（2）	Event sequencing	顺序性
（3）	Reasonableness	合理性
（4）	Background information	背景
（5）	Evaluation	评价
（6）	Referential skill	指涉
（7）	Conjunctive cohesion	关联词
（8）	Overall narrative pattern	叙事类型

在叙事分析框架上研究者多从叙事的宏观结构和微观结构两个核心层面展开。两个核心层面进一步细化后，下属的各指标本质上还是围绕着语言层级维度，从叙事话语的词、句、语用、语篇层面进行分析。但是这样的分析框架有一个弊端，就是指称语和连接词的统计归类，尤其是代词和连词的分析。因为多数指称语、代词和连词都是词汇层面的，属于微观结构下辖，但是在具体分析时，需要结合语义、语境和情境，在结果分析上更多体现出的是语篇连贯性和语用能力的表现，而后者又属于语篇宏观结构的范畴。所以有的研究不再以语篇宏观结构和微观结

构作为叙事分析框架，而是从语言单位和层级出发，根据相应研究问题，从词、句、语用和故事篇章结构四个维度进行分析。同时，还关注一些自闭症儿童特有的语言特征，如无关话语、重复性话语等。这种分析框架更有利于清晰地看到自闭症儿童在叙事中各个语言层面的特征，将语言的基本词句能力、语用能力和篇章能力独立地体现出来。

词汇层面主要考察词汇产出量与产出多样性。词汇产出量包含词例数量和词型数量。词例数量指能够明确传达意思的单词和词组单元的总数，词型数量则是语篇中使用不同词汇的数量。Malvern 等在 2004 年，BultÉ 等在 2008 年都把词汇多样性定义为文本中单独词汇类型的多样性，也就是衡量文本中使用的单词的多样性，也可以称为词汇丰富度。常用的测量词汇多样性的指标是词型词例比（Type–Token Ratio，TTR）。Nasseri 和 Thompson 于 2021 年发现，词型词例比与语篇长度高度相关，会随着文本长度而增加，随着新词的不断出现而降低。目前一些更科学的统计方法不断更迭，以减少文本长度对这一指标的影响。

句子层面主要考察句子数量和句法复杂性。总句数是指叙事样本总的语句数量，而句法复杂性常选用句长和复杂句占比等指标进行考量。句长的统计上，常见的指标有句子平均长度（Mean Length of Sentence，MLS）、子句平均长度（Mean Length of Clause，MLC）、最小可终止单位（Minimal Terminable Unit，T-unit）等。Ortega 于 2003 年将句法复杂性被构建为"语言生产中表面形式的范围和这些形式的复杂程度"。从传统的衡量标准（如 MLS，MLC 和从句的比例）到一系列更有效的指标（如 t 单位、每 t 单位的从句和名词短语的使用），句法复杂性衡量标准的种类不断增加，但在一项研究中通常只有一个或两个标准同时被使用。随着句法复杂性研究的进展，近年来研究者们普遍认为句法复杂性是一个多维结构，涉及生产单元的长度、从属关系的复杂性、协调关系的复杂性，以及短语复杂性的程度，即所产生形式的多样性、复杂性和获取时间。2009 年，Norris 和 Ortega 的研究意味着更多的措施被整合到复杂性的构建中，以使其得到改进，并揭示句法复杂性发展的全貌。除了句法复杂性的理论建构日益成熟，近年来的实证研究也试图通过多维句法复杂性度量来回答具体的研究问题。

不论测量句子数量、句长还是复杂句占比，都需要根据研究内容对句子进行定义。关于句子的定义，不同研究中采用的标准也各有异同，常见的定义方式一般有两种。一种是以标点符号为参考，以句号作为句子定义的标准，这种统计句子的方法适用于书面语的语料分析；另一种是以小句为单位进行统计。句子的定义与其测量方式紧密相关，国际常见的句子测量单位一般有两种：直接单位（小句）和间接单位（短语或词），但是这种测量常用在英语等字母语言当中。而在汉语研究中，则需要注意中英文语体上的差异。与英语不同的是，汉语中有大量的流水句，很多小句都是名词性短语和动词性短语[1]，这些小句可断可连，因此很多前人文献使用标点符号作为小句的判断标准。[2]

叙事话语的语用层面主要考察被试指称语的使用策略和连接词的使用频率，以上两者对叙事语篇的连贯性有重要影响作用。提到语篇连贯性就会提到与之紧密相连的一个概念——衔接。根据 Graesse 等 2004 年的阐述，衔接是语篇的特征，而连贯是读者对语篇内容心理表征的外显特征。衔接是显性语篇的客观特征，以词语、短语或句子为线索，通过对语篇实质内容的解码和语篇思想的衔接，引导读者流畅地理解语篇。由于这些明确的衔接手段，读者有机会建立连贯的心理表征。连贯是一种相对主观的结构，它不仅受语篇衔接手段的影响，还取决于读者的技能和知识。如果读者有足够的世界知识与文本中构建的情境相适应，如

---

① 王雅琴. 多维视角的语体句法计量研究 [D]. 杭州：浙江大学，2020：34-78.

② CHEN P I D. Entifiability and Definiteness in Chinese [J]. Linguistics, 2004, 42 (6): 1129-1184.

果文本提供的衔接方面的语言线索是足够的，那么读者在他或她的脑海中有一个连贯的表征并不是一件困难的事情。衔接是语篇结构，连贯是心理结构。本研究对连贯性的考察也离不开对衔接方式的分析，以指称语、代词和连词使用情况作为指标，对比两组儿童语用层面的异同。

指称行为是人类日常交际中频繁使用的一种多模态行为，指称行为的使用策略可以体现行为实施人使用言语、目光、表情和动作等多模态手段的交际能力。在自闭症人群的话语研究中，指称行为可以体现该群体的语用水平，了解其认知加工特征。良好的指称能力能够帮助自闭症儿童积极、有效地传递信息，建立良好的人际关系。自闭症儿童指称研究受到国内外语言学、心理学等领域研究者的广泛关注[1]。马博森[2]最先提出的人物指称三分模式，后经过学者们不断扩展改良，形成多模态指称行为分析的三维分析模式[3]。该模式将指称现象中的实体从其本体层、知识层和语言层三个层面连接作为分析框架，该分析框架为自闭症儿童交际互动中的指称语研究提供了极具价值的参照。

叙事宏观结构层面重点关注叙事内容的完整性和准确性。与微观结构分析相比，宏观结构分析从以下方面考虑叙事能力：总体内容和层次组织。大多数分析自闭症儿童宏观结构的研究表明，他们在这个维度上存在重大困难，要么是叙事的事件数量较少，事件之间缺乏因果关系，要么缺乏叙事要素和高潮。

---

① 程燕华，马博森. 高功能孤独症儿童与普通儿童会话修正行为对比研究 [J]. 中国特殊教育，2022 (2)：28-36，44；许家金，刘霞. 中国英语学习者英语口头叙事中的人物指称研究 [J]. 外语与外语教学，2014 (2)：54-59.

② 马博森. 自然会话中人物指称现象的三分模式研究 [J]. 外语与外语教学，2007 (6)：1-6；马博森. 指称非现场人物的语言策略 [J]. 外语教学，2008 (1)：23-28.

③ 程燕华，马博森. 高功能孤独症儿童与普通儿童会话修正行为对比研究 [J]. 中国特殊教育，2022 (2)：28-36，44.

第二节　自闭症儿童叙事话语障碍研究

学者们对自闭症儿童的叙事研究主要围绕两个层面展开。一是叙事表现，这也是绝大多数叙事研究所关注的层面。叙事表现主要围绕叙事话语进行分析，包括叙事的宏观结构（narrative macrostructure）、微观结构（narrative microstructure）、叙事评价（narrative evaluation）、内部状态语言（internal state language）、叙事顺序（narrative temporality）等方面，其中叙事的宏观结构和微观结构是学者们讨论的热点。研究自闭症儿童的叙事表现，可以分析该群体语言能力及特征，进一步探讨他们的认知特征以及对人际与社会知识的了解情况。叙事表现还可以反映其语言发展情况，为语言评估提供丰富的语言样本，揭示个体语言缺陷。二是叙事机制，与此相关的研究比较匮乏。叙事机制的研究主要关注自闭症儿童叙事特征产生的原因和影响因素[①]，以实证研究为主，上文中已有论述，脑科学、神经科学和计算科学的快速发展也为自闭症儿童的叙事研究提供了新的思路途径，越来越多的研究者开始通过脑电（EEG）、眼动（eye tracking）和核磁（MRI）观测自闭症儿童在参与叙事活动时的视觉加工状态及相关脑区的活动情况。[②] 这些技术的应用不仅有助于我们探究影响自闭症儿童叙事的内在原因，还能验证和证明与

[①] TAKACS Z K, BUS A G. How Pictures in Picture Storybooks support Young Children's Story Comprehension：An Eye-Tracking Experiment［J］. Journal of Experimental Child Psychology, 2018, 174：1-12.

[②] ACHIM A M, DESCHAMPS I, THIBAUDEAU E, et al. The Neural Correlates of Referential Communication：Taking Advantage of Sparse-Sampling fMRI to Study Verbal Communication with a Real Interaction Partner［J］. Brain and Cognition, 2021, 154（1）：1-11.

自闭症语言特征相关的主要解释性理论。[①] 本节将介绍叙事表现中最核心的研究内容：叙事的宏观结构、微观结构和内部状态语言三方面的研究现状，以及在新技术的发展中，眼动追踪技术与叙事相结合的有关研究。以上研究层面均与本研究的研究内容、研究目标和研究方法紧密关联。

一、自闭症儿童叙事的宏观层面

早期的自闭症人群叙事研究重视叙事的宏观结构分析，有些学者在研究中也叫作叙事的整体结构分析。叙事的宏观结构包括叙事的主题和情节，侧重分析叙事内容的完整性、准确性和连贯性等。[②] 叙事宏观层面的研究不仅分析话语层面的语言技能，反映叙事者对故事内容的整体把握能力，还可以记录叙事者超越个体话语的概念关联能力。[③] 多数叙事宏观层面的研究会分析儿童的叙事连贯性与衔接手段的使用，特定的叙事任务还会分析叙事内容或故事情节的完整性与准确性，以及说话人叙事的推断能力。

自闭症儿童的叙事研究常采用诱发语料的方法进行分析，诱发材料多为一些图片、绘本、动画等。这类研究中，叙事内容是固定的或者有

---

① HAPPÉ F G E, RONALD A. The Fractionable Autism Triad： A Review of Evidence from Behavioural, Genetic, Cognitive and Neural Research ［J］. Neuropsychology Review, 2008, 18 (4)： 287-304.

② ALTMAN C, ARMON-LOTEM S, FICHMAN S, et al. Macrostructure, Microstructure, and Mental State Terms in the Narratives of English-Hebrew Bilingual Preschool Children with and without Specific Language Impairment ［J］. Applied Psycholinguistics, 2016, 37 (1)： 165-193.

③ HEILMANN J, MILLER J F, NOCKERTS A. Properties of the Narrative Scoring Scheme Using Narrative Retells in Young School-age Children ［J］. American Journal of Speech-language Pathology/American Speech-Language-Hearing Association, 2010, 19 (2)： 154-166；侯婷婷，马春梅，张婷. 自闭症谱系障碍个体的叙事评估与干预研究进展 ［J］. 中国特殊教育, 2021 (12)： 61-68.

所限制的，所包含的事件数量和顺序也是固定的。因此，对于叙事内容的完整性和准确性可以进行量化分析。举例来说，Banney 等①研究大龄自闭症儿童的叙事情况，通过对故事背景、阶段情节和叙事评价进行赋分统计分析，他们发现自闭症儿童在这些方面的得分均明显低于正常发育儿童。有同样发现的还有 Rumpf② 和 Mäkinen③ 等人，他们发现语言能力相当的高功能自闭症儿童在叙事宏观结构上的表现不如正常儿童，其叙事中主要故事事件较少，得分较低。

Kenan④ 探讨自闭症谱系障碍儿童与典型发育儿童在语言产出能力上的差异，特别关注语义—语用方面，发现自闭症儿童的叙事包含较少的中心思想，较少的场景、角色和动作。国内研究中，邹启蓉和张显达⑤研究 4 至 7 岁高功能自闭症儿童与匹配的正常发育儿童在故事讲述任务中的表现，结果发现，高功能自闭症儿童更倾向于省略故事情节，故事内容不完整，较少提及故事中的人与物，结尾事件总数也较少。梁丹丹等⑥考察国内 5~6 岁高功能自闭症儿童的叙事情况，发现自闭症儿

---

① BANNEY R M, HARPER-HILL K, ARNOTT W L. The Autism Diagnostic Observation Schedule and Narrative Assessment, Evidence for Specific Narrative Impairments in Autism Spectrum Disorders [J]. International Journal of Speech Language Pathology, 2015, 17 (2)：159-171.

② RUMPF A L, KAMP-BECKER I, BECKER K, et al. Narrative Competence and Internal State Language of Children with Asperger Syndrome and ADHD [J]. Research in Developmental Disabilities, 2012, 33 (5)：1395-1407.

③ MÄKINEN L, LOUKUSA S, LEINONEN E. Characteristics of Narrative Language in Autism Spectrum Disorder：Evidence from the Finnish [J]. Research in Autism Spectrum Disorders, 2014 (8)：987-996.

④ KENAN N, ZACHOR D A, WATSON L R, et al. Semantic-Pragmatic Impairment in the Narratives of Children with Autism Spectrum Disorders [J]. Frontiers in Psychology, 2019, 10：2756.

⑤ 邹启蓉，张显达. 高功能自闭症儿童说故事能力与相关影响因素研究 [J]. 特殊教育研究学刊，2007, 32 (3)：3-7.

⑥ 梁丹丹，靳羽西，冯文静.5~6 岁汉语高功能自闭症儿童故事讲述能力研究 [J]. 语言文字应用，2022 (1)：119-133.

童依据图画线索组织"情节"能力较差，更多地描述与图画无关的事件与活动，并且对叙事主题细节把握薄弱，容易忽略主角和次要角色的遭遇。然而，也有研究发现自闭症儿童的宏观叙事能力与正常发育儿童相比并无显著差异。Kauschke 等人①使用相同的无文字图画书《星期二》作为材料，对比分析 8 至 19 岁三组儿童的叙事表现，发现核心事件数量、命题使用以及角色引入和时空指称等方面均无显著性差异。

　　连贯性是叙事的宏观层面考察的重点，许多学者将叙事中的因果关系连接词、因果链、指称语的使用情况等作为指标来衡量儿童叙事中的语用能力以及语篇连贯性的表现。Diehl② 研究分析 17 个 6~14 岁高功能自闭症儿童的叙事话语。该研究中匹配了与自闭症儿童年龄、性别和语言能力处于同一水平的正常发育儿童，采用《青蛙，你在哪里?》作为故事复述诱发材料，发现自闭症儿童在利用故事要点组织叙事时存在显著困难，导致故事连贯性较差。Norbury③ 进一步指出，高功能自闭症儿童在推断故事事件内容和事件间的因果关系方面存在困难，因此他们在叙事中较少使用因果连接词来组织故事元素，从而影响叙事的连贯性。Francesco 等人④也讨论了自闭症儿童叙事中因果关系的运用，发现他们在叙述时较少关注中心主题和人物动机，相较于正常发育儿童，他们的叙事更缺乏因果连贯性和组织性。尽管自闭症儿童会使用心理状态

---

① KAUSCHKE C, BEEK B, KAMP-BECKER I. Narratives of Girls and Boys with Autism Spectrum Disorders: Gender Differences in Narrative Competence and Internal State Language [J]. Journal of Autism and Developmental Disorders, 2016, 46 (3): 840-852.

② DIEHL J J, BENNETT L, YOUNG E C. Story Recall and Narrative Coherence of High-Functioning Children with Autism Spectrum Disorders [J]. Journal of Abnormal Child Psychology, 2006, 34 (1): 87-102.

③ NORBURY C F, GEMMELL T, PAUL R. Pragmatics Abilities in Narrative Production: A Cross-Disorder Comparison [J]. Journal of Child Language, 2014, 41 (3): 485-510.

④ FERRETTI F, ADORNETTI I, CHIERA A, et al. Time and Narrative: an Investigation of Storytelling Abilities in Children with Autism Spectrum Disorder [J]. Frontiers in Psychology, 2018, 9: 944-952.

动词和副词，但他们更倾向于使用描述性片段，而不是构建清晰的因果关系结构。对汉语高功能自闭症儿童的叙事连贯性研究也得出过类似结论。Sah[①] 的研究显示，与正常儿童相比，他们在叙事时建立的因果联系较少，因果链事件也不足，导致叙事连贯性较差。然而，并非所有研究都得出一致结论。2018 年，Ferretti 分析心理时间旅行（Mental Time Travel，MMT）与叙事语篇连贯性之间的关系。由于整体连贯性与故事中所叙述事件的时间顺序密切相关，笔者假设连贯叙事的构建将依赖于精神上的时间导航能力。为了验证这一假设，Ferretti 通过比较 66 名高功能自闭症谱系障碍儿童和 66 名正常发展儿童的叙事，研究 MTT 的一个组成部分——即情景未来思维（Episodic Future Thinking，EFT）——与叙事制作技能之间的关系。EFT 的评估是通过执行一个具有最小叙事要求的任务，而故事制作技能的评估是通过执行两个叙事制作任务来评估的，这些任务要求儿童根据目标刺激产生未来或过去的情节。结果表明，EFT 技能仅在自闭症儿童的一个亚组中受损，并且该亚组在叙事制作任务中的表现明显差于具有高 EFT 技能的自闭症儿童和正常发育儿童。杨婉晴[②]对 6~7 岁汉语高功能自闭症儿童叙事语篇中两类主要的显性衔接手段——代词和连词进行分析。结果发现自闭症儿童在代词的使用上弱于典型发展儿童，在叙事中产出更多的歧义代词。

指称语的使用情况也是分析叙事语篇连贯性的重要指标，同时也是

---

① SAH W，TORNG P. Narrative Coherence of Mandarin–Speaking Children with High–Functioning Autism Spectrum Disorder：An Investigation into Causal Relations［J］. First Language，2015，35（3）：89-212.

② 杨婉晴 . 汉语自闭症儿童叙事语篇中的衔接手段［J］. 文教资料，2017（32）：26-29.

衡量说话人语用能力的风向标之一。Banney 等①的研究指出，自闭症儿童在叙事时不仅宏观结构表现不佳，他们在引入指称时更多地采用定指形式，且使用模糊代词的比例较高。这种指称语使用上的差异可能导致叙事连贯性的降低。Baixauli②对一部分自闭症儿童叙事研究进行归纳和总结，发现自闭症儿童的叙述缺乏因果关系，也明显缺乏连贯性，他们不能根据故事的要点来组织叙述。在衔接方面，研究结果也揭示出自闭症儿童在使用指称机制方面的显著差异，他们使用更多的歧义代词，而不清楚代词的具体指称对象。如果不恰当地使用指称手段，就会影响理解，从而影响语篇的语用充分性和充实性。Novogrodsky③探讨自闭症儿童复述故事时代词的使用情况和一般句法能力。在分析代词使用情况时，该研究选择指代第三人称的主语、宾语和所有格代词作为指标，发现两组儿童虽然在复述任务的内容上没有差异，但是自闭症儿童使用了更多的歧义代词。梁丹丹等④针对汉语自闭症儿童叙事中的指称衔接进行深入探讨。她们发现，5~6 岁的汉语高功能自闭症儿童在首次引入指称对象时，更倾向于使用定指形式，这与正常发育儿童的偏好不同。在指称维持方面，正常发育儿童通常使用代词和零形式，而自闭症儿童则显得更为随机，可能使用名词、代词和零形式中的任何一种。

① BANNEY R M, HARPER-HILL K, ARNOTT W L. The Autism Diagnostic Observation Schedule and Narrative Assessment, Evidence for Specific Narrative Impairments in Autism Spectrum Disorders [J]. International Journal of Speech Language Pathology, 2015, 17 (2): 159-171.

② BAIXAULI I, COLOMER C, ROSELLÓ B, et al. Narratives of Children with High-Functioning Autism Spectrum Disorder: A Meta-Analysis [J]. Research in Developmental Disabilities, 2016, 59: 234-254.

③ NOVOGRODSKY R, EDELSON L R. Ambiguous Pronoun Use in Narratives of Children with Autism Spectrum Disorders [J]. Child Language Teaching and Therapy, 2016, 32 (2): 241-252.

④ 梁丹丹，靳羽西，冯文静.5~6 岁汉语高功能自闭症儿童故事讲述能力研究 [J]. 语言文字应用，2022（1）：119-133.

　　程燕华①的研究则聚焦于汉语高功能自闭症儿童与正常发展儿童的多模态指称行为。她发现，自闭症儿童在引入和维持指称对象时，更偏好使用有定名词短语或包含有定名词短语的多模态指称策略，并且倾向于使用零形式指称语来再次引入指称。相比之下，正常发育儿童在指称维持阶段更多地使用代词或零形式，且在再次引入阶段所使用的指称策略更为多样。此外，自闭症儿童的不当指称行为也显著多于正常儿童，更常在情境叙事中出现指称缺失现象。

　　叙事中的推理能力也是叙事宏观结构分析的范畴之一，理解整个故事的意义或故事中行动之间的关系需要一定的推理能力。对于自闭症儿童来说，这方面的能力往往面临一定的挑战。2017年，Westerveld对4~6岁典型自闭症幼儿的口头叙事能力进行深入研究，发现他们在叙事推理、叙事理解等复杂叙事能力上显著落后于正常发育儿童。尽管在完成简单复述任务时，他们在句子长度、语法复杂性和表述清晰性等方面与正常发育儿童没有明显差异，但在处理更复杂的故事结构和逻辑关系时，自闭症幼儿表现出明显的困难。Brown②的研究也支持这一观点，他发现高功能自闭症儿童在将外部信息融入正在讲述的故事中，以及对故事事件做出推论和评价方面存在困难。这表明他们在理解和构建故事的整体框架以及把握故事深层含义上存在一定障碍。Adornetti于2020年通过故事拼图排序，讨论自闭症儿童在非口头语言，即视觉语言中，是否能够理解故事。两组儿童在视觉叙事理解任务上存在显著差异，但是没有发现叙事理解能力与中心连贯能力之间存在显著相关。儿童在识别故事事件之间的时间和因果联系以构建连贯的叙述方面有困难，这些

---

①　程燕华，马博森. 高功能孤独症儿童与普通儿童会话修正行为对比研究 ［J］. 中国特殊教育，2022（2）：28-36，44.

②　BROWN H M, KLEIN P D. Writing, Asperger Syndrome and Theory of Mind ［J］. Journal of Autism and Developmental Disorders, 2011, 41：1464-1474.

困难扩展到语言以外的表达媒介，即视觉媒介。2005 年，Young 等人在复述故事后进行叙事评估，要求儿童回答一些理解性问题，发现对于自闭症儿童来说，回答问题比陈述事实更加困难。

二、自闭症儿童叙事的微观层面

叙事微观层面研究聚焦于句子及其以下层面，深入探讨叙事话语的形式和内容，特别是内部语言结构的使用。[①] 随着语料库软件和标注软件的更迭换代，自闭症儿童叙事的微观层面也越来越受到研究的重视。叙事微观层面的指标通常需要借助语料库软件和标注软件进行统计分析，讨论词汇和句子层面的特征，这些指标是脱离了语义层面的，更多用来反映叙事者的词汇水平和语法运用能力。常用的叙事微观层面的指标有词汇量、词汇丰富度、句子数量、平均句长和语法复杂性等。词汇量是指能够明确传达意思的单词和词组单元的总数，也就是词例数量。在统计词汇量的同时一般还会统计词型数量，也就是语篇中使用不同词汇的数量。词汇丰富度常使用词型数量和词例数量的比值作为参考，是衡量学龄前儿童词汇技能发展的重要指标。总句数是指叙事样本的总的语句数量，关于句子的定义不同研究中采用的标准也各有异同。平均句长常以词汇为单位，统计每个句子中包含的词汇数量，是儿童早期语言发展的重要指标，也是衡量儿童叙事语言复杂性的主要方式之一。句法复杂性指句子的复杂程度，常用平均句长和复杂句占比来进行衡量比较。

---

① JUSTICE L M, BOWLES R P, KADERAVek J N. The index of Narrative Microstructure：A Clinical Tool for Analyzing School-age Children's Narrative Performances [J]. American Journal of Speech-language Pathology, 2006, 15 (2)：177-191；BARNES J L, BAR-ON-COHEN S. The Big Picture：Storytelling Ability in Adults with Autism Spectrum Disorders [J]. Journal of Autism and Developmental Disorders, 2012, 42 (8)：1557-1565.

自闭症儿童叙事微观层面的研究发现并不一致。一些研究如 Diehl 等①，Kauschke 等②，Norbury 和 Bishop③ 以及邹启蓉和张显达④等发现自闭症儿童在微观叙事能力方面与正常儿童没有显著差异，包括故事长度和句法复杂性。这表明在这些特定的研究中，自闭症儿童在词汇和句子结构的使用上能够达到与正常儿童相当的水平。然而，也有其他研究如 Banney 等⑤，Capps 等⑥，Tager-Flusberg 和 Kasari⑦ 以及 Norbury⑧ 等发现自闭症儿童在微观叙事能力上的显著缺陷。这些研究指出，自闭症儿童在故事长度、句法复杂性、复杂句的使用以及词汇多样性等方面都落后于正常发育儿童。这些差异可能反映自闭症儿童在语言表达和叙事

---

① DIEHL J J, BENNETT L, YOUNG E C. Story Recall and Narrative Coherence of High-Functioning Children with Autism Spectrum Disorders ［J］. Journal of Abnormal Child Psychology, 2006, 34 (1)：87-102.

② KAUSCHKE C, BEEK B, KAMP-BECKER I. Narratives of Girls and Boys with Autism Spectrum Disorders：Gender Differences in Narrative Competence and Internal State Language ［J］. Journal of Autism and Developmental Disorders, 2016, 46 (3)：840-852.

③ NORBURY C F, BISHOP D V M. Narrative Skills of Children with Communication Impairments ［J］. International Journal of Language and Communication Disorders, 2003, 38 (3)：287-313.

④ 邹启蓉，张显达. 高功能自闭症儿童说故事能力与相关影响因素研究 ［J］. 特殊教育研究学刊, 2007, 32 (3)：3-7.

⑤ BANNEY R M, HARPER-HILL K, ARNOTT W L. The Autism Diagnostic Observation Schedule and Narrative Assessment, Evidence for Specific Narrative Impairments in Autism Spectrum Disorders ［J］. International Journal of Speech Language Pathology, 2015, 17 (2)：159-171.

⑥ CAPPS L, LOSH M, THURBER C. "The Frog Ate the Bug and Made His Mouth Sad"：Narrative Competence in Children with Autism ［J］. Journal of Abnormal Child Psychology, 2000, 28 (2)：193-204.

⑦ TAGER-FLUSBERG H, KASARI C. Minimally Verbal School-Aged Children with Autism Spectrum Disorder：The Neglected End of the Spectrum ［J］. Autism Research, 2013, 6 (6)：468-478.

⑧ NORBURY C F, GEMMELL T, PAUL R. Pragmatics Abilities in Narrative Production：A Cross-Disorder Comparison ［J］. Journal of Child Language, 2014, 41 (3)：85-510.

结构构建上的困难。国内研究方面，陈冠杏①和王娟于 2017 年的研究也支持自闭症儿童在叙事微观结构上的不足。这些研究发现自闭症儿童在总词汇量、相异词汇量、平均句长以及叙事情节构成等方面的显著劣势。这些结果进一步强调自闭症儿童在叙事能力上受到挑战，尤其是在语言的丰富程度和复杂性方面。

三、自闭症儿童叙事心理状态话语

内部状态语言（internal state language）作为叙事艺术的精髓，其重要性不言而喻，它如同一把钥匙，能开启深入探索角色内心世界的大门，使讲述者能够细腻地描绘人物的认知波动、情感起伏、生理反应及价值评判等内在维度。然而，在自闭症儿童的叙事表达中，这一语言工具的运用却展现出独特的挑战与差异。

研究表明，尽管从统计学的视角审视，自闭症儿童在叙事中融入的内部状态语言与同龄典型发展儿童之间可能未显现出显著的量化区别，但在质的层面上，他们面临显著的表达障碍。在具体的社会交际话语中，自闭症儿童在阐述角色思想脉络与情感根源时显得力不从心，难以捕捉到并传达那些微妙而深刻的心理动态②。这一现象揭示了他们在理解和表达人物内在复杂性方面的局限性，往往难以触及角色深层的心理动机与情感逻辑。

---

① 陈冠杏，庄姣娇，卢英俊. 普通幼儿与自闭症幼儿汉语叙说能力比较研究［J］. 中国特殊教育，2015（8）：38-42.
② MÄKINEN L, LOUKUSA S, LEINONEN E, et al. Characteristics of Narrative Language in Autism Spectrum Disorder：Evidence from the Finnish［J］. Research in Autism Spectrum Disorders, 2014, 8（8）：987 - 996；SUH J, EIGSTI I M, NAIGLES L, et al. Narrative Performance of Optimal Outcome Children and Adolescents with a History of an Autism Spectrum Disorder（ASD）［J］. Journal of Autism and Developmental Disorders, 2014, 44（7）：1681-1694.

　　Happé① 的研究进一步指出，自闭症儿童在叙事构建中，较少采用那些能够精准刻画认知与情感状态的词汇，他们的叙述更倾向于直线型、直接性，缺乏对心理状态深层次剖析的细腻笔触。这种语言使用的偏好，限制了他们构建丰富、多维角色形象的能力。

　　此外，一系列研究② 也强调了自闭症儿童在叙述中提及内部状态的频率显著低于正常儿童，无论是涉及人物的思维活动、情绪体验、身体感受，还是展现其意志强度与观点立场的语言，均显得较为匮乏。这种语言使用的差异，不仅反映了自闭症儿童在内部状态语言掌握上的局限，也暗示了他们在社交沟通、情感共鸣及心理理论发展方面的潜在挑战。

四、眼动技术与自闭症儿童叙事研究

　　学者们除了热衷于讨论自闭症儿童的叙事表现，还关注他们的叙事机制。对叙事机制的研究，是为了探讨自闭症儿童叙事表现特征的原因，并且在讨论原因的同时，对已有的自闭症认知特征的解释性理论和假设进行验证。本书也结合眼动追踪技术讨论自闭症儿童的叙事机制，在本节重点介绍眼动追踪技术与自闭症儿童叙事研究的相关文献。

————————

①　HAPPÉ F G E. An Advanced Test of Theory of Mind：Understanding of Story Characters Thoughts and Feelings by Able Autistic，Mentally Handicapped，and Normal Children and Adults ［J］. Journal of Autism and Developmental Disorders，1994（24）：129-154.

②　RUMPF A L，KAMP-BECKER I，BECKER K，et al. Narrative Competence and Internal State Language of Children with Asperger Syndrome and ADHD ［J］. Research in Developmental Disabilities，2012，33（5）：1395－1407；SILLER M，SWANSON M R，SERLIN G，et al. Internal State Language in the Storybook Narratives of Children with and without Autism Spectrum Disorder：Investigating Relations to Theory of Mind Abilities ［J］. Research in Autism Spectrum Disorders，2014，8（5）：589－596；KAUSCHKE C，BEEK B，KAMP－BECKER I. Narratives of Girls and Boys with Autism Spectrum Disorders：Gender Differences in Narrative Competence and Internal State Language ［J］. Journal of Autism and Developmental Disorders，2016，46（3）：840-852.

　　虽然眼动追踪技术天然更适用于输入加工的相关研究，较难应用在话语产出这类输出性加工研究中，但是依然有学者克服条件束缚，将眼动追踪技术引入叙事研究中。比如，在故事的复述任务中，研究常设计绘本或动画视频诱发儿童的叙事话语。绘本和动画为儿童构建和呈现虚拟世界及虚拟社会中发生的事件，因此复述任务其实是考察两个重要方面。首先是儿童在阅读故事或者观看动画时，对虚拟世界中各类实体的加工与识别，以及对实体之间故事建构的理解；其次是儿童如何将自己所理解的故事以恰当的语言和方式叙述出来。前者更多地涉及认知加工层面，后者更偏向于语言加工层面，但是两者之间是相互联系和相互影响的。眼动追踪技术在叙事研究中的应用更侧重于前者，也就是关注叙事事件前期对诱发材料的加工过程，尤其关注自闭症儿童对社会性信息和非社会性信息的加工情况。

　　Harrison[1]通过眼动实验调查不同类型的干扰项是否对自闭症人群社会性信息加工产生影响，主要指对人物面部区域注视的影响。该作者借此实验来验证以下两个理论：社会动机理论（social motivation theory）和限定兴趣（Circumscribed Interests，CIs）理论。社会动机理论认为自闭症儿童对社会刺激的回应更少，而限定兴趣理论则认为，是狭隘的兴趣与社会刺激出现竞争，所以导致对社会关注的减少。作者使用两类干扰项，即狭隘的兴趣事物（CI）和控制组事物，发现干扰类型只影响正常儿童的目光数据，自闭症儿童在两种类型的实验中，都表现出更少的社会性刺激注视。所以，这些结果为社会动机理论提供了支持，因为无论呈现的非社会刺激是 CI 还是控制组事物，自闭症儿童对面孔的注视时间都有所缩短。2019 年，Traynor 利用眼动追踪技术观察自闭症人

---

① HARRISON A J, SLANE M M. Examining How Types of Object Distractors Distinctly Compete for Facial Attention in Autism Spectrum Disorder Using Eye Tracking [J]. Journal of Autism and Developmental Disorders, 2020, 50 (3): 924-934.

群与正常人群在观察社会性实体、特定兴趣物体、中性物体时的眼球数据差异。研究发现自闭症谱系障碍患者和对照组在观看社会性实体和特定兴趣图像上的时间有显著差异。自闭症组的瞳孔对社会性实体和特定兴趣图像的反应上也显示出显著差异，研究结果支持自闭症谱系障碍的社会动机假说（social motivation hypothesis）。Bataineh[①] 在研究中向自闭症谱系障碍儿童和正常发育的对照组儿童呈现一系列视频，这些视频在计算机显示器屏幕的一侧表示生物运动，另一侧表示非生物运动，同时记录他们的眼球运动。和该作者预测的结果相同，自闭症儿童比正常发育儿童花更少的时间来观察呈现的刺激，对生物运动的偏好较低，在眼球运动和生物运动偏好的多个特性上存在组间差异。Chawarska[②] 也发现相似的结果，发现自闭症谱系障碍的婴幼儿对社会注意力减少，而对非社会性刺激的视觉注意力增加。

除了对自闭症儿童社会注意的研究，学者们还利用眼动追踪技术研究其他与叙事紧密关联的加工特征。比如 Seernani[③] 的研究为自闭症儿童图画的整体加工能力较弱提供了证据。该研究采用画图任务，让儿童画出屏幕上的图案，来对比正常发育组、多动症组和自闭症组三组整体加工时的眼动数据。结果发现自闭症组整体的注视时间更久，呈现较弱的整体加工能力，证明自闭症谱系障碍和注意力缺陷以及多动障碍是分开的、不重叠的，自闭症组更容易受到中枢连贯问题的影响，这可能表

① BATAINEH E, ALMOURAD B. An Eye Tracking Study of the Visual Behavior of Children in Social Interaction [C]. Nice: The Fourteenth International Conference on Internet and Web Applications and Services, 2019: 23-56.

② CHAWARSKA K, MACARI S, SHIC F. Context Modulates Attention to Social Scenes in Toddlers with Autism [J]. Journal of Child Psychology and Psychiatry, 2012, 53 (8): 903-913.

③ SEERNANI D, IOANNOU C, DAMANIA K, et al. Studying Global Processing in Autism and Attention-Deficit/Hyperactivity Disorder with Gaze Movements: The Example of a Copying Task [J]. PLOS ONE, 2020, 15 (6): e0224186.

明不同临床组和亚组的神经心理构建的相互作用不同。

Michelle[1] 考察自闭症儿童和其父母在两种结构和情感内容不同的情境下的叙事能力，并通过眼动仪呈现叙事任务，探讨可能导致叙事差异的注视模式。在非结构化的叙事任务中，自闭症儿童和其父母组的叙事质量低于对照组。结果表明，自闭症谱系障碍的叙事能力可能反映遗传倾向，视觉注意和复杂语言技能之间的微妙联系可能受到自闭症谱系障碍遗传风险的影响。Norbury[2] 分析自闭症儿童、语言损伤儿童（specific language impairment）句子产出中的差异。研究通过情景图片来诱发儿童语言，发现自闭症儿童在语言产出时更关注背景事物，然后提到与中心事件无关的内容。一旦语言信息被激活，自闭症儿童就很难抑制与给定任务不相关的内容，也就是在语言产出中提及一些无关事物。而正常发育儿童虽然也会看无关的或者不重要的背景信息，在叙事时却不提及。所以抑制控制（inhibitory control）可能在语言产出中发挥着重要作用，对于自闭症人群来说，这可能是他们的弱点。研究结果支持一种多重缺陷解释，即语言产生不仅受到词汇和句法限制的影响，还受到注意力控制、抑制和社会能力变化的影响。因此，患有自闭症的儿童特别容易受到非典型的视觉检查和言语表达模式的影响。影响注意力集中和启动适当语言结构的潜力被认为是促进语言适应和学习的机制。

---

① LEE M, NAYAR K, NALTMAN N, et al. Understanding Social Communication Differences in Autism Spectrum Disorder and First-Degree Relatives: A Study of Looking and Speaking [J]. Quantum Electronics, 2020, 50 (6): 45-51.

② NORBURY C F, BISHOP D V M. Inferential Processing and Story Recall in Children with Communication Problems: A Comparison of Specific Language Impairment, Pragmatic Language Impairment and High-Functioning Autism [J]. International Journal of Language and Communication Disorders, 2002, 37 (3): 227-251.

Andreu① 的研究对象虽然不是自闭症儿童，但是研究内容与方法值得借鉴。该研究探讨特殊语言障碍儿童的叙事理解和产出能力。12 名特殊语言障碍儿童和 12 名的正常发育儿童参加了眼动追踪实验，旨在调查加泰罗尼亚语和西班牙语的特殊语言障碍儿童的在线叙事理解和产出中的异同。在语言产出方面，儿童被要求复述故事，同时再次观看故事场景，同时监测他们的眼球运动。在叙事产出过程中，患有特殊语言障碍的儿童观看场景中语义最相关区域的次数少于同龄对照组，但在叙事理解方面没有发现差异。此外，言语产出分析显示，在复述过程中，特殊语言障碍儿童保留的信息较少，出现的语义和句法错误较多。赵艳瑜②的研究则对比 7~12 岁的自闭症儿童和智力相匹配的 5~6 岁的正常儿童在图画书阅读中的社交信息注意及故事理解特点。研究发现，自闭症儿童在图画书阅读中对社交信息的注意及故事理解与普通儿童存在显著差异。他们观察关键性社交信息的时间更长，维持时间更短，且图画故事理解能力发展滞后。这些结果进一步证明自闭症儿童在社会认知方面存在缺陷。

第三节　自闭症儿童互动话语分析框架

不同于叙事话语，互动话语在语言的使用目的和场景上都有明显区别，所以在研究自闭症儿童交际障碍时，采用不同的分析框架来研究叙

① ANDREU L, SANZ-TORRENT M, OLMOS J G, et al. Narrative Comprehension and Production in Children with SLI：An Eye Movement Study ［J］. Clinical Linguistics & Phonetics，2011，25（9）：767-783.

② 赵艳瑜，陈顺森，王文强．家庭人际关系与精神分裂症患者社会支持状况相关分析［J］．牡丹江师范学院学报（哲学社会科学版），2015（2）：123-124，139.

事话语障碍和互动话语障碍。叙事话语是用来描述事件、故事、经历或情节的语言。它主要是用来讲述一个完整的故事或一系列事件。在结构上，叙事话语通常具有明确的开头、中间和结尾，呈现时间顺序或逻辑顺序。在交际目的上，叙事更多的目标用作传递信息、分享经验、娱乐或教育。在使用场景上，叙事常出现在小说、电影、新闻报道、历史记叙、个人回忆录等场景。总体而言，在叙事话语中，叙述者（讲故事的人）和听众（读者或观众）之间的互动较少，侧重于描述和描绘情景、人物和事件，常用过去时态。互动话语是指在交流过程中为了实现互动而使用的语言。它包括对话、问答、讨论等形式。在语言结构上，通常是对话式的，涉及两个或多个参与者的交流。没有固定的开始和结束，取决于互动的内容和目的。互动话语的目的更多是交流信息、表达观点、解决问题、建立社会关系等。在使用场景上，常出现在日常对话、会议讨论、课堂互动、社交媒体交流等。相比叙事话语，互动话语具有以下特点：高度互动，涉及主动的问答和回应；侧重于交流和互动，而非单纯的描述；常用现在时态和多种语气（如疑问句、祈使句等）。如下例所示。

叙事话语：

"昨天我去了公园，看到了一只小狗在玩耍。它跑来跑去，显得非常开心。"

互动话语：

甲："昨天你去哪里了？"

乙："我去了公园，看到了一只小狗在玩耍。你呢？"

甲："我在家里休息。"

通过这两个例子，可以看出叙事话语主要是单向的信息传递，而互动话语则是双向的交流，强调互动和回应。

互动话语的分析常处于整个话语分析（discourse analysis）的大框架之下。话语分析是一种研究语言使用及其在社会互动中作用的学科。该方法有助于理解自闭症儿童在实际交流中的表现。在具体的分析研究中，研究者常使用会话分析（conversation analysis）和互动社会语言学（interactional sociolinguistics）的理论框架，探讨自闭症儿童互动话语的结构和功能。

会话分析是一种用于研究语言和社会互动的定性研究方法，它通过详细分析实际对话中的语言使用和互动模式，揭示人们如何通过语言进行交流和协作。在自闭症儿童语言障碍研究中，会话分析有许多应用。首先，使用会话分析方法和框架，可以识别自闭症儿童的语言特征和互动模式。通过分析自闭症儿童与他人的对话，可以识别出这些儿童在交流中的特定语言和互动模式，如话轮（turn-taking）困难、话题维持问题、非言语沟通缺乏等。例如，自闭症儿童可能会表现出重复语言（echolalia）或固定短语的使用，这些都可以通过会话分析来识别和理解。其次，还可以评估自闭症儿童的沟通策略。会话分析可以帮助研究人员评估不同沟通策略的有效性。例如，分析使用视觉支持（如图片交换沟通系统，PECS）或辅助与替代沟通（AAC）设备的互动情况，评估其对提高自闭症儿童沟通能力的效果。通过详细分析这些策略在实际互动中的应用，可以更好地了解其优点和局限，从而改进教学和治疗方法。同时，会话分析的结果能够凸显儿童在社交互动中的挑战，并根据发现的问题设计更合理、更具个性化的干预措施。自闭症儿童往往在社会互动中面临挑战，如难以理解和使用社交线索、情感表达不恰当等。会话分析可以揭示这些问题的具体表现形式。例如，研究可以通过分析自闭症儿童在同伴交往中的对话，了解他们如何处理社会互动中的复杂情境，如冲突解决、合作任务等。基于会话分析的结果，研究人员和临床医生可以设计更加个性化的干预措施，针对每个自闭症儿童的具体语言和沟通障碍进行有针对性的治疗。如果会话分析发现某个儿童在话轮转换时存在困难，可以设计特定的训练计划，帮助他们更好地掌握这项技能。最后，会话分析还能够对儿童的交际行为进行进展监测和交际评估。通过定期进行会话分析，可以监测自闭症儿童在干预过程中的进展，评估治疗效果，并根据需要进行调整。这有助于确保干预措施的有效性和持续改进，从而更好地支持自闭症儿童的语言和沟通能力发展。

会话分析关注互动话语中的话轮转换、社会行为、会话序列结构、话题维持和转移、非言语沟通行为等方面的表现。话轮转换分析中，自闭症儿童在会话中可能存在话轮转换困难，如无法适时发起话轮、无法维持话轮等。会话分析可以揭示这些问题，并探讨其背后的原因。自闭症儿童在会话中的社会行为，如礼貌用语、情感表达、社交策略等，也是会话分析的重要内容。通过分析这些行为，可以了解自闭症儿童在社会交往中的表现及其改进空间。

会话分析关注会话的序列结构，即会话中各个话轮之间的逻辑关系。自闭症儿童在会话中可能表现出序列组织混乱、无法遵循会话规则等问题。通过序列结构分析，可以揭示这些问题，并探索改善策略。序列分析还包括阻抗序列分析。在自闭症儿童的心理治疗或咨询中，阻抗行为是一个常见现象。会话分析可以揭示阻抗序列的结构和特征，帮助治疗师更好地理解自闭症儿童的阻抗行为，并制定相应的应对策略。

以重复话语（仿说）的分析为例，在具体分析中，研究者可以通过会话分析详细记录和分析自闭症儿童在对话中使用的重复语言，了解其在不同情境下的功能和意义。例如，分析发现某些重复语言可能是自闭症儿童的一种应对策略，用于应对复杂或不确定的社交情境。同样，在分析话题维持和转移时，会话分析可以揭示自闭症儿童在维持和转移话题时的困难，如突然转移话题、不回应他人的话题等。这些发现可以帮助设计针对性的训练，增强他们在对话中的话题维持和转移能力。会话分析，同样关注非言语沟通行为，或者也可称为多模态交际互动行为。通过视频录制和会话分析，研究者可以分析自闭症儿童的非言语沟通行为，如眼神接触、手势、面部表情等，了解这些行为在沟通中的作用和特点。这些信息可以用于设计非言语沟通训练，帮助自闭症儿童更有效地使用身体语言进行交流。

会话分析，作为一种成熟且独特的社会科学研究方法，在自闭症儿童语言障碍探索中展现出非凡的应用潜力。该方法通过细致入微地剖析自闭症儿童在会话中的具体表现，不仅揭示了他们在语言运用上的直接障碍，还深入挖掘了这些表现背后隐藏的复杂认知与社会交往难题。这为临床及教育工作者提供了宝贵的视角，使他们能够依据个体差异制定出更加精准、高效的干预方案，助力自闭症儿童在语言与社交能力上的逐步发展。

与此同时，互动社会语言学为自闭症儿童互动话语的研究开辟了另一扇窗户。作为语言学领域中的新兴分支，互动社会语言学将研究的焦点放在了会话过程中的动态交互与推理机制上，强调语境、线索与背景知识如何共同作用于交际意图的理解与回应。这一视角为理解自闭症儿童在真实社交场景中的语言行为提供了全新的理论框架，使得研究者能够更加全面地把握他们如何在复杂的社交互动中挑战与适应。这些方面的研究不仅丰富了自闭症儿童互动话语分析的理论基础，也为实践干预提供了更为细致、全面的指导。在互动社会语言学的理论框架下，对自闭症儿童交际互动的研究主要聚焦于以下几个核心维度。

一、语境深度剖析与文化适应性的多维探索

互动社会语言学的核心洞察之一，即语境是解锁语言交际意图不可

或缺的钥匙。在自闭症儿童的研究领域内，这一洞见引领我们深入探索儿童在不同生活舞台（家庭温馨港湾、学校知识殿堂、社区广阔天地）以及多元文化背景中的语言交流与非语言行为的微妙展现。

研究者们细致地剖析这些错综复杂的情境因素，这一过程，不仅加深了我们对儿童个体差异的深刻理解，更为我们构建个性化、精准高效的干预策略奠定了坚实的基石。更引人瞩目的是，跨文化的研究视角如同一面广角镜，让我们得以窥见不同文化土壤下自闭症儿童互动模式的斑斓色彩与深层共性。通过对比分析，我们逐渐揭开文化多样性的神秘面纱，它既可能构成自闭症儿童语言习得与社会融入的荆棘之路，也可能成为推动他们成长与进步的隐形翅膀。这一发现，不仅极大地拓宽了我们的研究视野，更为跨文化干预策略的创新与实践点亮了明灯。

在这一进程中，我们的研究聚焦于四大核心领域：首先，聚焦于会话参与者的角色认知与互动模式，深入探究自闭症儿童如何解读并融入会话的复杂社交架构；其次，关注交际意图的敏锐捕捉与有效回应，分析他们如何依据微妙的语境线索洞察他人意图，并据此做出恰如其分的反馈；再次，考察语言使用的灵活变通与适应环境的能力，评估自闭症儿童在不同社交场景间自如切换语言策略的水平；最后，探索情感表达与共鸣的奥秘，研究他们在会话中的情感流露与理解能力，以及这些情感交流如何深刻影响他们社交网络的构建与深化。这些努力，共同绘制出一幅自闭症儿童全面发展的蓝图。

二、自闭症儿童的社会互动模式与干预康复策略的深度探索

在自闭症儿童研究的广阔领域中，情感沟通与社会共鸣的缺失成为一个不容忽视的核心挑战。运用互动社会语言学的精密仪器，相关研究可以潜入儿童复杂多变的社交互动深处，细致剖析他们在情感表达、对话构建与话题维持等关键环节的微妙行为，精确捕捉他们在这些互动节

点上所遇到的独特障碍。

这一深度挖掘不仅可以深化研究者对自闭症儿童内心世界情感认知障碍的理解，还可以促使我们全面审视他们构建与维系社交纽带的艰难历程。通过细致入微的观察与深入分析，我们的目标是增进自闭症儿童的情感共鸣能力，使他们能够更加敏锐地捕捉并回应他人的情感波动，从而推动其社交技能的全面成长与发展。

基于这些深刻的见解，我们致力于设计并实施一系列高度个性化与高效的干预措施。这些策略旨在强化自闭症儿童在多元社交环境中的适应能力，提升他们的互动技巧与自我效能感，助力他们跨越社交障碍，自信地融入社会的大舞台，体验人际交往带来的温暖与乐趣，最终实现其社交潜能的充分释放与展现。

三、自闭症儿童语用能力的多维度综合评估框架的构建探索

语用能力（pragmaticskills），作为互动社会语言学的璀璨明珠，其核心在于个体在复杂多变的社交语境中，精准运用语言工具实现高效沟通的能力。针对自闭症儿童这一特殊群体，构建一套全面、细致的语用能力评估框架，是洞悉其交际困境、定制个性化干预路径的基石。

有研究者创新性地融合多维度评估策略，通过精心策划的模拟真实社交场景，为自闭症儿童搭建起一座连接日常生活与评估实践的桥梁。这些场景不仅贴近儿童的实际生活，更富含丰富的语用挑战，旨在全面激发并展现儿童在请求发起、歉意表达、感激传递等日常交际行为中的真实面貌。

在评估过程中，研究者采用精细的观察记录法，捕捉儿童在语用层面上的微妙变化与独特挑战，力求实现评估结果的科学性与客观性。这一综合评估体系不仅可以提供一系列量化指标，精准刻画自闭症儿童在语用能力上的强项与弱项，更为自闭症后续干预策略的制定提供坚实的

数据支撑与方向指引。

基于深入的评估结果分析，我们能够精准定位儿童在语用层面的具体需求与成长潜力，进而量身定制出高效、个性化的干预方案。这些方案旨在通过针对性的训练与辅导，帮助自闭症儿童在社交互动中逐步克服语用障碍，提升沟通效率与质量，最终促进其全面融入社会，享受更加丰富多彩的人际交往体验。

四、多模态互动的深度剖析与综合理解

互动社会语言学的精髓在于其强调语言与非言语沟通的紧密交织，这一理念在自闭症儿童研究中尤为关键。我们深入探索儿童如何巧妙地融合手势的灵动、面部表情的微妙、身体姿势的丰富性等多维度沟通元素，共同编织出复杂而细腻的交际网络。

通过实施多模态互动分析，我们不仅能够捕捉到自闭症儿童在沟通策略上的独特运用与偏好，还能更立体地展现他们在综合沟通能力上的全貌。这一过程如同揭开了一层层神秘的面纱，让我们能够清晰地看到他们在哪些沟通领域展现出非凡的潜力，又在哪些环节面临挑战。

基于以上的深刻理解，研究者能够设计出更加多元化、个性化的干预、康复和融合策略。这些策略不仅针对自闭症儿童的语言能力进行提升，更将非言语沟通纳入其中，致力于构建一个全方位、多层次的沟通支持体系。通过这样的努力，我们期待能够满足自闭症儿童在沟通方面的多样化需求，帮助他们跨越障碍，实现更加顺畅、有效的社会交流。

鉴于上述剖析，互动社会语言学为自闭症儿童交际互动研究构筑了坚实的理论基石与实践指南。它引领我们深入探索语境适应性、社会互动模式、语用能力以及多模态沟通等关键领域，为我们揭示自闭症儿童在交际互动中的独特需求与面临的挑战提供了前所未有的视角。

通过这一多维度的分析框架，我们能够更加精准地把握自闭症儿童

在交流过程中的细微差别与深层动因，进而理解其交际障碍的本质所在。这种深入的理解不仅加深了我们对自闭症儿童个体差异的认识，更为我们设计干预策略提供了科学依据与灵感源泉。

在互动社会语言学的指导下，希望各界致力于构建更加人性化、科学化和高效的干预体系。这些干预措施不仅关注儿童语言能力的提升，更重视他们在社交互动中的整体表现与情感体验。我们努力创造一个包容、支持的环境，让自闭症儿童能够在其中自由表达、自信交流，逐步克服障碍，融入社会的大家庭。

第四节　自闭症儿童互动话语障碍研究

社交互动障碍是自闭症核心障碍之一。在《精神障碍诊断与统计手册》（第四版）（DSM-4）中，交际障碍、语言障碍和重复刻板的行为及兴趣是自闭症诊断的三大参照标准。在 2013 年发布的《精神障碍诊断与统计手册》（第五版）（DSM-5）中，自闭症的定义再次得到修订，不再细分第四版中的 5 个亚类，而是以自闭症谱系障碍（Autism Spectrum Disorder，ASD）作为统一诊断，并强调其两大核心症状：（1）持久性的社会交流障碍，包括社会互动、情绪互动以及非言语沟通困难；（2）狭隘兴趣和重复刻板的行为方式，包括行为和认知模式的偏执倾向，强烈特定的兴趣，感官知觉信息整合存在困难或寻找感官刺激或避免感官刺激。修订后的《精神障碍诊断与统计手册》将语言障碍归为社交障碍当中，由原先的三大障碍减少为两大障碍，因为社交和语言相互交融，修订后的诊断标准更利于精准、便捷地进行判断和诊疗。

自闭症儿童在社交互动中常常表现出兴趣缺乏或冷漠。他们可能不愿意与同龄人分享玩具或参与群体活动，社交互动的频率和质量均低于典型发展儿童。研究发现，自闭症儿童在互动中更倾向于独自玩耍或重复刻板行为，而不是参与合作性或互动性游戏。他们常表现出缺乏社会兴趣和动机。也就是说，自闭症儿童对周围人缺乏兴趣和关注，难以建立和维护人际关系。他们可能避免目光接触，对他人情感表达和社会线索不敏感，甚至对父母的拥抱和亲吻也显得抗拒。同时，自闭症儿童还在社交互动中表现出情感共享障碍。他们难以理解他人的情感和感受，也无法适当地表达自己的情感，缺乏情感共鸣能力，导致在社交互动中显得冷漠和疏离。

沟通障碍是社交互动障碍最核心的表现，也是本节讨论的重点。自闭症儿童社交互动中沟通障碍主要表现在语言障碍和非语言沟通障碍两个层面，下文将会进一步论述。

刻板行为和兴趣狭窄虽然是与社会互动障碍平级的自闭症核心特征，但是该特征也直接或间接影响自闭症儿童的日常社交。自闭症儿童常常表现出重复刻板的行为模式，如重复的动作、排列物品等。这些行为可能干扰他们的社交互动，使他们难以适应变化的环境。兴趣狭窄也是同样的影响，自闭症儿童对某些特定的事物或活动表现出强烈的兴趣，而对其他事物则不感兴趣。这种兴趣狭窄限制了他们参与多样化的社交活动。

自闭症儿童互动话语障碍是指自闭症儿童在社交互动过程中，由于语言理解和表达能力的缺陷，导致无法顺利进行话语交流的现象。这种障碍不仅体现在语言表达的清晰度、流畅度和准确性上，还涉及语言理解、语境把握以及非语言沟通等多方面。自闭症儿童的词汇量普遍较低，句子结构简单，语法使用不规范。此外，他们在对话中常常表现出回声语言，即重复他人的话语，而不是做出独立的回应。语言发展延迟和语言使用的刻板性是自闭症儿童互动话语的显著特点。自闭症儿童互动话语障碍的具体表现有以下方面。

一、语言表达障碍

自闭症儿童词汇量有限。自闭症儿童往往掌握的词汇量较少，难以用丰富的词汇来表达自己的思想和情感。研究表明，自闭症儿童在早期语言发展阶段普遍存在延迟。相比典型发育儿童，自闭症儿童的首次词汇出现时间较晚，词汇量增长速度较慢[①]。自闭症儿童的词汇不仅数量较少，且词汇种类也较为有限。他们在使用多样化词汇方面存在困难，倾向于重复使用熟悉的词语[②]。他们的表达性语言与接受性语言也存在差异。自闭症儿童的接受性词汇（理解词汇）通常优于表达性词汇（使用词汇）。他们在听懂他人讲话时可能表现相对较好，但在表达自己意图和想法时则存在明显困难[③]。

自闭症儿童语言在交际中语法错误多。他们在语言表达中常出现语法错误，如句子结构不完整、语序颠倒等。自闭症儿童在句法结构方面常出现错误，包括句子成分的遗漏、词序颠倒等。例如，他们可能会遗

---

① TAGER-FLUSBERG H，KASARI C. Minimally Verbal School-Aged Children with Autism Spectrum Disorder：The Neglected End of the Spectrum［J］. Autism Research，2013，6（6）：468-478；NORBURY C F，GEMMELL T，PAUL R. Pragmatics Abilities in Narrative Production：A Cross-Disorder Comparison［J］. Journal of Child Language，2014，41（3）：485-510.

② SWINEFORD L B，THURM A，BAIRD G，et al. Social（Pragmatic）Communication Disorder：A Research Review of This New DSM-5 Diagnostic Category［J］. Journal of Neurodevelopmental Disorders，2014，6（1）：41.

③ KASARI C，FREEMAN S，PAPARELLA T. Joint Attention and Symbolic Play in Young Children with Autism：A Randomized Controlled Intervention Study［J］. Journal of Child Psychology and Psychiatry，2006，47（6）：611-620；PAUL R，NORBURY C. Language Disorders from Infancy Through Adolescence：Listening，Speaking，Reading，Writing，and Communicating［M］. Amsterdam：Elsevier Health Sciences，2012：182.

漏主语、谓语或宾语，导致句子不完整①。在使用时态和人称代词时，自闭症儿童常出现混淆或错误。他们可能会在谈论过去的事情时使用现在时，或在谈论自己时使用第三人称代词②。自闭症儿童在使用复合句和从句时常常表现出困难，他们倾向于使用简单句，避免使用复杂的句法结构③。自闭症儿童在使用不同词性（如名词、动词、形容词等）时可能会出错，这种错误在交际互动中尤为明显④。

部分自闭症儿童在交际中的话语还存在发音不清、语调异常等问题，导致他人难以理解其话语内容。自闭症儿童的语音清晰度普遍较低，他们的言语常常难以理解。这可能包括发音不准确、语速过快或过慢、音量不一致等问题⑤。自闭症儿童在发音时常出现各种语音错误，如音节省略、替代或扭曲。例如，有个别儿童可能会将"车"（che）发成"且"（qie），将"水"（shui）发成"显"（xian），等等。自闭症儿童在语调和重音的使用上也常存在问题。他们可能会使用单一语调，缺乏正常言语中的重音和节奏变化，导致言语听起来平淡或单

① TAGER-FLUSBERG H, JOSEPH R M. Identifying Neurocognitive Phenotypes in Autism [J]. Philosophical Transactions of the Royal Society of London. Series B: Biological Sciences, 2003, 358 (1430): 303-314.
② EIGSTI I M, BENNETTO L. Grammaticality Judgments in Autism: Deviance or Delay [J]. Journal of Child Language, 2009, 36 (5): 999-1021.
③ PAUL R, NORBURY C. Language Disorders from Infancy Through Adolescence: Listening, Speaking, Reading, Writing, and Communicating [M]. Amsterdam: Elsevier Health Sciences, 2012: 182.
④ SHIELD A, MEIER R P. Palm Reversal Errors in Native-Signing Children with Autism [J]. Journal of Communication Disorders, 2012, 45 (5): 439-454.
⑤ PAUL R, NORBURY C. Language Disorders from Infancy Through Adolescence: Listening, Speaking, Reading, Writing, and Communicating [M]. Amsterdam: Elsevier Health Sciences, 2012: 182.

调①。共鸣和流畅性问题在自闭症儿童中也较为常见，他们可能表现出鼻音过重、口音过轻或言语不连贯等特征②。

二、语言理解障碍

自闭症儿童在理解和回应他人话语时也面临显著困难。他们难以理解语境、隐喻、幽默和他人的情感表达，常常在对话中显得不合时宜或误解他人的意图。这种理解和回应问题不仅影响他们的日常交流，也对他们的社交关系和情感发展产生负面影响。

首先，对语境把握不足。自闭症儿童难以根据语境理解话语的深层含义，导致交流中的误解和冲突。自闭症儿童在理解他人话语的语境方面存在显著困难。他们可能无法根据对话背景、情境线索或说话者的意图正确解读信息③。在语境的应用层面上，自闭症儿童在表达自己想法时，常常忽略语境因素，导致其话语缺乏连贯性和相关性。他们可能会突然改变话题，或提供不充分的信息，使对话变得难以理解④。自闭症儿童在使用和理解非言语线索（如面部表情、手势、身体姿态等）方面存在明显障碍，这进一步影响了他们在语境中的交际能力。同时，自

---

① FILIPEK P A, ACCARDO P J, BARANEK G T, et al. The Screening and Diagnosis of Autistic Spectrum Disorders [J]. Journal of Autism and Developmental Disorders, 1999, 26 (9): 439-484.

② MCCLEERY J P, ELLIOTT N A, SAMPANIS D S, et al. Motor Development and Motor Resonance Difficulties in Autism: Relevance to Early Intervention for Language and Communication Skills [J]. Frontiers in Integrative Neuroscience, 2013, 7: 30.

③ BARON-COHEN S, TAGER-FLUSBERG H. Understanding Other Minds: Perspectives from Developmental Cognitive Neuroscience [M]. Oxford University Press, 2000: 67-98.

④ MUNDY P, NEAL A R. Neural Plasticity, Joint Attention, and Language Development: Implications for the Neuroscience and Treatment of Pervasive Developmental Disorders [M] //Autism: From Research to Practice. London and New York: Routledge, 2000: 57-74.

闭症儿童倾向于使用固定和重复的言语模式，而不是根据具体语境调整话语内容。这种行为可能导致交际中的误解和困惑①。

其次，自闭症儿童往往难以掌握社会生活中至关重要的会话规则，如轮流发言和话轮转换（turn-taking）等。这些规则是确保对话顺利进行的基础，对他们而言，却成为难以逾越的障碍。他们普遍存在会话规则理解缺失的特征，在会话规则上的理解与执行上常面临显著挑战，这直接影响他们参与社会交流的流畅度。就他们在会话规则方面的困难，他们在以下几方面表现出明显的障碍：

（一）插话与打断

在对话过程中，自闭症儿童可能因缺乏对话的轮替意识，而在不适当的时机插话或打断他人。他们未能准确识别对话中的自然停顿，也无法遵循轮流发言的社交规范，这常导致对话的流畅性受阻，影响双方的交流体验。

（二）迟滞反应

当轮到自闭症儿童发言时，他们可能会展现出明显的反应迟滞。这表现为长时间的沉默或思考，需要较长时间的准备才能给出回应。这种迟滞不仅打断了对话的自然节奏，还可能让对话的另一方感到困惑或不安。

（三）一人独白的倾向

在交际互动中，自闭症儿童有时会陷入长时间的独自讲述，忽视了对话的双向性。他们可能过于专注于自己的话题或想法，以至于没有给予对方回应的机会，这种行为不仅限制了对话的深度和广度，还可能让

---

① PRIZANT B M, WETHERBY A M, RUBIN E, et al. The Scerts Model: A Comprehensive Educational Approach for Children with Autism Spectrum Disorders [M]. Towson: Paul H. Brookes Publishing, 2006: 54~71.

对方感到被忽视或排斥。

（四） 话题转换的困难

话题维持（topic maintenance）是保持对话连贯性的关键。然而，自闭症儿童在话题转换或维持时常常遇到难题。他们可能无法灵活地在不同话题之间切换，导致对话内容单一乏味；或者突然转变话题，使对话失去连贯性，让对话的另一方难以跟上节奏。这种话题处理能力的不足，进一步加剧了他们在社会交流中的困难。

基于以上所述，自闭症儿童在会话规则上的理解与执行障碍，是他们参与社会交流所面临的重要挑战之一。这些障碍不仅影响他们与他人的沟通效果，还可能对他们的社交能力和生活质量产生深远的影响。因此，针对这些障碍制定有效的干预措施，帮助自闭症儿童提升会话能力，具有重要的现实意义。

自闭症儿童常常难以掌握轮流发言的规则，他们可能在别人讲话时插话，或者在别人期待他们回应时保持沉默[1]。自闭症儿童在维持和转换话题方面存在显著困难。他们可能会重复自己感兴趣的话题，忽略对方的兴趣，或者突然改变话题，缺乏对话的连贯性[2]。

最后，非字面意义理解困难。自闭症儿童在理解比喻、隐喻等非字面意义的语言表达时存在困难。他们常常难以理解话语中的隐含意义、讽刺、幽默等。这使得他们在复杂的对话中容易产生误解[3]。在会话

---

① BARON-COHEN S, TAGER-FLUSBERG H. Understanding Other Minds：Perspectives from Developmental Cognitive Neuroscience ［M］. Oxford University Press, 2000：55-98.

② PAUL R, NORBURY C. Language Disorders from Infancy Through Adolescence：Listening, Speaking, Reading, Writing, and Communicating ［M］. Amsterdam：Elsevier Health Sciences, 2012：182.

③ PRIZANT B M, WETHERBY A M, RUBIN E, et al. The Scerts Model：A Comprehensive Educational Approach for Children with Autism Spectrum Disorders ［M］. Paul H. Brookes Publishing, 2006：54-71.

中，自闭症儿童对非言语线索（如眼神接触、面部表情、手势等）的使用和理解较差，这进一步影响了他们对会话规则的把握①。他们倾向于字面理解语言表达，无法领会言外之意。例如，"他是个胆小如鼠的人"可能被理解为这个人真的像老鼠一样。讽刺和反语是另一类常见的非字面意义表达方式。自闭症儿童在理解讽刺和反语时常常感到困惑，无法识别说话者的真实意图②。自闭症儿童在理解笑话、双关语和其他形式的幽默时存在困难，他们可能无法领会语言中的幽默元素，从而在社交情境中感到不安或排斥③。成语和习语的理解挑战：成语和习语是具有文化背景和历史意义的固定表达方式，自闭症儿童在理解这些表达时常常感到困难，因为它们无法从字面意思推导出真实含义。

三、非语言沟通障碍

非言语交流（nonverbal communication），作为社会互动中不可或缺的一部分，涵盖面部表情、手势、身体姿势等多种沟通方式，它们在传递情感、意图及建立人际联系上扮演着至关重要的角色。然而，自闭症儿童在这一领域面临显著的挑战。

（一）面部表情的缺失

自闭症儿童在面部表情的运用上显得尤为困难。他们的面部表情往

---

① BARON-COHEN S, GOLAN O, ASHWIN E. Can Emotion Recognition be Taught to Children with Autism Spectrum Conditions？［J］Philosophical Transactions of the Royal Society B：Biological Sciences, 2009, 364（1535）：3567-3574.

② NORBURY C F, BISHOP D V M. Inferential Processing and Story Recall in Children with Communication Problems：A Comparison of Specific Language Impairment, Pragmatic Language Impairment and High-Functioning Autism ［J］. International Journal of Language and Communication Disorders, 2002, 37（3）：227-251.

③ PAUL R, NORBURY C. Language Disorders from Infancy Through Adolescence：Listening, Speaking, Reading, Writing, and Communicating ［M］. Amsterdam：Elsevier Health Sciences, 2012：182.

往较为单一，缺乏足够的多样性和变化，这使得他们难以通过面部表情来准确传递内心的情感状态，也难以理解他人的情绪表达。这种面部表情的缺失，不仅限制了他们表达自我情感的能力，也阻碍了他们与他人建立深层次情感联系的可能性。

（二）手势使用的局限

在手势的运用上，自闭症儿童同样显得力不从心。他们可能无法灵活运用手势来辅助语言表达，尤其是在需要传达复杂或抽象概念时更为困难。此外，他们很少在对话中主动使用手势来补充或替代语言，这进一步限制了他们在沟通中的表达能力和创造力。手势的局限，使得自闭症儿童在表达自我和与他人交流时，往往感到力不从心。

（三）身体语言的隔阂

除了面部表情和手势，自闭症儿童在身体语言的使用上也存在明显障碍。他们可能无法准确解读他人的身体姿势、动作和姿态背后的含义，也无法通过自己的身体语言来有效传达自己的意图和情感。这种身体语言的隔阂，使得自闭症儿童在社交互动中难以融入群体，难以与他人建立亲密和信任的关系。

（四）目光接触的回避

尤为值得注意的是，自闭症儿童在互动交流中常常避免目光接触。目光接触是人际交往中一种重要的非言语沟通方式，它能够传递关注、兴趣和尊重等情感信息。然而，自闭症儿童由于种种原因，往往无法或不愿与他人进行目光接触，这进一步加剧了他们在交流中的隔阂和孤独感。

因此，自闭症儿童在非言语交流方面存在显著的障碍，这严重影响了他们参与社会互动和建立人际关系的能力。因此，针对这些障碍进行专门的干预和训练，帮助自闭症儿童提升非言语沟通能力，对于促进他们的社交发展和心理健康具有重要意义。

四、叙事能力缺陷与语用障碍

自闭症儿童在社交互动中的叙事能力缺陷及语用能力不足，构成他们互动障碍的显著特征之一。这些障碍不仅影响他们讲述故事、描述经历的能力，还深刻影响他们在复杂社交场景中的表现。

（一）叙事能力缺陷

自闭症儿童在叙事时，常展现出缺乏连贯性和组织性的问题。他们难以将事件和情节以清晰、有条理的方式串联起来，导致叙事内容显得杂乱无章。这种叙事组织能力的欠缺，使得他们在讲述故事或回忆经历时，往往难以让听众跟随其思路，理解其意图。

此外，自闭症儿童在理解和表达因果关系上也存在困难。他们可能无法准确识别事件之间的前后关系和逻辑联系，因此在叙事时容易出现逻辑混乱的情况。这种因果关系的分辨能力不足，进一步加剧了他们在叙事上的障碍。

（二）语用能力障碍

语用能力，即在特定社交情境中恰当地使用语言的能力，对于自闭症儿童来说同样是一个挑战。他们往往难以理解和运用语言中的隐含意义、讽刺、幽默等非字面意思，这导致他们在复杂的社交互动中容易产生误解和冲突。

在言语行为方面，自闭症儿童也表现出一定的不当之处。他们可能在请求、道歉、感谢等社交场合中，使用语言的方式过于直接或缺乏礼貌，这反映出他们对社交礼仪和规范的理解不足。这种言语行为的不当，不仅影响了他们的社交效果，还可能损害他们与他人的关系。

（三）干预措施的重要性

针对自闭症儿童的话语障碍问题，制定有效的干预措施显得尤为重要。通过综合的语言疗法、社交技能训练、叙事能力训练以及家庭支持与教育干预等措施，可以逐步改善他们的语言能力和社交互动能力。

语言疗法可以帮助自闭症儿童提高语言表达的准确性和流畅性；社交技能训练则侧重于培养他们在特定社交情境中的应对能力和沟通技巧；叙事能力训练则旨在提升他们组织故事、描述经历的能力；而家庭支持与教育干预则在整个过程中发挥着不可或缺的作用，为自闭症儿童提供稳定的情感支持和积极的学习环境。

通过以上研究分析可知，通过多方面的干预康复措施，我们可以帮助自闭症儿童克服话语障碍问题，提高他们的社交互动能力和生活质量。

第五节　自闭症儿童交际话语障碍的影响因素

自闭症儿童交际障碍的影响因素是多维度且复杂的，涉及语言、认知、心理、社会以及环境等多方面，这些因素相互交织，共同作用于自闭症儿童的社交互动能力。在语言维度上，自闭症儿童在语言表达和理解上常存在困难。他们可能无法准确使用语言符号来传达自己的意图和情感，也难以理解他人的语言信息。这种语言能力的不足，直接影响了他们与他人的有效沟通，进而加剧了交际障碍。在认知维度上，认知能力的限制也是自闭症儿童交际障碍的重要因素之一。他们可能在注意力、记忆、思维等方面存在障碍，导致在处理社交信息时显得力不从心。例如，自闭症儿童可能难以理解和预测他人的行为意图，也无法灵活调整自己的社交策略来适应不同的社交情境。在心理维度上，心理因素在自闭症儿童交际障碍中同样扮演着重要角色。他们可能因为自身的特殊性而感到自卑、焦虑或恐惧，从而避免与他人进行社交互动。此外，自闭症儿童还可能存在情感识别和情感表达上的困难，这使得他们在情感交流上显得尤为吃力。在社会维度上，社会因素也是影响自闭症儿童交际障碍不可忽视的一方面。社会对自闭症的认识和接纳程度、家庭的支持与教育方式、同伴关系的质量等，都会对自闭症儿童的社交发展产生深远影响。包容、支持的社会环境，以及积极有效的家庭教育和同伴互动，能够为自闭症儿童提供更多的社交机会和正面体验，从而促进其社交能力的发展。在环境维度上，环境因素同样对自闭症儿童的交际障碍产生着重要影响。不同的环境刺激和社交情境，会对自闭症儿童的社交行为产生不同的影响。一个充满挑战和刺激的环境，可能会让自闭症儿童感到不安和焦虑，从而加剧其交际障碍；而一个温馨、和谐的环境，则有助于缓解他们的紧张情绪，促进其社交行为的发展。

总体来看，自闭症儿童交际障碍的影响因素是多方面的，需要我们从多个维度出发，制定综合性的干预康复措施，以帮助他们克服障碍，提高社交能力。

一、语言和认知发展因素

语言发展迟缓或异常是自闭症儿童常见的问题，包括词汇量有限、语法使用不当、语音和语调异常等，这些都会直接影响他们的沟通能力。语言发展直接影响儿童的语言能力。语言能力包括语言理解和语言产出两个层面，两个层面均涉及词汇、语法、句子等方面的加工与产出。对于多数自闭症儿童而言，尤其是认知能力受损的儿童，其语言理解和语言产出能力均显著落后于正常儿童。对于智力发展正常，认知能力与正常儿童无显著差异的自闭症儿童，其在语言理解层面上，与正常儿童差异较小。一方面，在语言层面上，上述自闭症儿童，也就是高功能自闭症儿童，更多表现为语言产出能力障碍。许多研究发现和证明了自闭症儿童语言产出能力的缺陷，尤其是语用能力方面，如在连词的使用和指称语的使用上都表现出明显差别。自闭症儿童在指称引入上出现更为明显的不恰当形式，表明他们不能准确推测听话人的认知状态。另一方面，在指称维持上，也不能遵守 Sperber 和 Wilson① 提出的言语交际的"经济性原则"，即人们在日常交际中，遵循最大相关性原则以进行信息的交流，花费最少的信息加工与处理程序，达到最大交际效果。在指称方式的选择上，自闭症儿童并未遵循这一规则去选用可及性程度更高的代词与零形式来进行指称维持，而是大量使用名词短语来维持指称，缺失叙事中的"经济性原则"，反映了语用方面的障碍。

自闭症儿童的认知功能，如注意力、记忆力和执行功能，可能存在不同程度的损伤，这些认知缺陷会进一步限制他们的交际能力。首先，心理理论能力不足。本书在第二章有详细介绍心理理论，它是指理解他人具有与自己不同的思想、信念、意图和情感的能力。自闭症儿童在心理理论方面存在显著缺陷，这影响了他们在对话中理解和回应他人的能力，使其常常难以预测和理解他人的意图和反应，导致对话中的误解和不恰当的回应。例如，他们可能无法识别对方的讽刺或隐喻表达。其次，执行功能障碍。执行功能包括计划、组织、灵活性、抑制控制等认知能力。自闭症儿童在这些方面普遍存在困难。执行功能的缺陷使自闭症儿童难以在对话中灵活应对变化。他们可能会重复固定的主题，无法适时转换话题，或难以调整自己的发言以适应对话的需求。最后，弱中央统合缺陷。中央统合是指整合信息以形成全局理解的能力。自闭症儿童倾向于关注细节而忽略整体，这种局部性处理方式被称为弱中央统合。在对话中，弱中央统合使自闭症儿童难以把握对话的整体脉络和主旨，他们可能会执着于某些细节，忽略对方所表达的核心意思。

---

① SPERBER D, WILSON D. Relevance：Communication and cognition ［M］. Oxford：Blackwell, 1995.

二、社会互动与情感交流障碍因素

自闭症儿童在社会互动与情感交流方面面临的挑战是复杂而深远的，这些障碍不仅影响了他们的日常交际，还深刻影响了他们的情感发展和社交能力。

（一）社会交往与沟通动机不足

自闭症儿童往往缺乏与他人建立联系和沟通的内在动机。他们可能不主动寻求社交机会，对参与集体活动或与他人互动缺乏兴趣。这种动机的缺失导致他们在自然交际环境中缺乏练习，难以掌握和运用复杂的社交技能和语法结构。

（二）模仿与学习能力受限

自闭症儿童在模仿他人语言和学习新语法规则方面存在显著困难。他们可能无法有效地观察和模仿他人的语言行为，也无法准确地理解和运用语法规则进行表达。这种模仿和学习能力的不足，直接影响了他们语言的准确性和流畅性，进而加剧了社交互动的障碍。

（三）情绪识别与调节困难

情绪识别是社交互动中的重要一环，而自闭症儿童在这方面往往表现出明显的困难。他们可能无法准确解读他人的面部表情、语气和身体语言等情绪信号，导致在交流中无法做出恰当的回应，甚至产生误解和冲突。此外，自闭症儿童在情绪调节方面也存在问题，他们可能难以控制自己的情绪反应，出现过度兴奋、焦虑或退缩等行为，这些都会进一步影响他们的社交互动。

（四）情感表达与调节障碍

自闭症儿童在情感表达上也存在局限性。他们可能无法通过面部表情、身体语言和语调等方式充分表达自己的情感，这使得他人在与他们交流时难以捕捉和理解他们的真实感受。同时，他们在情感调节方面也存在困难，无法有效地管理和调节自己的情绪，导致在社交场合中出现情绪波动大、行为失控等问题。这些情感表达与调节的障碍，严重制约了自闭症儿童的社会适应能力和生活质量。

以上论述可概括为，自闭症儿童在社会互动与情感交流方面面临的障碍是多方面的，包括动机不足、模仿与学习能力受限、情绪识别与调节困难以及情感表达与调节障碍等。针对这些障碍，我们需要采取综合性的干预措施，如提供个性化的语言训练、社交技能训练、情绪管理等，以帮助自闭症儿童改善社交互动和情感交流能力，提高他们的社会适应能力和生活质量。

三、社会生态与生活环境因素

在深入剖析自闭症儿童的社会生态与生活环境因素交织的复杂网络时，我们踏入了一个细腻且多变的动态领域，这里，人类社会与自然环境交织融合，共同编织出一幅影响深远的图景。社会生态，这一人类活动与环境互动的结晶，不仅映射出社会结构、文化深度、经济模式等非物质层面的丰富内涵，还悄然塑造着我们生活的物理空间——生活环境，为自闭症儿童的成长之路铺设了独特的背景。

自闭症儿童所处的社会生态与生活环境，二者之间存在着千丝万缕、不可分割的联系。这种联系不仅深刻影响着儿童的社会化进程、心理发展轨迹，还为我们揭示了自闭症领域发展的独特规律与未来趋势。通过深入理解这一联系，我们能够更加精准地把握自闭症儿童面临的挑战，从而制定出更加有效的干预策略和支持措施。

展望未来，为了自闭症儿童的福祉，我们必须将目光投向社会生态与生活环境的和谐共生。这意味着我们需要采取科学规划的方法，优化资源配置，确保每个角落都能为自闭症儿童提供适宜的成长环境。同时，合理布局各类服务设施，如教育、医疗、康复等，以满足他们的特殊需求。更重要的是，坚持绿色发展的理念，保护生态环境，为自闭症儿童营造一个清新、健康、和谐的生存空间。总之，为自闭症儿童创造一个更加美好、宜居的社会环境，是我们共同的责任与使命。让我们携手努力，以科学为引领，以爱心为动力，共同为自闭症儿童的未来撑起一片蓝天。

（一）家庭环境

家庭，作为自闭症儿童成长的摇篮和人生旅程的起点，其营造的支持性氛围与互动模式，是塑造儿童交际能力不可或缺的基石。一个洋溢着积极互动、语言与社交刺激充沛且结构明晰有序的家庭环境，如同肥沃的土壤，滋养着自闭症儿童语言与社交能力的茁壮成长。

父母的互动方式，在这一过程中扮演着举足轻重的角色。他们采用积极回应、情感共鸣的交流策略，不仅能够迅速捕捉并回应儿童的需求与情感，还能有效激发儿童的语言潜能[1]。父母频繁且多样化的语言输入，如同涓涓细流，不断充实儿童的词汇库，深化其语言理解能力[2]，为日后的语言交流奠定坚实的基础。

同时，一个温馨和谐、充满爱与支持的家庭氛围，如同温暖的港湾，为自闭症儿童提供了必要的心理庇护。这种环境能够显著减轻儿童的心理负担，激发他们内在的语言学习动力，使他们在轻松愉悦的氛围中自信地探索与表达。相反，若家庭环境冷漠或缺乏互动，则可能成为儿童语言发展的阻碍，限制其社交技能的发展。

---

① ADAMSON L B, BAKEMAN R, DECKNER D F, et al. Joint Engagement Andthe Emergence of Language in Children with Autism and Down Syndrome [J]. Journal of Autism and Developmental Disorders, 2009, 39（1）：84-96.

② CARTER A S, MESSINGER D S, STONE W L, et al. A randomized controlled trial of Hanen's "More Than Words" in toddlers with early autism symptoms [J]. Journal of Child Psychology and Psychiatry, 2011, 52（7）：741-752.

因此，家庭环境作为自闭症儿童成长的第一课堂，其氛围、互动模式及教育资源的配置，对儿童的语言发展和社会交往能力具有决定性的影响。父母作为孩子的第一任老师，他们的沟通方式、教育态度以及对家庭规则的精心设定，都将深刻地影响儿童的语言习得和社会化进程。一个充满爱、鼓励与积极引导的家庭，将为自闭症儿童铺设一条通往自信、沟通与社交的成功之路。

（二）学校环境

学校是自闭症儿童语言技能与社会交往能力成长的又一核心舞台，其独特的教育生态为孩子们铺就了一条通往成长的宽广大道。在这里，教师的教学智慧、同学间的温馨互动，以及学校全方位的支持系统，共同编织成一张促进语言发展的多元网络。

个性化与结构化并行不悖的教学策略，如应用行为分析（ABA）和巧妙的视觉辅助手段，宛如为自闭症儿童量身定制的语言导航，引领他们在学习的海洋中稳步前行。这些方法不仅精准对接了儿童的个体差异，还确保了学习路径的高效与针对性。

与同龄人的亲密互动，则是语言实践的天然舞台，为自闭症儿童提供了宝贵的语言运用机会，并悄然间催生了社交技能的萌芽。在包容性教育的光辉照耀下，非自闭症同伴的接纳与友好互动，如同春风化雨，极大地加速了自闭症儿童语言能力的飞跃，让他们的语言之花在心田绚丽绽放[1]。

此外，学校作为专业支持的强大后盾，通过言语治疗、特殊教育服务及系统的社交技能培训，为自闭症儿童的语言发展筑起了坚不可摧的防线。这些专业资源的整合与优化，确保了每一位儿童都能在最适合自

---

① KASARI C, FREEMAN S, PAPARELLA T. Joint Attention and Symbolic Play in Young Children with Autism: A Randomized Controlled Intervention Study [J]. Journal of Child Psychology and Psychiatry, 2006, 47 (6): 611-620.

己的环境中苗壮成长，迈向更加美好的未来。一句话，学校不仅是知识的殿堂，更是自闭症儿童融入社会、全面发展的关键一环。通过提供个性化、包容性的教育环境，采用科学有效的教学策略与支持体系，学校正努力为自闭症儿童打造一个充满爱与希望的语言与社会交往的成长乐园。

（三）社区环境

社区，作为家庭与社会之间的坚实桥梁和坚韧纽带，其丰富的资源网络与支持体系在自闭症儿童的语言发展、社会交际、康复融合的征途中扮演着至关重要、无可替代的角色。通过参与社区内丰富多彩的活动，如图书馆的亲子阅读时光、创意无限的艺术工作坊以及旋律悠扬的音乐课程，自闭症儿童不仅能够在多元化的语言环境中浸润成长，更能在实践中锻炼与提升他们的社交技能，为未来的社交互动、康复融合奠定坚不可摧的基础。

社区的公共资源，诸如宽敞明亮的图书馆、充满活力的社区中心以及温馨的家长支持小组，成了家长获取专业语言发展指导与资源的宝库。这些资源不仅为家长提供了科学的教育方法和策略，还激发了他们不断探索、学习新知识的热情，从而更加精准地把握儿童的发展需求，制订个性化的成长计划。

尤为值得一提的是，社区内的社会网络为家长搭建了一个宝贵的交流平台。在这里，家长们可以敞开心扉，分享各自在育儿道路上的喜怒哀乐，交流成功经验与面临的挑战。这种基于共同经历与情感的联结，不仅加深了彼此之间的理解与支持，还促使家长们形成了更加高效、协同的支持策略，共同为自闭症儿童的语言发展和社会融入贡献力量。

因此，社区应被视为自闭症儿童成长道路上的重要外部支持系统。为了充分发挥其积极作用，我们需要不断丰富和完善社区的资源与服务，加强各组织之间的合作与资源共享，构建一个全方位、多层次的支持网络。同时，我们还需致力于营造一种包容、理解的社会氛围，消除对自闭症儿童的偏见与歧视，让每一个孩子都能在爱与尊重的环境中自由成长，绽放属于自己的光彩。

四、生物和遗传因素

自闭症的发生与生物和遗传因素之间存在着复杂而紧密的联系。这一领域的研究揭示了多个层面的机制，共同解释了自闭症为何会显著影响个体的语言和交际能力。

（一）遗传基因的影响

自闭症具有显著的家族聚集性，表明遗传基因在其发病中扮演了关键角色。研究已经发现了多个与自闭症风险相关的基因突变，这些变异可能直接或间接地影响了大脑的发育和功能。基因变异不仅增加了自闭症的患病风险，还可能影响神经系统的特定通路，从而干扰语言和社交能力的正常发展。

（二）神经发育异常

自闭症患者的神经发育异常是另一个重要的致病因素。这种异常可能表现为大脑结构和功能的多种变化，如大脑皮层厚度的改变、脑白质连接的异常、以及杏仁核和海马体等关键区域的异常。这些变化不仅影响了大脑的整体架构，还可能干扰了负责语言和社交功能的神经网络，导致自闭症儿童在这些方面表现出明显的障碍。

（三）神经递质系统的不平衡

神经递质是大脑中传递信息的化学物质，对于维持正常的神经功能和行为表现至关重要。自闭症儿童的神经递质系统可能存在显著的不平衡，特别是多巴胺、血清素和谷氨酸等关键神经递质的失衡。这种不平衡可能影响了大脑内部的信息传递和加工过程，进而干扰了语言和社交能力的正常发展。

鉴于以上所述，生物和遗传因素在自闭症的发生和发展中起着至关重要的作用。这些因素通过影响大脑的结构和功能、神经递质系统的平衡等多个层面，共同作用于自闭症儿童的语言和交际能力。因此，在研究和治疗自闭症时，必须充分考虑这些生物和遗传因素的影响，以制定更加精准和有效的干预措施。

五、个体差异与自闭症交际话语障碍

自闭症谱系障碍（ASD）展现出了极高的异质性，这体现在每个患者独特的症状表现、严重程度以及交际话语障碍的多样性上。这种个体差异不仅加深了自闭症诊断与治疗的复杂性，也强调了个性化干预策略的重要性。

（一）狭窄兴趣与重复行为模式

自闭症儿童常常表现出对特定主题或活动的强烈兴趣，以及重复性的行为模式。这些特征不仅限定了他们的兴趣范围，也可能在交际过程中影响话题的选择和互动方式。例如，他们可能更倾向于讨论自己感兴趣的话题，而在其他话题上显得兴趣缺失或难以参与。这种局限性可能限制了他们的社交圈子和交流深度，加剧了交际话语的障碍。

（二）多因素共同作用

自闭症儿童的交际话语障碍并非单一因素所致，而是生物、心理、社会和环境等多方面复杂交互的结果。生物因素如遗传变异和神经发育异常，是自闭症出现的生理基础；心理因素如情绪识别与调节困难，影响了他们的社交互动能力；社会因素如家庭环境、教育资源和社交机会，则在一定程度上塑造了他们的社交技能和语言发展；而环境因素如噪音、光线等物理条件，也可能对自闭症儿童的交际产生微妙影响。

（三）干预策略与未来展望

鉴于自闭症交际话语障碍的复杂性和个体差异性，制定有效的干预策略显得尤为重要。这要求我们在理解上述多种影响因素的基础上，采取综合性的干预康复措施，包括语言治疗、社交技能训练、情绪管理教育、家庭支持及社区化融合等。同时，未来的研究应继续深入探索这些因素之间的相互作用机制，以及它们如何共同影响自闭症儿童的交际发展。此外，随着科技的进步，我们还应积极探索新的干预方法和技术，如虚拟现实、人工智能等，以期为自闭症儿童提供更加个性化和高效的帮助。

总的来说，自闭症儿童的交际话语障碍是一个复杂而多维的问题，需要我们以开放的心态、科学的态度以及持续的努力去应对。通过深入研究和有效干预，我们有望帮助更多的自闭症儿童克服交际障碍，提高他们的生活质量和社会参与度。

第三章

自闭症儿童交际话语障碍的干预康复：
社会生态系统的社区化融合及实践研究

　　自闭症儿童的诊断、教育、干预、康复和融合等方面已有长足进步，但他们的社会融合依然面临诸多困难，包括社会需求难以满足，家庭经济和照顾压力大，融合教育环境缺乏等。基于社会生态系统视域，构建自闭症儿童社区化融合模式。该模式包含四个子系统，即微观系统、中观系统、外部系统和宏观系统。社区位于外部系统的核心位置，能够打破中观系统中社会组织间各自为营的局面，构建以社区为纽带的家庭、学校、医院和康复机构等组织间的联系网。同时，社区自身能够搭建自闭症儿童的社区照顾平台，建立社会融合服务体系，利用社区定位完成与其他上下级组织的统筹协作。这一模式的构建与运行不仅能提升自闭症儿童个体的社会交际能力，实现他们的社会融合，还对建立健全我国社会保障制度，完善社会公共服务体系，增强基层社会治理，扎实推进共同富裕有重大意义。

　　尤里·布朗芬布伦纳提出的人类发展生态学视角深刻揭示了个人成长与其所处环境之间错综复杂、相互依存的关系。在探讨自闭症儿童的发展时，这一理论尤为适用。自闭症儿童的发展轨迹，是内外因素交织作用下的动态演进过程，其中，神经生物学因素作为内在基础，尽管其复杂性让研究者面临挑战，但仍是不可忽视的重要一环。

　　研究者需采取系统性的方法，深入分析并梳理影响自闭症儿童发展的多层次生态环境系统，包括家庭、学校、社区乃至更广泛的社会文化环境。通过识别并优化这些环境中的积极因素，减少或消除不利因素，旨在为自闭症儿童营造一个更加包容、支持的社会生态环境。自闭症儿童作为充满生命力的个体，他们作用于社会生态系统的同时也受到环境的反拨作用或后效影响（washback 或 backwash）。也就是说，他们与环境的互动是双向的：既对环境产生影响，也深受环境反作用的影响。这种相互制约的交互作用体现在他们心理机制的发展上，尤其是通过其内在的学习能力与环境资源的有效整合来展现。因此，改善社会生态系统，不仅意味着为自闭症儿童提供一个物理上的安全空间，更重要的是创造一个心理上被接纳、情感上得到回应的环境。

家庭作为儿童最初且最重要的社会环境，其生态平衡对于自闭症儿童的发展至关重要。家庭氛围的和谐、父母的理解与支持，是自闭症儿童融入社会的重要起点。同时，同伴关系的建立也是不可忽视的一环，它有助于自闭症儿童学习社交技能，增强社会归属感。而教育工作者及相关专业人员则需提高责任意识，避免无意中加深自闭症儿童的边缘化，应通过专业培训，采用更加包容和个性化的教学策略，促进他们的全面发展。

由此可见，社会生态系统的融合模式不仅是改善自闭症儿童现状的关键，也是指导未来干预、康复及融合工作的重要方向。通过构建一个全面、协调、可持续的社会支持体系，我们可以为自闭症儿童创造一个更加美好的未来，让他们在爱与理解中茁壮成长。

第一节 概述：自闭症儿童交际话语障碍
与社会生态系统

自闭症儿童交际话语障碍被认为是自闭症人群社交障碍的主要表现之一。现有自闭症人群的研究大多关注该人群在实验语境下存在的一些异常特征和刻板怪异的行为障碍，而自闭症儿童的社区化融合互动以社会生态发展系统为理论基础、会话分析为方法论，分析讨论自闭症人群在自然的社区化互动情景中社会交际行为的特征与交际意图，最终实现家庭融合、社会融入的大的宏观模式和社会生态系统。该模式的研究发现自闭症人群在互动沟通中能够使用注视、语言、表情等多模态方式参与互动，顺应当下互动情景，实现互动意图并达到交际目的。这类研究不仅有助于弥补传统范式的研究不足，而且能为重新审视自闭症人群在社会生态体系的自然互动中的交际能力提供借鉴和启示。

社会生态环境，这一庞大而复杂的系统，巧妙地融合了空间与时间的双重维度。在空间层面上，尤里·布朗芬布伦纳所构建的生态模型，以四个层次为核心，它们相互嵌套、紧密相连，宛如精致的俄罗斯套娃，共同构筑了一个层次分明、紧密关联的"鸟巢式"结构。这一模型，恰似洋葱般层层剥开，从微观至宏观，逐步展开，将发展中的个体温柔地包裹其中。

每一层环境都以其独特的方式影响着个体的成长与发展，而影响的深度与广度，则取决于该环境与个体生活空间的接近程度。更确切地说，那些紧贴自闭症儿童个体日常生活的微观环境，如家庭、学校等，往往与个体的发展产生最为直接且显著的互动作用。它们不仅是个体行为的直接反映场，也是塑造个体性格、价值观及行为习惯的关键力量。

更为引人注目的是，这些不同层级的社会生态环境系统之间，并非孤立存在，而是处于一个持续不断的交互过程中。它们相互影响、相互渗透，共同编织成一张错综复杂的关系网，为个体的发展提供了丰富多样的外部条件。这种永无休止的交互作用，不仅加深了环境对个体影响的复杂性和动态性，也要求我们在理解和干预个体发展时，必须采取一种全面、系统且动态的视角。

因此，在关注自闭症儿童等特殊群体的发展时，我们更应深刻认识到社会生态环境对其成长的重要作用。通过优化家庭、学校、社区乃至更广泛的社会环境，我们可以为这些儿童创造一个更加包容、支持和有利于其发展的外部条件。同时，我们还应关注各环境系统之间的交互作用，确保它们能够协同作用，共同促进自闭症儿童的全面发展。

社会生态系统学的研究者认为自闭症儿童被一个错综复杂的网状系统（包括家庭、学校、同伴、文化、法律、医学等）所影响和修正。人是具有社会属性的，社会生态环境对人的影响不可小觑。我们用社会生态化社区化融合这个概念来概括对自闭症儿童的干预康复融合、对自闭症儿童生态系统的干预、社区对自闭症儿童的治疗、家庭幼儿园等微系统之外对自闭症儿童的干预康复融合等。将社区化融合的范围扩大到自闭症儿童的整个社会生态圈，不再局限于在社区进行治疗康复和融合，在他们的生活、学习中，也可以进行多元化、多样化生态化干预和融合，让自闭症儿童的家长、老师和医生等都参与到社区生态化治疗康复融合中来，通过协商和合作的方式，大家共同致力于改善自闭症儿童的生态环境，为他们创设一种温和、信任及自由的康复融合环境，让自闭症儿童在良性的社区化生态系统中意识到自己本身存在的问题，开发挖掘自己的潜力，从而发生内心世界的变化，实现康复融合的目标。

根据社会生态系统理论，本书以社会环境的四个系统为框架，构建社会生态系统视域下的自闭症儿童社区化融合模式，并详细介绍其具体内容和运作机制（见图3-1）。自闭症儿童社会化融合的环境由微观系统、中观系统、外部系统和宏观系统组成，四个系统之间逐层包含，相互联系。自闭症儿童身处整个社会生态系统之中，与各个系统中的社会主体、社会角色产生相互联系。其中，最里层的微观系统的社会主体和角色即自闭症儿童个体，他们是整个社会生态系统的内核。中观系统的社会主体包括家庭、学校、康复机构、医院等核心要素，该系统中的社会角色是能够与自闭症儿童直接接触的小规模群体，由家人、同学、朋友、老师等构建社会人际关系网，自闭症儿童也直接参与其中。在外部系统中，最典型的社会主体是社区，它是一个更宽泛的环境系统。而其社会角色是自闭症儿童能够间接或者较低频率直接接触到的社区成员，如社区工作人员、社区的街坊邻里、伙伴和同学的家长等。外部系统可能没有直接参与微观系统，但是对自闭症儿童个体的成长和发展会产生直接或间接的影响。宏观系统包含前三个系统，涉及其中的文化、亚文化、社会环境、政策、制度等，能够影响不同环境中个体的生活方式、思维方式和价值观，从而影响个体的社会行为。宏观系统的社会主体包含政府、媒体以及其他相关组织，社会角色包含政策的决策者与实施者、媒体人、学者、普通公众等。社区作为政策执行与管理的基层组织，是党和政府传递政策、落实政策和了解民情的最基层单位。社会生态系统的失衡或不协调是导致儿童自闭症的一个重要因素。自闭症儿童的微观系统、中间系统、外观系统和宏观系统综合影响着他们的思维活动和行为表现。下文将详细讨论社区如何作为社会生态中的纽带，连接各个环境系统，发挥统筹作用，提升自闭症儿童的社会交际能力，促进他们的社会融合。

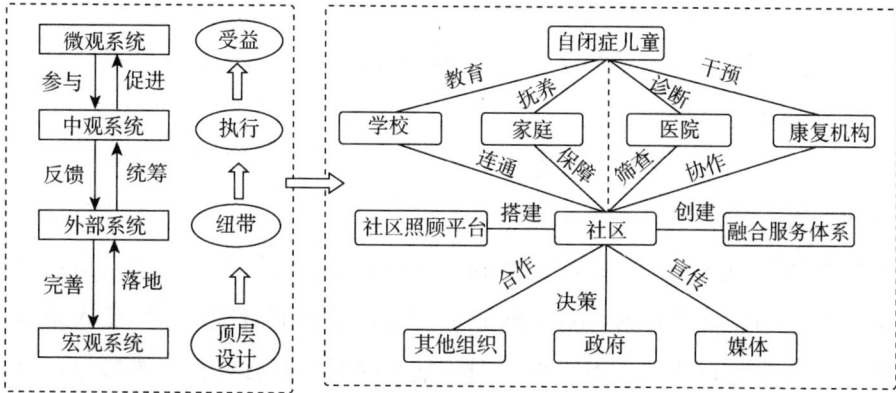

图3-1 社会生态系统视域下的社区化融合模式运行机制图

第二节 社区化融合与微观系统：融合环境
与自闭症个体

在整个社会生态系统中，微观系统处于整个系统的核心位置，自闭症儿童作为微观系统中的个体，正是社区化融合模式服务和照顾的对象。对于自闭症儿童而言，社区与家庭、学校、康复机构等中观系统组织有明显不同。一方面，传统的社区并不提供直接的功能性服务，如对自闭症儿童的教育、医疗、康复、照顾等，社区更像是一张隐形且广泛的网络，为自闭症儿童及其家庭提供生活与交际环境，并且将他们生活、学习、工作的各个组织联结起来，能够提供更广泛和综合的交际互动平台。另一方面，自闭症儿童个体与社区内成员的交际是低频且间接的，参与的社区活动也是更少的。社区与微观系统间存在一个相对矛盾的现状：社区是更具潜力的融合环境与平台，但社区这一融合平台尚未搭建完善，同时自闭症儿童缺乏利用该平台提升交际互动能力和增加社会融合的机会。而社区化融合模式的运行能够联动、统筹中观系统组织，发掘社区潜力，完善落实宏观指导与政策，为自闭症儿童搭建好社区化融合环境与平台。

微观系统，作为社会生态环境中最核心、最贴近自闭症儿童个体的层次，直接构筑了自闭症儿童生存与成长的基石。这一系统由儿童日常接触的环境与人物构成，深刻影响着他们在特定情境下对活动、角色及人际关系的体验与理解。对于研究者、家长及教师而言，需细致入微地观察自闭症儿童的多方面表现，即便某些问题相对较轻，亦不容忽视其潜在的严重性。我们的目标不在于彻底改变，而在于通过持续的努力，促使他们在各个维度上实现积极转变。

在此过程中，我们应秉持宽容、接纳、引导、灵活、整体性及循序渐进的原则，为自闭症儿童设定切实可行的治疗目标。通过社区化融合治疗策略，我们期望他们能够逐步学会用简单的语言表达需求与愿望，减少对手势的依赖；能够勇敢地与人进行目光交流，展现自信与开放；对家庭、学校及康复机构的活动产生兴趣，打破局限性兴趣与重复刻板行为的束缚；提升社交积极性，享受与人交往的乐趣，从而改善同伴、亲子及师生关系。尤为重要的是，在与自闭症儿童的交流中，我们应尽量避免使用"不正常""有病""有问题"等可能引发反感与抵触情绪的词汇，转而采用更加积极、正面的语言，以建立信任与共鸣。

家庭与幼儿园/学校，作为自闭症儿童生活与成长的关键微观环境，其重要性不言而喻。早期依恋关系的建立，尤其是婴儿与主要照料者之间的情感纽带，对自闭症儿童日后的社交发展具有深远影响。生命的第一年，尤其6个月至1岁是形成稳固依恋关系的黄金时期。因此，保持主要照料者的稳定性，对于构建安全感至关重要。

研究者需深入自闭症儿童及其家庭、学校的生活，亲身体验他们的日常与情感世界，与各方共同经历干预、康复与融合的每一个阶段。质性研究方法在此显得尤为适用，它允许我们对微观层面的社会现象进行细致入微的描述与分析，使研究过程更加透明、生动。同时，研究者也是一名学习者，在与教师、家长及自闭症儿童的互动中，不断反思与调整，共同探索最优的干预康复融合路径，为自闭症儿童的未来点亮希望之光。

第三节　社区化融合与中观系统：协作与统筹

尤里·布朗芬布伦纳的中间系统是指两个或更多的直接环境之间的相互联系，它是随着人进入新的生活环境而形成和扩展。对自闭症儿童来说，家庭与幼儿园及邻里、同伴、群体之间的联系便属于此类。中间系统是一个由直接环境（微观系统）形成的系统。该系统中的社会组织是自闭症儿童生活中直接参与的社会环境，是自闭症儿童社会融合的一线，也是社区化融合模式的重心。家庭与幼儿园的关系是儿童发展环境中重要的中间系统，良好的中间系统环境能为孩子的发展提供支持性影响，反之则会破坏这种支持性影响作用。社区作为外部系统的核心，能够打破中观系统中社会组织间各自为营的局面，构建起以社区为纽带的家庭、学校、医院和康复机构等组织间的联系网。通过接收家庭反馈，统筹和匹配自闭症儿童的个体需求与中观系统的服务内容，帮助自闭症儿童更好地融入中观系统的社会环境中，与不同场景的社会角色建立良好的交际关系，促进他们自身的社会融合。

一、自闭症儿童家庭的支持与保障：社区的关键角色与实际行动

自闭症儿童家庭在承担抚养与教育重任的同时，往往面临经济、精力及心理等多方面的巨大压力，这些挑战对家庭的基本生活质量和教育

环境构成了显著影响。因此，社区作为基层服务的关键力量，必须积极介入，为这些家庭构建一个全方位、多层次的支持体系。

（一）精准识别与定制化援助

社区应启动全面的自闭症儿童家庭调查工作，细致入微地了解每个家庭的具体困境。这包括家庭经济状况、教育资源缺口、家长心理健康状态等。通过数据分析与评估，社区能够精准识别每个家庭的独特需求，进而设计并实施个性化的援助方案。这种定制化支持旨在确保每一份资源都能精准投放到最需要的地方，实现高效、精准的帮扶效果。

（二）构建紧密的社区——家庭支持体系

在掌握家庭需求的基础上，社区应积极构建一个由社区成员、社会组织、志愿者等多方参与的社区——家庭支持网络。这个网络旨在集合社会各界的力量，共同为自闭症儿童及其家庭提供全方位的支持与帮助。通过加强宣传教育，提升公众对自闭症的认识与理解，营造包容、接纳的社会氛围。同时，鼓励邻里间建立互助关系，为自闭症儿童家庭提供情感支持、信息分享及实际帮助，促进社区内的和谐共融。

（三）政策引导与资源链接

社区应充分发挥桥梁作用，积极对接国家及地方政策，确保自闭症儿童家庭能够享受到应有的政策红利。通过政策宣传、解读与指导，帮助家庭了解并申请各项资助与优惠措施。同时，社区还应根据家庭实际情况，灵活运用各类救助资源，如临时救助金、教育补贴、心理辅导等，有效缓解家庭的经济与精神压力。此外，社区还应加强与专业机构的合作，为家庭提供专业的康复指导与培训，提升家庭的照护能力。

（四）营造温馨和谐的社区环境

在物质与精神层面双重支持的基础上，社区还应注重营造温馨和谐的社区氛围。通过组织多样化的社区活动，如亲子运动会、才艺展示、节日庆典等，增进社区居民之间的交流与互动，促进邻里间的相互了解与尊重。在活动中特别关注自闭症儿童及其家庭的参与感与融入度，通过精心设计的环节让他们感受到社区的温暖与接纳。同时，倡导社区居民以更加包容、理解的心态看待自闭症群体，共同营造一个充满爱与关怀的社区环境。

二、社区与医院的协同合作：自闭症早期筛查的重中之重

在自闭症儿童的诊疗路径中，医院无疑扮演着至关重要的角色，负责进行专业的筛查与诊断。然而，由于自闭症认知的普及程度不足，部分家长和公众对该病症缺乏深入了解，导致自闭症儿童在早期阶段容易遭遇漏诊、误诊或延诊的困境。为解决这一问题，社区作为连接家庭与医院的桥梁，其重要性日益凸显，旨在促进自闭症儿童的早发现、早干预、早康复、早融合。

（一）推进社区自闭症早期筛查机制

鉴于自闭症早期筛查在预防与干预中的关键作用，社区应主动承担起这一责任，与医院形成紧密合作，共同构建自闭症早期筛查体系。社区医院应作为基层筛查的主阵地，利用其贴近居民、覆盖面广的优势，开展自闭症初步筛查工作。同时，推动将自闭症早期筛查纳入儿童常规体检项目，使其成为儿童健康管理中不可或缺的一部分，从而实现对自闭症儿童的有效捕捉。

（二）加强自闭症知识普及与宣传

社区应充分利用线上线下多种渠道，加强对自闭症知识的普及与宣传。通过制作易于理解的宣传材料、举办专题讲座、开展亲子活动等方式，向新生儿家庭及广大居民普及自闭症的基本概念、早期症状及干预方法。这有助于提升公众对自闭症的认知度，增强家长对孩子发育异常

的敏感度，促使他们能够及时关注并寻求专业帮助。

（三）建立筛查—转诊—干预无缝衔接机制

为确保自闭症儿童得到及时有效的干预，社区与医院之间应建立筛查—转诊—干预的无缝衔接机制。当社区医院在筛查过程中发现疑似自闭症儿童时，应迅速与上级医院或专业机构建立联系，实现快速转诊。同时，为家长提供必要的心理支持和指导，协助他们完成后续的诊疗流程。医院方面则应加强对转诊儿童的评估与诊断，制订个性化的干预计划，并与社区保持紧密沟通，共同关注儿童的康复进展。

简而言之，社区与医院的协同合作对于推动自闭症早期筛查与干预具有重要意义。通过加强宣传普及、完善筛查机制、建立无缝衔接的转诊体系等措施，我们可以为自闭症儿童创造一个更加友好的成长环境，助力他们早日融入社会。

三、促进普校与特校的连通及融合：自闭症康复融合的保障

随着国家特殊教育提升计划的深入实施，自闭症儿童的受教育机会得到了显著改善，但仍面临诸多挑战。社区作为连接家庭与学校的关键桥梁，需进一步发挥其纽带作用，确保每位自闭症儿童都能根据其认知能力进入最适合的学校，并顺利融入校园生活。

（一）精准对接，个性化安置

鉴于自闭症儿童智力水平的多样性，社区应首先进行细致的评估与分类，明确每位儿童的认知能力状况。对于智力水平正常或接近正常的自闭症儿童，社区应积极推动他们进入本社区或邻近的普通小学就读，参与融合教育。这要求社区与学校建立紧密合作关系，共同制订个性化的教学计划，确保这些儿童能够在包容的环境中学习成长。

（二）特教资源对接，保障特殊需求

对于认知能力较弱、需要更多专业支持的自闭症儿童，社区应主动

协助家长联系并对接合适的特殊教育学校。这包括提供特教学校的信息咨询、申请流程指导以及必要的心理支持，确保这些儿童能够及时获得专业的特殊教育服务，避免其因教育缺失而面临更大的发展障碍。

（三）持续关注，促进校园融合

在解决入校问题后，社区的任务并未结束。为了确保自闭症儿童在校园内得到良好的融合与发展，社区应持续关注他们的学习与生活状况，与校方保持密切沟通。一旦发现儿童在校园中遇到融入困难、误解或冲突，社区应立即协同校方共同解决，为儿童营造一个和谐、包容的学习环境。

（四）加强宣传，提升社会认知

此外，社区还应积极宣传自闭症知识及融合教育的重要性，提升社会各界对自闭症儿童的认知与接纳度。通过举办讲座、展览、亲子活动等形式，增进公众对自闭症儿童的理解与支持，为他们的教育融合创造更加有利的社会环境。

根据以上论述，社区在促进普校与特校的连通及融合教育保障中扮演着不可或缺的角色。通过精准对接、资源协调、持续关注与宣传倡导，社区能够为自闭症儿童提供全方位的支持与保障，助力他们更好地成长与发展。

四、强化社区与康复机构的深度合作：自闭症康复融合的有力保障

面对国内康复机构存在的教师质量不一、管理不规范及费用高昂等挑战，社区作为基层服务平台，可以发挥独特优势，与康复机构建立深度协作关系，共同为自闭症儿童提供更为高效、经济、便捷的服务。

（一）共建社区康复小班

社区可主动提供场地和基础设施，与康复机构合作设立社区内或跨

社区的康复小班。这种模式不仅缩短了自闭症儿童及家长的通勤距离，降低了时间成本，还能有效减少康复机构的运营成本，进而减轻家庭的经济负担。通过社区康复小班，自闭症儿童可以在更加熟悉和便利的环境中接受干预训练，促进其早期康复与发展。

（二）促进专业资源整合与提升

社区应积极推动医院、学校、康复机构之间的一体化协作，构建多元化的支持网络。通过邀请融合教育专家、心理咨询师等专业人士进行指导和培训，增强康复机构的专业化建设，提升一线教师对自闭症儿童教育的认知和能力水平。同时，社区还可以组织定期的学术交流与研讨会，促进各领域专业知识的共享与更新，为自闭症儿童提供更加科学、全面的康复教育服务。

（三）构建终生社会保障体系

中观系统中的家庭、学校、医院和康复机构是自闭症儿童社会融合的重要支撑点。为了保障自闭症儿童的长期福祉，社区应牵头并协调各方资源，逐步建立起贯穿家庭、学校、医院、康复机构和社区的终生社会保障体系。这一体系应涵盖医疗康复、教育支持、心理干预、就业辅导等多方面，为自闭症儿童提供全方位、全周期的支持与保障，助力他们更好地融入社会，实现自我价值。

（四）加强宣传与倡导

此外，社区还应积极宣传自闭症知识及康复教育的重要性，提高社会对自闭症儿童的关注与理解。通过举办公益活动、发放宣传资料、开展在线课程等方式，普及自闭症相关知识，消除公众误解与偏见。同时，倡导社会各界共同参与自闭症儿童的关爱与支持工作，形成全社会共同关注、共同支持的良好氛围。

第四节 社区化融合与外部系统：融合平台建设

外部系统指自闭症儿童本人并没有参与其中的一个或多个生态环境，这些社会环境中所发生的事件同自闭症儿童个体的直接环境中发生的事件产生相互影响。对自闭症儿童来说，对其有影响的外部环境系统主要有父母的工作场所和朋友群、学校、保姆的家庭氛围等。因此，在社区化融合模式中，社区需要与中观系统中家庭、学校、医院、康复机构建立协作统筹关系，也要与宏观系统中的上级政府、教育部门和媒体做好上传下达、政策提议、执行和科普宣传工作。但是社区化融合模式中，最根本的还是社区自身的平台建设。社区自身的平台建设需要整合、优化社区内一切可以利用的资源，要认识到社区环境对自闭症儿童个体的社会融合的重要性。社区化融合模式强调社区成员的包容、参与合作，采用以社区为基础的方法为自闭症儿童提供现实生活中练习和推广社会沟通技能的一切机会。

一、搭建自闭症儿童社区综合关怀与支持平台

该平台旨在打造一个集资源整合、专业服务与情感支持于一体的综合性社区环境，专为自闭症儿童及其家庭量身定制。通过深度融合社区非正式网络（家庭、亲友、邻里及热心志愿者）与正式的社会服务体系，平台致力于提供全方位、个性化的关怀与服务，不仅聚焦于自闭症儿童的成长与发展需求，更强调对家庭整体福祉的增进。平台采取的核心策略与措施如下：

（一）家庭赋能与强化支持网络

在能力提升上，为家庭照顾者提供专业培训与指导，包括自闭症儿

童行为管理、沟通技巧、情绪支持等，以增强其照顾能力。在资源协调上，主动协调并整合社区内外资源，如教育支持、医疗服务、经济援助等，减轻家庭的经济与心理负担。在心理支持上设立心理咨询与支持小组，为家庭照顾者提供情绪宣泄、压力缓解的渠道，促进心理健康。

（二）社区融合与参与

在环境营造上，推动社区环境无障碍化改造，创造包容、友好的社会环境，让自闭症儿童及其家庭感受到归属与尊重。在活动组织上，定期举办面向自闭症儿童的社交技能提升活动、兴趣小组及家庭互动日，促进他们与同龄人的交流，同时增强家庭间的联系与支持。在志愿服务上鼓励并招募志愿者参与自闭症儿童的陪伴、教育辅助及家庭支持等工作，形成积极向上的社区氛围。

（三）专业合作与培训

在专业培训上联合专业机构对社区工作人员、志愿者及家长进行自闭症相关知识的系统培训，包括康复理论、实践技能及心理干预等，确保服务的高质量与专业性。在合作机制上建立与康复托养机构、医疗机构、教育机构等多方合作机制，实现资源共享、信息互通，为自闭症儿童提供连续、全面的服务链条。

（四）评估与反馈

在服务评估上定期对服务效果进行评估，包括儿童发展进步、家庭满意度及社区融合度等方面，以数据驱动服务优化。在反馈机制上建立有效的反馈渠道，鼓励家庭、志愿者及社区成员提出宝贵意见与建议，持续优化服务内容与形式。

通过上述各项措施的实施，我们期望构建一个以自闭症儿童及其家庭为中心，社区广泛参与、专业力量支撑的综合关怀与支持平台，让每一位自闭症儿童都能在爱与理解中成长，每个家庭都能在困境中找到希望与力量。

二、强化社区融合环境，促进自闭症儿童全面社会参与

为了克服传统干预模式的局限，社区需从软件与硬件两个维度出发，精心打造一个更加开放、友好且包容的社会融合环境，为自闭症儿童的社会参与提供有力支持。

（一）软件层面：构建互动与支持的社交网络

1. 建立多方参与的社交生态系统：社区应作为桥梁，联结教育者、家长、治疗师及广大社区成员，形成紧密的合作伙伴关系。通过定期举办研讨会、交流会等活动，分享自闭症儿童教育的最佳实践，共同制订并实施个性化的干预计划。

2. 融入自然主义教学干预：将教学活动融入自闭症儿童的日常生活和社区活动中，如利用社区资源开展户外探索、角色扮演等，使学习成为自然发生的社交过程。这不仅有助于提升儿童的社交技能，还能增强他们的学习兴趣和动力。

3. 推广"大小志愿者"计划：积极招募并培训"大志愿者"（成人志愿者）和"小志愿者"（同龄儿童），为自闭症儿童提供一对一或小组形式的陪伴与支持。通过共同参与游戏、学习等活动，促进自闭症儿童与同龄人的友谊，增强他们的社交互动能力。

4. 强化情感与心理支持：建立自闭症儿童及其家庭的心理支持系统，提供情绪疏导、压力缓解等服务。鼓励家长分享经验、交流心得，形成相互支持的情感网络。

（二）硬件层面：打造无障碍与包容的物理环境

1. 优化物理环境无障碍设计：对社区公共设施进行无障碍改造，如增设坡道、扶手、低位服务台等，确保自闭症儿童能够安全、方便地

出入和使用。同时，提供专用活动场地和设施，满足他们特定的活动需求。

2. 实施视觉友好设计：采用清晰、简洁的视觉元素引导自闭症儿童在社区内自由移动。设置明确的指示标识、色彩编码系统等，帮助他们更好地理解和适应环境。

3. 减少感官刺激：考虑到自闭症儿童可能对某些感官刺激敏感，社区在设计和布置时应尽量减少噪音、强光等不利因素。通过调整照明、使用柔和的色彩和材质等方式，为自闭症儿童创造一个更加舒适的学习环境。

4. 提升交通便捷性：优化社区内的交通流线设计，确保自闭症儿童及其家庭能够便捷地到达各个活动地点。同时，提供必要的交通辅助设施和服务，如接送车辆、安全通道等，保障他们的出行安全。

通过上述诸项措施的实施保障，社区将成为一个更加开放、友好且包容的社会融合环境。在这里，自闭症儿童将能够获得更加全面、深入的社会参与机会，不断提升他们的社交技能、自信心和融入社会的能力。

三、构建全方位的自闭症儿童社会融合服务体系

自闭症儿童的社会融合是一项复杂而深远的社会工程，要求社区建立一套全面、细致且高效的服务工作体系。以下为该体系的三大支柱：

（一）基础保障与经济支持体系

1. 精准识别与援助：建立自闭症儿童家庭数据库，精准识别存在经济和生活困难的家庭，为他们提供个性化的生活保障和经济支持方案，确保每个家庭都能维持基本生活水平。

2. 政策对接与资源整合：积极对接政府相关政策，整合社会资源，

为自闭症儿童家庭争取更多的福利支持，如教育补贴、医疗救助、住房补贴等。

（二）家长培训与家庭康复支持体系

1. 制度化培训：将家长培训和家庭康复指导纳入社区常规工作，定期举办培训课程，邀请专业人士讲解自闭症知识、康复方法、教育策略等，提升家长的照顾能力和教育水平。

2. 互动交流平台：组织"家长沙龙""志愿者沙龙"等活动，为家长提供相互学习、交流经验的机会，同时鼓励家长互助，建立支持性网络，共同面对挑战。

3. 心理健康支持：设立心理咨询服务，为家长提供情绪疏导、压力管理等服务，帮助他们保持积极乐观的心态，更好地陪伴孩子成长。

（三）科普宣传与社区融合促进体系

1. 科普教育：加强自闭症知识的科普宣传，通过社区公告栏、微信公众号、宣传册等多种渠道，普及自闭症的基本知识、教育理念和社会意义，提高社区居民的认知度和接纳度。

2. 倡导包容文化：在社区内营造包容、和谐、友爱的氛围，倡导"人人都是关怀者"的理念，鼓励社区居民积极参与自闭症儿童的社会融合活动，消除偏见和歧视。

3. 融合活动策划：组织丰富多彩的融合活动，如亲子运动会、才艺展示、社区服务等，为自闭症儿童提供展示自我、融入社会的平台，同时也增进社区居民之间的了解和友谊。

通过上述体系的构建与实施，社区将能够为自闭症儿童及其家庭提供全方位、多层次的支持与服务，促进他们的社会融合与全面发展，同时推动社区成为一个更加包容、和谐、友爱的社会单元。

第五节　社区化融合与宏观系统：顶层设计与落地落实

宏观系统是涵盖微观系统、中间系统和外部系统的最大生态环境，是他们中的一些共同的因素，表现为自闭症儿童所在社会的信念和思想体系，如某一社会、某一文化区域、某一国家的思想观念体系等。我国的社区是党和政府政策传递、落实的一线基层组织，也是直接接触、最了解基层实际民情的组织。因此，社区联结着社会环境中的宏观系统、中观系统以及微观系统，是政策冷暖的温度计，需要做好政策的上传下达，切实保障自闭症儿童及其家庭的权益，使其真正感受到国家和社会的关心与关怀，享受到政府和社区的支持与帮助。

一、强化政策制定与完善，护航自闭症儿童权益

社区作为连接上级政府、相关组织及自闭症儿童家庭的重要桥梁，需积极辅助并推动教育教学、社会保障、社会救助等方面政策的完善，确保政策能够精准对接自闭症儿童及其家庭的实际需求。

（一）深化社会保障与经济救助体系

1. 完善社会保障制度：社区应协助上级政府组织，对自闭症儿童及其家庭的社会保障制度进行全面审视与完善。通过调研和数据分析，明确不同困难程度的家庭所需的具体支持措施，确保每个家庭都能获得与其实际情况相匹配的社会保障待遇。

2. 优化经济救助机制：针对自闭症儿童家庭可能面临的经济压力，社区应推动建立更加灵活、高效的经济救助机制。这包括但不限于提高救助标准、简化申请流程、加快审批速度等，确保救助资金能够及时、

准确地发放到困难家庭手中。

3. 反馈与争取政策支持：当现有政策难以有效应对自闭症儿童家庭面临的特殊困难时，社区应主动向上级政府反馈，提出针对性的政策建议。同时，积极争取财政支持，为自闭症儿童及其家庭提供更多的经济援助和社会福利。

（二）加强教育教学政策建设与实施

1. 推动特殊教育政策完善：社区应携手教育部门及自闭症相关机构，共同推动特殊教育政策的完善。这包括制定更加细致、全面的自闭症儿童教育规划，明确教育目标、教学内容、教学方法等关键要素，为自闭症儿童提供更加适合其特殊需求的教育环境。

2. 解决入学难题：针对自闭症儿童入学难的问题，社区应积极参与相关政策的制定与执行。通过协调教育资源、优化入学流程、提供必要的支持服务等方式，帮助自闭症儿童顺利融入学校生活，享受平等的教育机会。

3. 加强法律法规建设：社区还应关注自闭症特殊教育相关法律法规的建设情况，推动相关部门细化相关规定，明确责任主体、权利义务、保障措施等内容。通过法律手段保障自闭症儿童的受教育权益，促进教育公平与正义的实现。

二、强化政策落实，确保自闭症儿童康复服务实效

在自闭症儿童康复服务体系中，政府扮演着核心组织者的角色，而社区则是政策落地的关键执行者。为确保自闭症儿童能够切实享受到高质量的康复服务，社区需将此项工作视为重要的民生工程，采取一系列措施保障政策的有效落实。

（一）纳入政府目标管理与绩效考核

社区应将自闭症儿童康复服务纳入政府年度目标管理和绩效考核体

系，明确工作目标、任务分工和责任主体。通过定期评估、考核和反馈机制，确保各项政策措施得到有效执行，康复服务质量和效果达到预期目标。

（二）健全政策措施，强化监督问责

结合当地实际情况，社区需进一步健全和完善自闭症儿童康复服务的政策措施，细化操作指南，明确服务标准和质量要求。同时，加大对政策执行情况的监督力度，对不作为、慢作为、乱作为的单位和个人进行严肃问责，确保政策红利真正惠及自闭症儿童及其家庭。对于违纪违法行为，要依法依规严肃处理，绝不姑息。

（三）加强部门协作，形成工作合力

各级残联组织、教育、民政、人力社保、卫生计生、市场监管等部门应各司其职、各负其责，同时加强协作配合，形成工作合力。通过定期召开联席会议、建立信息共享机制等方式，加强工作衔接和沟通协调，共同推动自闭症儿童康复服务工作的深入开展。

（四）提升服务水平，促进社会融合

在保障政策落实的基础上，社区还需不断提升自闭症儿童康复服务的专业化、规范化和个性化水平。通过引进专业人才、加强培训指导、优化服务流程等措施，提高服务质量和效率。同时，积极开展社会融合活动，为自闭症儿童提供更多与同龄人交流互动的机会，促进其社会适应能力和生活质量的提升。

概括而言，社区作为政策落实的基层组织，在自闭症儿童康复服务工作中发挥着至关重要的作用。通过强化政策落实、健全政策措施、加强部门协作和提升服务水平等，可以确保自闭症儿童得到更加全面、专业、有效的康复服务，促进其健康成长和社会融合。

三、深化宣传教育与跨界合作，共筑自闭症儿童社会融合桥梁

社区作为联结公众与特殊需求群体的纽带，应致力于加强宣传工作，并积极寻求与其他社会组织的合作，共同推动自闭症儿童社会融合事业的深入发展。

（一）强化宣传教育，提升社会认知

1. 媒体矩阵构建：充分利用电视、广播、报纸、网络、社交媒体等多元化媒体平台，构建全方位的自闭症宣传网络。通过发布科普文章、制作专题节目、开展在线讲座等形式，深入浅出地介绍自闭症知识，提高公众的认知度和关注度。

2. 政策解读与传播：加强对自闭症儿童社会融合服务机制相关政策的解读和传播，确保政策信息准确、及时地传递给社会各界。通过政策宣讲会、在线问答等方式帮助公众理解政策内容，感受国家和政府对自闭症群体的关爱与支持。

3. 典型事迹挖掘与推广：深入挖掘并报道自闭症儿童社会融合的典型事例，展现他们在家庭、学校、社区等不同环境中的成长与变化。通过真实的故事和感人的瞬间，激发社会公众的同情心和责任感，营造关爱自闭症儿童的良好氛围。

（二）跨界合作，共筑支持体系

1. 加强与社会组织的合作：积极与大学生志愿团体、社会志愿团体、家长互助团体等组织建立联系，开展深度合作。通过联合举办公益活动、志愿服务项目等方式，动员更多社会力量参与到自闭症儿童社会融合事业中来。

2. 多元化支持服务：结合各合作组织的优势和资源，为自闭症儿童及其家庭提供多元化、全方位的支持服务，包括但不限于心理咨询、

康复训练、教育辅导、家庭支持、社交技能培训等，帮助自闭症儿童更好地适应社会生活，融入社会大家庭。

3. 资源共享与协同发展：建立信息共享机制，促进各合作组织之间的交流与协作。通过定期召开联席会议、举办工作坊、开展联合调研等方式，共同研究解决自闭症儿童社会融合过程中遇到的问题和挑战，推动事业的持续进步与发展。

第六节　自闭症儿童社区化融合模式的实用价值

本书的研究根植于社会生态学的深邃视角，深入剖析自闭症儿童病症萌生的复杂社会生态环境，并据此探索一套社会生态导向的治疗、康复及融合策略。这一过程中，构建与运行自闭症儿童在社会生态框架下的社区化融合模式，不仅为自闭症儿童个体带来深远的理论与实践价值，也对自闭症家庭乃至整个社会产生积极的影响。

一、自闭症儿童成长与能力提升的桥梁

（一）社交技能的实战演练场

自闭症儿童在社区化融合模式的引导下，将获得在真实且自然的环境中锻炼和提升社交技能的宝贵机会。这一模式鼓励他们将所学技能灵活应用于多元化的社交场景，实现从严格控制的干预环境到复杂多变的现实生活的无缝过渡。每一次与社区成员的互动，都是对孩子们社交技巧的一次实战考验，促使他们在实践中学习，在学习中成长。

（二）友谊与自信的孵化器

社区不仅是自闭症儿童学习社交技能的场所，更是他们拓展社交

圈、建立深厚友谊的温馨家园。在这里，孩子们能够遇到志同道合的朋友，共同经历欢笑与挑战，建立起纯真无邪的友谊。这种被接纳与重视的感觉，如同温暖的阳光照亮他们的心灵，不仅可以增强他们的自尊心和自信心，还会让他们深切感受到甜蜜的归属感。社交圈的扩大和社会接触的增加，将极大地丰富他们的生活体验，让他们的世界变得更加多彩多姿，幸福感油然而生。

二、家庭负担的显著减轻与幸福感的提升

（一）社会支持体系的坚实后盾

自闭症儿童家庭在社区化融合模式的助力下，将迎来前所未有的支持力量。这一模式不仅推动了社会服务工作体系的全面优化，还构建了一套更加完善、覆盖各级的保障制度。通过经济援助和人力资源的双重支持，家庭面临的经济压力得以有效缓解，同时也获得了更多专业的指导和帮助，显著增强了家庭的应对能力。这种全方位的支持，如同为家庭撑起了一把保护伞，让家庭成员能够更加专注于孩子的成长与康复。

（二）情感关怀的温暖传递

社区化融合模式不仅为自闭症儿童家庭提供物质上的支持，更在情感上给予他们极大的慰藉。随着孩子逐渐融入社区，家庭也会感受到来自社会各界的温暖与关怀。这种关怀不仅体现在具体的帮助和行动上，更通过心灵的交流与共鸣，让家庭成员感受到被理解、被尊重的价值。这种情感的顺畅传递，如同春雨般滋润着家庭成员的心田，能够极大地提升家庭的幸福感和归属感。

三、科学精准评估与持续优化机制

(一) 评估体系的科学构建

为确保社区化融合模式效果的精准评估,本书构建了一套科学且全面的评估体系。该体系深度融合了质性研究与量化分析的优势,通过多维度、多层次的评估手段,力求全面捕捉自闭症儿童在成长过程中的细微变化。质性研究部分,我们深入访谈了自闭症儿童的家长、教师及社区相关人员,通过他们的故事与观察,深入了解儿童在社交技能、情感表达、行为模式等方面的进步与挑战。量化研究则依托标准化的评估工具,如克氏行为量表(CBS)等,对关键指标进行前后对比测试,以数据形式直观展现干预效果,确保评估结果的客观性与准确性。

(二) 持续优化与动态调整

评估不仅是对过去成果的总结,更是未来优化的起点。我们建立了持续反思与方案优化的机制,鼓励所有参与者在实践中不断总结经验,勇于提出改进意见。通过定期的反馈会议、案例分享会等形式,促进团队成员之间的深入交流与思想碰撞,将实践经验转化为理论智慧,又将新的理论成果融入实践之中。这一过程推动了理论与实践的深度融合,确保干预方案能够紧跟时代步伐,适应儿童发展的实际需求,实现持续优化与动态调整。

四、自闭症儿童社区化融合模式的广泛社会价值

(一) 社会治理理念的生动实践

自闭症儿童社区化融合模式,是对"共建共治共享"社会治理理念的深刻践行。它促进了政府、社会组织、家庭及个体之间的紧密合作,共同为自闭症儿童这一特殊群体构建一个关爱与支持的网络。这一

过程中，社会各界团结协作，形成了强大的合力，不仅可以体现对特殊群体的深切关怀，也会推动社会治理模式的创新与发展。

（二）公共服务体系的优化升级

该模式的推广，直接促进了我国公共服务体系的完善与升级。通过优化资源配置，提升服务效能，为自闭症儿童及其家庭提供了更加全面、专业、个性化的支持。从医疗康复到教育支持，从心理干预到社会融入，每一个环节都体现了对特殊需求群体的深切关注与积极回应。

（三）基层社会治理的精细化提升

社区作为基层社会治理的基本单元，将在自闭症儿童社区化融合中发挥关键作用。通过提升社区治理的精细化水平，不仅可以增强社区对特殊群体的包容性与支持力，还可促进社区成员之间的相互理解与尊重，构建了和谐共生的社区精神家园。这种以社区为基础的治理模式，为构建更加公平、包容、和谐的社会环境提供有力支撑。

（四）推动社会包容与和谐氛围的营造

自闭症儿童社区化融合模式，其更深层次的社会价值在于对社会包容性的促进与和谐氛围的营造。它打破了社会对特殊群体的偏见与隔阂，鼓励公众以更加开放、理解和接纳的心态去关注和支持自闭症儿童。这种基于包容性的社会环境，不仅为自闭症儿童提供了更加宽广的成长空间，也促进了社会整体在多元共存中的和谐与进步，为构建更加文明、和谐的社会奠定了坚实基础。

由此可见，自闭症儿童社区化融合模式的社会价值广泛而深远，它不仅推动了我国社会保障制度、公共服务体系及基层社会治理的完善与发展，更在促进社会包容与和谐氛围的营造方面发挥了积极作用。这一模式的成功实践，为自闭症儿童的全面融合与幸福成长开辟了广阔道路，也为我国社会文明进步贡献了重要力量。

五、自闭症儿童社区化融合：社会包容与和谐的强劲动力

（一）重塑认知，构建包容性社会

自闭症儿童社区化融合模式的首要贡献在于它有力地打破了社会对特殊群体的刻板印象与无形壁垒。通过这一模式，公众得以深入了解自闭症儿童的独特需求与潜能，从而促进了社会对他们的深度认知与广泛接纳。这种转变不仅为自闭症儿童营造了更加包容的社会环境，还激发了社会整体的多元共存意识，增强了社会在多样性中的和谐与进步，有力推动了社会文明向更加开放、包容的方向发展。

（二）强化共融，促进社会和谐

该模式通过促进自闭症儿童与社区的深度融合，进一步强化社会的共融理念。它不仅可以为自闭症儿童提供展示自我、融入社会的平台，还能鼓励社区成员之间的相互理解、尊重与支持。这种基于共融的社区氛围，不仅可以提升自闭症儿童的幸福感与归属感，还可促进社区整体的和谐稳定，为构建和谐社会奠定坚实基础。

（三）社会治理创新的典范

自闭症儿童社区化融合模式是对"共建共治共享"社会治理理念的生动实践。它通过搭建公共化社会联结平台，强化社会各界在关爱特殊群体方面的团结协作，展现社会治理的创新活力。这一模式不仅为其他特殊群体关爱体系的构建提供宝贵经验，还可以推动社会整体关爱氛围的浓厚与升华，成为社会治理创新的典范。

（四）公共服务体系的优化与提升

在完善我国基本公共服务体系方面，该模式同样发挥了重要作用。通过精准对接社区资源、优化服务流程、提升服务质量，它为自闭症儿童及其家庭提供了全方位、个性化的支持体系。这种以需求为导向的公

共服务模式，不仅能够增强公共服务的普惠性和针对性，还会推动社会服务生态的持续优化与提升。

（五）基层社会治理能力的展现与提升

在社区层面，自闭症儿童社区化融合模式展现了基层社会治理的强大能力。通过强化党组织的领导核心作用，发挥其在服务与管理中的引领作用，该模式成功构建了一个和谐共生、认同度高的社区精神家园。这一实践不仅提升了社区治理的精细化与科学化水平，还为探索新时代社会治理新模式提供了有益借鉴与深刻启示。

基于以上论述，自闭症儿童社区化融合模式以其独特的价值与实践成果，成为推动我国社会包容与和谐发展的重要力量。它不仅为自闭症儿童及其家庭带来了福祉与希望，更为我国社会保障体系的完善、公共服务能力的提升、基层社会治理的强化及共同富裕目标的实现注入了强劲动力。

本书深植于自闭症儿童的真实生活土壤，通过对社区化融合机制的深刻洞察与细致剖析，旨在揭开自闭症儿童融入社会的复杂面纱，探寻其背后的根本问题，并致力于寻找切实有效的解决之道。在这一过程中，研究者携手家长、教师、社区工作者及社会各界爱心人士，共同编织了一张由理解、尊重与支持构成的康复融合网络，为自闭症儿童打造了一个既安全又充满温情、既自由又和谐的成长环境。

本书不仅是一次对社区化融合路径的勇敢探索与实践，更是一场关于社会生态化治疗、康复与融合策略的深刻反思与总结。通过详尽的案例研究、数据分析与经验提炼，本书不仅验证了社区化融合模式在促进自闭症儿童社会融入方面的可行性与有效性，还深入剖析了其内在作用机制，为特殊教育工作者、一线教师及家长提供了极具操作性的实践指南与策略建议。

六、自闭症儿童社区化融合的未来愿景与深远社会影响

（一）开创并引领关爱服务新篇章与新纪元

自闭症儿童社区融合模式的崛起，无疑为关爱服务体系翻开了崭新的一页，预示着一个充满创新与希望的新纪元的到来。这一模式彻底革新了传统框架，实现了康复、教育与社区支持之间的无缝衔接，为自闭症儿童在社会大舞台上的全面成长铺设了坚实的道路。其不断演进与优化的过程，不仅是对自闭症儿童关爱的深刻实践，更为其他特殊需求群体的关怀照亮了前行的方向。

作为关爱服务体系中的璀璨新星，自闭症儿童社区融合模式正逐步确立其在未来发展中的核心地位，成为引领潮流的风向标。它勇于跨越传统服务模式的界限，将康复、教育、社区服务等多元化要素精妙融合，构建一个全方位、立体化的支持体系。同时，该模式还高度重视个体在社会生态系统中的全面发展，强调通过社区的温暖怀抱促进自闭症儿童的健康成长。

随着这一模式的持续深耕与广泛传播，它将为更多特殊需求群体提供可复制、可推广的成功范例，激发社会各界对关爱服务的深度思考与积极探索。未来，关爱服务体系将在这一模式的引领下，向着更加人性化、科学化、高效化的方向阔步前行，让关爱的阳光洒满每一个角落，温暖每一颗需要关怀的心灵。

（二）加速并推动社会和谐共进的引擎与加速器

自闭症儿童社区融合模式的成功实践，如同一股强劲的东风，不仅为自闭症儿童及其家庭送去了温暖的希望，更成为推动社会和谐与进步不可或缺的加速器。它如同一座桥梁，将加深公众对特殊群体深层次的理解与尊重，促进不同文化之间的交流与融合，极大地丰富社会的多元

色彩，并显著提升社会的整体包容性。

随着这一模式的广泛传播与深入实施，其影响力如同涟漪般扩散开来，将吸引社会各界力量的积极响应与参与。公益组织、企业、政府以及每一个关心社会进步的个体，纷纷将目光投向这一领域，汇聚成一股强大的正能量，共同致力于构建一个更加开放、公正、包容的社会生态。这一过程中，不仅自闭症儿童及其家庭的生活质量得到显著提升，更促进整个社会对特殊群体权益的关注与保障。

更为重要的是，自闭症儿童社区融合模式为实现社会的均衡发展与共同富裕目标提供了坚实的支撑。通过提升特殊群体的生活质量和社会参与度，该模式有效缩小了社会群体之间的差距，促进了社会资源的公平分配与利用。在此基础上，社会的全面繁荣与发展得以加速推进，每一个生命都得以在和谐共进的氛围中绽放出独特的光彩。

结语

自闭症儿童的语言康复、社会融合
与未来展望

自闭症儿童的交际话语障碍及其在社区环境中的融合难题，构成了自闭症社交障碍的核心议题。传统研究往往侧重于通过对比分析法，在控制实验环境中揭示自闭症人群交际话语障碍的特异性表现。然而，社会生态系统互动视角下的研究，则开辟一条新的路径，它根植于社会生态学、弱中央统合理论、会话分析以及社会建构主义等多元理论基础之上，采用交际话语会话分析作为方法论工具，深入探索自闭症儿童在自然、真实的互动场景中的表现。

这一视角的研究特别关注自闭症儿童在互动过程中的注视行为特征及其背后的交际意图，揭示他们如何运用语言、手势、注视、呼喊及面部表情等多渠道、多模态的沟通方式积极参与社会互动。研究发现，尽管面临挑战，自闭症儿童仍展现出强烈的适应当前互动情境的意愿与能力，他们努力通过多种手段表达自己的意图，以实现有效的语言交际和社会融合。

此类研究不仅弥补了以往研究中对自闭症儿童在自然互动环境中交际能力理解的不足，还为我们重新审视自闭症人群在社会交往中的潜力和成就提供了新的视角。它启示我们，自闭症儿童并非完全孤立于社交世界之外，而是具有独特而丰富的交际策略，值得我们以更加包容、理解和支持的态度去认识和帮助他们，促进他们在社区中的成功融合。

第一节　自闭症儿童的社会交际话语障碍
康复与社会融合

随着自闭症儿童群体的显著增长及其病理复杂性的日益凸显，一场跨学科的研究风暴正在席卷社会学、心理学、语言学、医学及康复科学等多个学术领域，力求实现对这一神经发育障碍更为全面而深刻的认知。自闭症的核心症状——社交互动障碍、兴趣狭隘及重复刻板行为，特别是非言语沟通中的注视行为异常，已成为当前研究的热点与前沿。这些非言语行为的异常，在日常社交互动中占据举足轻重的地位，直接阻碍了自闭症个体融入社会的步伐。

自闭症研究以前多聚焦于语言障碍的剖析，详尽探讨了词汇处理、语义理解、语用能力、叙事结构及会话策略等方面的难题[①]。然而，对于非言语沟通，尤其是注视行为的探索，因技术瓶颈与方法论的局限而进展缓慢。眼动追踪技术的突破性进展，如同暗夜中的明灯，为这一领域的研究开辟了新路径。该技术使得研究者能够以前所未有的精确度捕捉并分析自闭症患者的注视轨迹，进而深入探究其社会注意、共同注意、视觉信息处理及语义整合等核心认知机制。

在国内，尽管自闭症交际话语障碍的研究起步较晚，近年来却呈现出蓬勃发展的态势。一系列创新研究如雨后春笋般涌现，不仅涵盖自闭症儿童指称行为的多样性、句末语气词与韵律对反语理解的影响等语言层面，还深入探讨媒体对自闭症报道的话语构建等社会文化层面，展现

---

① 马博森，李发睿，曾小荣．多模态互动视角的注视研究评骘：自闭症研究的新转向［J］．兰州大学学报（社会科学版），2022，50（2）：112-121.

了多维度、多层次的研究视野。

然而，社交互动的本质在于其多模态性，注视、言语、面部表情、手势及肢体动作等共同编织成一张复杂的交流网络。当前，针对自闭症人群在自然交际情境下的多模态注视行为的研究尚显匮乏，实验室环境下的单一模态分析难以全面捕捉其真实社交场景中的注视特征。因此，提升研究的生态效度，深入探索自闭症患者在复杂社会互动中的多模态注视模式，成为当前研究的迫切需求。

在此背景下，社会生态系统理论、弱中央统合理论及社会建构主义等多元理论视角的融入，为理解自闭症儿童的交际话语障碍及其社区融入提供了新颖的理论框架与研究路径。这些理论强调互动、环境、文化及个体主体性的综合考量，有助于我们更全面地揭示自闭症患者在真实社交场景中所面临的挑战与潜力，为制定更加精准、个性化的干预治疗和康复融合策略奠定坚实的理论基础和科学实践依据。

第二节　未来展望：自闭症康复和融合的机遇与挑战

本书详尽地整合国内外自闭症儿童在交际话语障碍领域的最新研究成果，不仅深入剖析当前的研究进展，还从社会生态系统理论的维度出发，探索并构建一套旨在促进自闭症儿童在社区中有效融合的实践模式。此举旨在为国内相关研究领域的学者与专家提供极具价值的参考框架与启示，以期激发更多创新思考与实践探索。

笔者认为，国内学术界应秉持开放包容的态度，积极吸纳并融合国内外先进的研究成果，同时加强跨学科间的紧密合作，共同搭建起自闭症交际话语研究的桥梁。我们倡导将人工智能（Artificial Intelligence，AI）、数字赋能技术及互联网大数据等前沿科技融入自闭症的诊断、干预与康复过程，以期通过科技的力量为自闭症群体及其家庭带来实质性的帮助与改善，提升他们的生活品质与幸福感。

此外，还需特别强调要加强、加大对大龄自闭症患者及成人自闭症群体的关注与研究，这是构建全面、包容且持续发展的康复与融合体系不可或缺的一环。笔者坚信，通过不懈的努力与探索，能够为不同年龄段的自闭症患者提供更加个性化、精准化的支持与服务，最终推动整个社会向着更加理解、接纳与包容的方向迈进。

一、自闭症康复与融合+社会生态环境

社会生态系统视角下的自闭症社区化融合研究，深刻揭示以生态观为框架审视自闭症儿童内外环境因素交互作用的重要性，这一研究路径具有深远且独特的价值。未来的研究方向将更加聚焦于构建一个综合性的研究体系，即将自闭症儿童置于个体、家庭与社会环境相互交织的动态系统中，实现从个体焦点向全面生态系统探索的转变。

自闭症儿童的社区化融合模式，通过构建包容性社区环境，创造自然干预契机，并强化社区内部及与其他社会组织的协同合作，为提升自闭症儿童的社会交际能力开辟新路径。此模式不仅促进儿童将社交技能有效迁移至多元社会生活场景，增强其社会互动能力与人际关系构建能力，还赋予他们在社区中健康成长、建立深厚归属感的宝贵机会。同时，这种融入感与成就感显著提升他们的自尊、自信，为他们营造被接纳与尊重的社会氛围。

对于自闭症儿童的家庭而言，社区化融合模式如同一股温暖的力量，通过经济援助、人力支持等多维度服务，有效缓解家庭面临的多重压力，增强家庭的整体福祉。

更宏观地看，这一模式对于推动我国社会保障制度的完善、社会公共服务体系的优化、基层社会治理的强化乃至共同富裕目标的实现均具

有重要意义。它不仅是对自闭症群体特殊需求的积极回应，更是构建更加和谐、包容社会的关键一环。

然而，社区化融合模式的实施亦非坦途，面临资源分配不均、专业人才短缺、持续运行保障等挑战。因此，持续优化模式设计、加强跨领域合作、推动技术创新成为未来工作的重点。特别是随着人工智能与数智化技术的迅猛发展，探索如何将这些高科技元素融入自闭症儿童的康复干预与社会融合中，将是推动社区化融合模式创新发展的关键所在。通过科学利用这些技术，笔者可以期待为自闭症儿童创造一个更加智能化、个性化的社会融合环境，让他们在这个充满爱与支持的世界中绽放光彩。

二、自闭症康复与融合+人工智能（AI）

近年来，自闭症康复训练领域迎来了前所未有的变革，其核心驱动力正是人工智能技术（AI）与数智化技术的迅猛发展①。随着脑成像技术的精进与自闭症人群交际话语数据的深度挖掘，AI 在辅助自闭症诊断与干预方面已取得突破性进展，预示着该领域将迎来更加广阔的应用前景。AI 作为模拟并执行人类智能任务的科技先锋②，正逐步成为缓解自闭症诊断与干预资源紧张问题的关键力量。

面对自闭症发病率持续攀升与医疗资源相对匮乏的双重挑战，国内外研究者纷纷投身于 AI 在自闭症早期识别、治疗辅助及康复过程中的应用研究。在国内，这一趋势尤为显著，如中山大学第三附属医院与昆山杜克大学计算机系的合作，他们利用多模态数据分析技术，积极探索

① PORAYSKA - POMSTA K, FRAUENBERGER C, PAIN C H, et al. Developing technology for autism: An interdisciplinary approach [J]. Personal Ubiquitous Computing, 2012, 16 (2): 117-127.
② 冯志伟. 人工智能领域：得语言者得天下 [J]. 语言战略研究, 2018, 3 (5): 1.

AI 在自闭症辅助诊断中的应用潜力；而浙江大学自闭症儿童交际行为智能分析团队，则巧妙融合多模态交际数据与医学生化数据，进一步推动 AI 在自闭症诊断领域的实践。

自闭症诊疗康复结合人工智能，意味着在自闭症谱系障碍的诊疗全链条中，AI 技术发挥着不可或缺的作用。详而言之，其贡献体现在以下几方面：

（一）精准辅助诊断

AI 通过深度解析患者的临床表现、行为特征以及医疗记录，协助医生实现更为准确的诊断。机器学习算法对语言模式、社交互动等多维度数据的分析，显著提高了诊断的精确度与效率。

（二）个性化治疗规划

鉴于 ASD（自闭症谱系障碍）患者间的巨大个体差异，AI 能够根据每位患者的具体情况，定制出最适宜的治疗方案。基于海量治疗成效数据的分析，AI 能够精准推荐干预策略，确保治疗方案的针对性和有效性。

（三）动态监测治疗效果

AI 系统能够持续跟踪患者的治疗进展，通过实时数据分析，及时调整治疗方案。这种动态调整机制确保治疗过程的高效与灵活，加速患者的康复进程。

（四）创新康复训练模式

AI 引入虚拟现实（Virtual Reality，VR）与增强现实（Augmented Reality，AR）技术，为康复训练开辟新路径。患者可以在高度仿真的环境中，反复练习社交技能和日常生活技能，从而在安全、可控的条件下逐步提升自我能力。

（五）智能化教育支持

AI 还致力于开发针对 ASD 患者的个性化教学应用，通过智能软件提供语言、社交技巧等全方位的教学指导。这些应用能够根据学生的学习进度自动调整教学内容，实现教育的精准化与高效化。

（六）强化家庭支持体系

AI 技术还延伸至家庭领域，通过移动应用或智能设备，为 ASD 患者家庭提供全天候的监控与指导。这不仅有助于家长更好地理解和支持孩子，也能减轻家庭的心理与经济负担。

总而言之，人工智能技术的引入为自闭症的诊疗与康复带来革命性的变化，实现从诊断到治疗、从康复训练到家庭支持的全方位覆盖。未来，随着技术的不断进步与应用的持续深化，我们有理由相信，AI 将为更多 ASD 患者及其家庭带来希望与福祉。

三、自闭症康复与融合+数字赋能

数智赋能在提升 ASD 康复效果方面发挥至关重要的作用，它通过深度融合现代数智技术，显著增强传统康复治疗的效能。以下是数智赋能如何具体提高 ASD 康复效果的几个关键方面：

（一）个性化治疗方案的深度定制

利用大数据分析技术，可以全面解析患者的行为模式、学习风格及特定需求，从而制订出高度个性化的康复计划。这种精准匹配不仅提升治疗的针对性，还加速患者的康复进程，确保治疗的有效性。

（二）智能辅助工具的广泛应用

智能 APP、可穿戴设备以及辅助通信工具等，为患者提供随时随地的学习与练习机会。这些工具通过游戏化设计、个性化反馈等方式，使康复训练更加有趣且高效，有效激发患者的参与度和积极性，促进社交技能、语言能力和日常生活技能的提升。

（三）远程医疗服务的普及

远程医疗平台打破地域限制，使得优质康复资源能够覆盖到偏远地区的患者。患者无需长途跋涉即可享受到专业的康复指导，大大减轻家庭的经济负担和时间成本。同时，治疗师也能更灵活地安排工作时间，提高服务效率。

（四）虚拟现实（VR）与增强现实（AR）技术的创新应用

VR 和 AR 技术为患者创造一个安全、可控的模拟社交环境，使他们在无压力的情况下反复练习社交技能。这种沉浸式体验不仅增强患者的参与感，还促进他们在实际社交场景中的适应能力，显著提升社交技能的掌握程度。

（五）数据驱动的实时反馈与动态调整

通过持续收集患者的康复数据，人工智能系统能够迅速分析并生成实时反馈，帮助治疗师及时了解患者的进步与问题所在。这种数据驱动的决策机制使得治疗方案的调整更加迅速和准确，确保治疗效果的最大化。

（六）家庭支持与教育的强化

数智赋能还体现在为患者家庭提供的全方位支持上。通过在线教育资源、家长支持群等方式，帮助家属更好地理解和应对 ASD，提升他们的照护能力。同时，家属也能更积极地参与到患者的康复过程中，形成治疗师、患者与家属之间的良好互动，共同推动康复目标的实现。

概括来说，数智赋能通过个性化治疗、智能辅助、远程医疗、虚拟现实、数据分析与反馈以及家庭支持与教育等多个维度的创新应用，显著提高 ASD 的康复效果，为患者及其家庭带来更加高效、精准和便捷的康复体验。

四、自闭症康复与融合+互联网大数据

ASD 诊疗康复与互联网大数据的深度融合。ASD 作为一种复杂的神经发展性病症，其诊疗康复之路历来布满荆棘，却也孕育着创新与突破的机遇。随着科技的疾驰前行，特别是互联网与大数据技术的日臻完善，它们如同春雨般渗透至 ASD 诊疗康复的每一个角落，为这一领域注入前所未有的活力与变革。

（一）ASD 诊疗康复的基石

1. ASD 的本质探索：ASD 深刻影响着患者的社交交流、语言沟通、行为模式乃至兴趣范畴，其症状表现跨度广泛，从细微差异到显著障碍，每位患者都是独一无二的个体，拥有其专属的体验与需求。

2. 诊疗流程的精细化：诊疗过程始于全面而细致的评估，涵盖社交互动、沟通能力、行为举止等多个维度，旨在为每位患者量身定制治疗策略。治疗手段百花齐放，包括行为干预、语言康复、职业治疗及必要的药物治疗等，旨在多维度促进患者发展。

3. 康复目标的明确化：康复之路聚焦于提升患者的社交技能，增强生活自理能力，并努力改善伴随症状，通过一系列专业且个性化的干预措施，助力患者更好地融入社会，享受生活的美好。

（二）互联网大数据的赋能

1. 数据海洋的汇聚：互联网以其无远弗届的能力，汇聚 ASD 患者的海量数据，从健康档案到治疗进展，从生活习惯到环境因素，这些数据如同星辰般璀璨，为深入理解 ASD、优化诊疗策略提供宝贵的资源。

2. 分析利器的应用：大数据分析技术犹如一把钥匙，解锁数据背后的秘密，揭示 ASD 病理机制的复杂网络，为医生和研究者提供前所未有的洞察力，助力他们更精准地制定治疗方案，推动治疗方法的不断

创新与升级。

（三）融合实践的璀璨成果

1. 个性化诊疗方案的诞生：基于大数据的精准分析，每位 ASD 患者都能获得量身定制的诊疗与康复计划，确保治疗方案的精准无误，直击患者需求的核心。

2. 远程医疗服务的普及：互联网打破地域的界限，使得高质量的诊疗与康复服务能够跨越千山万水，惠及偏远地区及行动不便的患者，极大地提高医疗服务的可及性。

3. 患者与家庭的成长之路：在线平台成为患者及其家庭获取知识、寻求支持的温馨港湾，丰富的教育资源与心理支持增强他们的信心与勇气，共同推动康复进程的顺利进行。

4. 科研协作的新篇章：互联网大数据促进 ASD 领域内的广泛交流与合作，加速新知识、新技术的传播与应用，推动整个学科的蓬勃发展。

5. 实时监测与即时调整：智能穿戴设备与远程监控系统的应用，实现对 ASD 患者生理与行为指标的实时追踪与反馈，为治疗师提供宝贵的即时信息，确保治疗方案的灵活调整与持续优化。

总之，ASD 诊疗康复+互联网大数据的深度融合，不仅能提升诊疗效率与质量，更在个性化与可访问性方面实现质的飞跃，为患者及其家庭点亮希望之光。这一融合趋势正引领着 ASD 诊疗康复领域迈向智能化、精准化的新时代，为人类的健康福祉贡献着不可估量的力量。

五、自闭症康复与融合+高等教育

在总结与展望的华章中，一件具有里程碑意义的事不容忽视：2024 年 5 月 15 日，教育部庄重公示了《关于拟同意设置本科高等学校的公示》，该决定严格遵循《中华人民共和国高等教育法》及《普通高等学校设置暂行条例》等法律法规精神，并基于第八届全国高等学校设置评议委员会的深入调研与评议，经教育部党组深思熟虑后，正式批准了包括康复大学在内的 24 所新设本科院校。随后，5 月 30 日，教育部正式发布文件确认康复大学的设立，山东省人民政府亦于 6 月 18 日发出相应通知，标志着康复大学这一宏伟蓝图的圆满奠基。

康复大学，作为国内外首所专门以"康复"命名的公立本科高等学府，其诞生不仅填补了国内外高等教育在康复领域的空白，更是国家对康复事业高瞻远瞩、战略部署的生动体现。该校由山东省人民政府领衔，汇聚教育部、中国残疾人联合会、国家卫生健康委员会及青岛市等各方智慧与力量，共同打造成为集科学研究、教育教学、创新实践于一体的高端研究型大学。

康复大学坐落于山东省青岛市这片风景旖旎之地，占地辽阔，首期校园即覆盖 1360 亩，建筑面积雄伟壮观，达 53 万平方米，总投资规模高达 63 亿元人民币，预示着其宏伟的教育蓝图与坚实的办学基础。学校规划全日制学生规模达一万人，本科生与研究生各占半壁江山，彰显了其培养高层次康复专业人才的坚定决心。

康复大学秉持跨学科融合的创新理念，以康复学科为基石，开创性地构建"康复+"教育模式，深度融合医学、理学、工学、管理学、教育学、社会学等多学科优势，形成独树一帜的学科体系。目前，该校已蓄势待发，准备在 2024 年首批开设康复物理治疗、康复作业治疗、生物医学工程、生物信息学及临床医学等前沿专业，旨在培育兼具国际视野与创新能力的高素质康复专业人才。

康复大学不仅肩负着知识传承与创新的使命，更将服务国家康复事业高质量发展视为己任。通过深化产教融合、科教融合，汇聚国内外顶尖师资，打造一流学科平台，为国家和区域经济社会发展贡献智慧与力量。尤为重要的是，这所大学的建立为包括自闭症患者在内的广大残疾人群体点亮了希望之光，提供了前所未有的发展机遇，成为推动我国健康中国战略与教育强国建设的重要推手，标志着中国社会在残疾人事业及高等教育领域迈出了坚实而重要的一步。

参考文献

一、中文文献

(一)著作

[1]黄伟合.儿童自闭症及其他发展性障碍的行为干预[M].上海:华东师范大学出版社,2000.

[2]梁丹丹.儿童语言障碍引论[M].北京:商务印书馆,2017.

[3]吕叔湘.汉语语法分析问题[M].北京:商务印书馆,1979.

[4]上海元远教育.幼小衔接阶梯教程:看图说话:第3册(儿童读物)[M].上海:同济大学出版社,2018.

[5]束定芳.隐喻学研究[M].上海:上海外语教育出版社,2000.

[6]王力.中国现代语法[M].北京:商务印书馆,1985.

[7]五彩鹿孤独症研究院.中国孤独症教育康复行业发展状况报告[M].北京:光明日报出版社,2024.

[8]习近平.高举中国特色社会主义伟大旗帜 为全面建设社会主义现代化国家而团结奋斗:在中国共产党第二十次全国代表大会上的报告[M].北京:人民出版社,2022.

[9]徐赳赳.现代汉语篇章语言学[M].北京:商务印书馆,

2010.

[10]郑杭生. 和谐社区建设的理论与实践：以广州深圳实地调查为例的广东特色分析[M]. 北京：党建读物出版社，2009.

（二）译著

[1]美国精神医学学会. 精神障碍诊断与统计手册（案头参考书）（第五版）[M]. 张道龙，等译. 北京：北京大学出版社，2016.

[2]美国精神医学学会. 精神障碍诊断与统计手册（第五版-修订版）[M]. 张道龙，肖茜，邓慧琼，等译. 北京：北京大学出版社，2024.

[3]世界卫生组织. 国际疾病分类手册（第十一版）[M]. 世界卫生组织，译. 北京：北京大学出版社，2024.

（三）期刊

[1]安维复. 社会建构主义：后现代知识论的"终结"[J]. 哲学研究，2005(9).

[2]曹淑芹，方俊明. 自闭症儿童汉语词汇语义加工和图片语义加工的实验研究（综述）[J]. 中国特殊教育，2010(10).

[3]陈冠杏，庄姣娇，卢英俊. 普通幼儿与自闭症幼儿汉语叙说能力比较研究[J]. 中国特殊教育，2015(8).

[4]陈平. 汉语零形回指的话语分析[J]. 中国语文，1987(5).

[5]陈顺森，白学军，沈德立，等.7~10岁自闭症谱系障碍儿童对情绪面孔的觉察与加工[J]. 心理发展与教育，2011,27(5).

[6]陈顺森，白学军. 自闭症幼儿对多重竞争条件下熟悉面孔的注意偏向[J]. 心理与行为研究，2013,11(5).

[7]陈巍，丁峻，陈箐灵. 社会脑研究二十年：回顾与展望[J]. 西北师大学报（社会科学版），2008(6).

[8]程燕华，马博森. 高功能孤独症儿童与普通儿童会话修正行为

对比研究[J].中国特殊教育,2022(2).

[9]程燕华,马博森.汉语自闭症儿童与正常发展儿童叙事话语中的多模态指称行为分析[J].外国语文研究(辑刊),2019,10(1).

[10]程燕华,马博森.自闭症谱系障碍儿童指称行为研究综述[J].中国特殊教育,2019(9).

[11]段悬峰,郑月霞.自闭症儿童语言障碍表现及训练方法综述[J].现代特殊教育,2015(4).

[12]冯立安,钟诚,曹国娜.社区照顾模式下自闭症儿童社会支持系统构建的可行性研究:基于长春市C社区自闭症儿童关爱保护项目的实践[J].劳动保障世界,2020(21).

[13]冯志伟.人工智能领域:得语言者得天下[J].语言战略研究,2018,3(5).

[14]高世欢,陈顺森,苏彦捷,等.视觉正常的自闭症儿童双眼注视点间距的特点及其意义[J].心理学报,2019,51(9).

[15]顾正品.社区工作的主要模式·社区照顾模式(一)[J].中国社会工作,2019(31).

[16]韩玉昌.眼动仪和眼动实验法的发展历程[J].心理科学,2000(4).

[17]郝艳斌,王福兴,谢和平,等.自闭症谱系障碍者的面孔加工特点:眼动研究的元分析[J].心理科学进展,2018,26(1).

[18]何晓炜.国外特殊型语言障碍的语言学研究及思考[J].语言战略研究,2020,5(2).

[19]侯婷婷,马春梅,张婷.自闭症谱系障碍个体的叙事评估与干预研究进展[J].中国特殊教育,2021(12).

[20]康廷虎,张会.场景知觉中的眼动分析指标:基于注视和眼跳视角[J].心理科学,2020,43(6).

[21]李发睿. 词频效应对再认记忆的影响作用：研究现状及发展趋势[J]. 兰州文理学院学报(社会科学版)，2017，33(5).

[22]李红，高山，王乃弋. 执行功能研究方法评述[J]. 心理科学进展，2004(5).

[23]李甦，李文馥，杨玉芳. 3~6岁儿童图画讲述能力的发展特点[J]. 心理科学，2006(1).

[24]李晓燕，周兢. 自闭症儿童语言发展研究综述[J]. 中国特殊教育，2006(12).

[25]李珍，苟秉宸，初建杰，等. 一种基于眼动追踪的产品用户需求获取方法[J]. 计算机工程与应用，2015，51(9).

[26]李忠励，叶浩生. 自闭症谱系障碍的病因分析：来自镜像神经系统的启示[J]. 中国特殊教育，2014(8).

[27]梁丹丹，靳羽西，冯文静. 5~6岁汉语高功能自闭症儿童故事讲述能力研究[J]. 语言文字应用，2022(1).

[28]梁丹丹，宋宜琪. 弱智儿童故事讲述任务中指称引入的发展研究[J]. 中国特殊教育，2015(4).

[29]林美珍，马博森. 自闭症人群媒介话语建构特征分析[J]. 外国语文研究(辑刊)，2019(10).

[30]刘杰，孟会敏. 关于布朗芬布伦纳发展心理学生态系统理论[J]. 中国健康心理学杂志，2009，17(2).

[31]刘立华. 社会建构主义视角下的话语分析[J]. 西安外国语大学学报，2009，17(2).

[32]刘永涛. 语言、社会建构和国际关系[J]. 现代国际关系，2004(11).

[33]马博森，李发睿，曾小荣. 多模态互动视角的注视研究评骘：自闭症研究的新转向[J]. 兰州大学学报(社会科学版)，2022，50(2).

[34]马博森，曾小荣，龚然，等．国外人工智能辅助自闭症谱系障碍诊断及其康复训练研究进展[J]．康复学报，2019，29(6)．

[35]马博森，曾小荣，龚然．国外自闭症人群多模态话语及智能辅助诊断与干预研究[J]．语言战略研究，2020，5(2)．

[36]马博森，曾小荣，赵玉珊．汉语自闭症儿童图片命名诱发话语中的多模态指称行为研究[J]．外国语文研究，2019，10(1)．

[37]马博森．指称非现场人物的语言策略[J]．外语教学，2008(1)．

[38]马博森．自然会话中人物指称现象的三分模式研究[J]．外语与外语教学，2007(6)．

[39]马文．会话语篇中指称阻碍的产生与修正[J]．外语学刊，2006(1)．

[40]桑标，缪小春．皮博迪图片词汇测验修订版(PPVT-R)上海市区试用常模的修订[J]．心理科学通讯，1990(5)．

[41]宋宜琪，靳羽西．具身理论：自闭症个体词汇语义加工研究的新视角[J]．南京师范大学文学院学报，2018(3)．

[42]苏雪云，顾泳芬，杨广学．发展生态学视角下的自闭症儿童融合教育支持系统：基于个案分析和现场研究[J]．基础教育，2017，14(2)．

[43]苏怡，莉蒂希娅·蕾格斯．汉语自闭症学前儿童语言表达能力实证研究[J]．语言战略研究，2020，5(2)．

[44]苏怡，谢芊芊，苏林雁．孤独症儿童、发育迟缓儿童和语言障碍儿童早期语言表达的异同[J]．中国临床心理学杂志，2020，28(3)．

[45]孙圣涛．自闭症儿童的社会缺陷及其早期干预研究的介绍[J]．中国特殊教育，2003(3)．

[46]王建芳,李永生.孤独症儿童康复机构与社区孤独症儿童康复的联动机制[C]//中国康复研究中心.第八届北京国际康复论坛论文集:下册.西安:西安市莲湖区孤独症儿童康复训练中心,2013.

[47]王娟,沈秋苹.高功能自闭症儿童的叙事:特征、相关理论及干预策略[J].中国特殊教育,2017(11).

[48]王力平.社会治理共同体的理论意涵、出场实践及建设路径[J].甘肃社会科学,2023(2).

[49]王婷,吴燕,吴念阳.3~6岁儿童在不同叙事活动中的叙事能力[J].学前教育研究,2014(8).

[50]王永固,王恩苹,贾磊,等.孤独症幼儿共同注意的发展模式与早期干预[J].中国特殊教育,2016(6).

[51]吴锡平.破解"雨人"之谜[J].科学与文化,2006(5).

[52]胥兴春,胡月.国外儿童第二语言习得研究述评及展望[J].中国特殊教育,2014(7).

[53]徐慧,朱健刚,王海燕."组织性精神疗法"在自闭症儿童社区康复工作中的可行性研究[J].残疾人研究,2019(2).

[54]许放明.社会建构主义:渊源、理论与意义[J].上海交通大学学报(哲学社会科学版),2006(3).

[55]许家金,刘霞.中国英语学习者英语口头叙事中的人物指称研究[J].外语与外语教学,2014(2).

[56]许余龙.英汉指称词语表达的可及性[J].外语教学与研究,2000(5).

[57]闫国利,熊建萍,臧传丽,等.阅读研究中的主要眼动指标评述[J].心理科学进展,2013,21(4).

[58]杨凌燕,肖非.从知觉生态理论看自闭症的发生与发展[J].中国特殊教育,2005(11).

[59]杨婉晴. 汉语自闭症儿童叙事语篇中的衔接手段[J]. 文教资料, 2017(32).

[60]殷融, 曲方炳, 叶浩生. 具身概念表征的研究及理论述评[J]. 心理科学进展, 2012, 20(9).

[61]于松梅, 王波. 学前全纳教育中自闭症幼儿的教育建议[J]. 中国特殊教育, 2006(8).

[62]曾维秀, 李甦. 儿童叙事能力发展的促进与干预研究(综述)[J]. 中国心理卫生杂志, 2006(9).

[63]曾小荣, 陈泽源, 马博森. 基于互动视角的自闭症人群交流行为研究: 现状与启示[J]. 中国特殊教育, 2021(10).

[64]曾小荣, 马博森. 物体指称行为中涉手模式与指称语的互动研究[J]. 外国语(上海外国语大学学报), 2018, 41(1).

[65]张笛. 句末语气词和韵律在自闭症儿童理解反语时的作用[J]. 中国特殊教育, 2019, 27(1).

[66]张永盛, 杨广学. 自闭症谱系障碍患者异常感觉反应研究综述[J]. 中国特殊教育, 2014(7).

[67]赵艳瑜, 陈顺森, 王文强. 家庭人际关系与精神分裂症患者社会支持状况相关分析[J]. 牡丹江师范学院学报(哲学社会科学版), 2015(2).

[68]郑玉玮, 李文浩, 黄亮. 自闭症谱系障碍个体社会性注意的眼动特征及干预策略[J]. 中国特殊教育, 2020(3).

[69]钟毅平, 张笑仪, 范伟. 中文听觉双字词认知中的正字法即时激活效应: 来自 ERP 的证据[J]. 中国临床心理学杂志, 2011, 19(4).

[70]周念丽. 透视和促进 ASD 学前儿童"社会脑"发展: 神经可塑敏感期的教育干预模式之建构[J]. 华东师范大学学报(教育科学版),

2013，31(2)．

[71]周夕佳．具身认知观及其对教学的价值与启示[J]．江苏教育研究，2020(1)．

[72]朱莳．近50年来发展心理学生态化研究的回顾与前瞻[J]．心理科学，2005(4)．

[73]邹启容，张显达．高功能自闭症儿童说故事能力与相关影响因素研究[J]．特殊教育研究学刊，2007，32(3)．

(四)其他文献

[1]曹漱芹．汉语自闭症儿童视觉性语义理解机制的探索及应用研究[D]．上海：华东师范大学，2009．

[2]陈鑫．孤独症中央信息统合研究[D]．长春：吉林大学，2008．

[3]程燕华．汉语孤独症儿童口头叙事语篇中的多模态指称行为研究[D]．杭州：浙江大学，2022．

[4]李发睿．汉语高功能自闭症儿童的叙事话语特征及其影响因素研究[D]．杭州：浙江大学，2024．

[5]王雅琴．多维视角的语体句法计量研究[D]．杭州：浙江大学，2020．

[6]赵洁．人类发展生态学视角下美国"社会—情绪学习"项目中的家校合作研究[D]．上海：上海师范大学，2016．

二、英文文献

(一)著作

[1] AMERICAN PSYCHIATRIC ASSOCIATION. Diagnostic and Statistical Manual of Mental Disorders：DSM－III－R[M]．Arlington：American Psychiatric Publishing，1987．

[2] AMERICAN PSYCHIATRIC ASSOCIATION. Diagnostic and

Statistical Manual of Mental Disorders：DSM－5［M］. 5 th ed. Arlington：American Psychiatric Publishing，2013.

［3］AMERICAN PSYCHIATRIC ASSOCIATION. Diagnostic and Statistical Manual of Mental Disorders：DSM－V－TR［M］. Arlington：American Psychiatric Publishing，2022.

［4］BARON－COHEN S. Mind Blindness：An Essay on Autism and Theory of Mind［M］. Boston：The MIT Press，1995.

［5］BARON－COHEN S. Theory of Mind and Autism：A Fifteen－year Review［M］//BARON－COHEN S，TAGER－FLUSBERG H，COHEN D J. In Understanding Other Minds：Perspectives from Developmental Cognitive Neuroscience. Oxford：Oxford University Press，2000.

［6］BERGER P L，LUCKMANN T. The Social Construction of Reality：A Treatise in the Sociology of Knowledge［M］. New York：Boubleday，1966.

［7］BERMAN R A，SLOBIN D I，AKSU－DOC A A，et al. Relating Events in Narrative：A Crosslinguistic Developmental Study［M］. Hillsdale，NJ：Lawrence Erlbaum，Associates Publishers，1994.

［8］BRÔNE G，OBEN B. Eye－tracking in Interaction：Studies on the Role of Eye Gaze in Dialogue［M］. Amsterdam：John Benjamins，2018.

［9］BRONFENBRENNER U. The Ecology of Human Development：Experiments by Nature and Design［M］. Cambridge：Harvard University Press，1979.

［10］BRUNER J. Acts of Meaning［M］. Cambridge，MA：Harvard University Press，1990.

［11］BUSH J C，KENNEDY D P. Aberrant Social Attention and Its Underlying Neural Correlates in Adults with Autism Spectrum Disorder［M］//

PUCE A, BERTHENTAL B I. The Many Faces of Social Attention: Behavioral and Neural Measures. London: Springer, 2015.

[12] CARPENTER M, LIEBAL K. Joint Attention, Communication, and Knowing Together in Infancy [M]//SEEMANN A. Joint Attention: New Developments in Psychology, Philosophy of Mind, and Social Neuroscience. Cambridge, MA: MIT Press, 2011.

[13] CUMMINGS L. Clinical Pragmatics [M]. Cambridge, UK: Cambridge University Press, 2009.

[14] EDWARDS J A. The Transcription of Discourse [M]//SCHIFFRIN D, TANNEN D, HAMILTON H E. The Handbook of Discourse Analysis. Massachusetts and Oxford: Blackwell Publishers, 2003.

[15] FOWLER H W. A Dictionary of Modern English Usage [M]. London: Wordsworth Editions Ltd. , 1965.

[16] GRAY C A. The New Social Story Book [M]. London: Future Horizons, 1994.

[17] GRICE H P. Logic and Conversation [M]//COLE P, MORGAN J. Syntax and Semantics, Vol. 3: Speech Acts. New York: Academic Press, 1975.

[18] GUBRIUM J, HOLSTEIN J. The Constructionist Mosaic [M]// HOLSTEIN J, GUBRIUM J. Handbook of Constructionist Research. New York: The Guilford Press, 2008.

[19] HEDBERG N L, WESTBY C E. Analyzing Storytelling Skills: Theory to Practice [M]. Tucson, Ariz: Communication Skill Builders, 1993.

[20] HOLSTEIN J A, GUBRIUM J F. Constructionist Impulses in Ethnographic Fieldwork [M]. New York: The Guilford Press, 2008.

[21] HUDSON J A, SOSA B B, SHAPIRO L R. Scripts and Plans: The Development of Preschool Children's Event Knowledge and Event Planning[M]. Hillsolale, NJ: Lawrence Erlbaum Associates Publishers, 1997.

[22] HUGHES D, MC GILLIVRAY L, SCHMIDEK M. Guide to Narrative Language: Procedures for Assessment[M]. Eau Claire: Thinking Publication, 1997.

[23] KORKIAKANGAS T. Communication, Gaze and Autism: A Multimodal Interaction Perspective[M]. London and New York: Routledge, 2018.

[24] KORKIAKANGAS T. Eye - gaze in Multimodal Interactions Involving Children with Autism Spectrum Disorders[M]. London: University of Roehampton, 2011.

[25] LAKOFF G, JOHNSON M. Metaphors We Live by[M]. Chicago: The University of Chicago Press, 1980.

[26] LAKOFF G. Women, Fire, and Dangerous Things: What Categories Reveal about the Mind[M]. Chicago: The University of Chicago Press, 1987.

[27] LORD C, PAUL R. Language and Communication in Autism [M]//COHEN D J, VOLKMAR F R. Handbook of Autism and Pervasive Developmental Disorders. 2nd edn. New York, NY: Wiley, 1997.

[28] MCCABE A, PETERSON C. Developing Narrative Structure[M]. Hillsdale, NJ: Lawrence Erlbaum Associates, Inc, 1991.

[29] MOSES L J, CARLSON S M, SABBAGH M A. On the Specificity of the Relation Between Executive Function and Children's Theories of Mind [M]//SCHNEIDER W, SCHUMANN - HENGSTELER R, SODIAN B.

Young Children's Cognitive Development: Interrelationships among Executive Functioning, Working Memory, Verbal Ability, and Theory of Mind. Mahwah: Lawrence Erlbaum Associates, 2005.

[30] MUNDY P, NEAL A R. Neural Plasticity, Joint Attention, and Language Development: Implications for the Neuroscience and Treatment of Pervasive Developmental Disorders [M]//Autism: From Research to Practice. London and New York: Routledge, 2000.

[31] NADESAN M H. Constructing Autism: Unravelling the "Truth" and Understanding the Social[M]. London: Routledge, 2005.

[32] O'REILLY M, LESTER J N. Examining Mental Health Through Social Constructionism: The Language of Mental Health [M]. London: Palgrave Macmillan, 2017.

[33] PAUL R, NORBURY C. Language Disorders from Infancy Through Adolescence: Listening, Speaking, Reading, Writing, and Communicating [M]. Amsterdam: Elsevier Health Sciences, 2012.

[34] PETERSON C, MCCABE A. Echoing Our Parents: Parental Influences on Children's Narrative[M]//PRATT M W, FIESE B H. Family Stories and the Life Course: Across Time and Generations. Hillsdale, NJ: Lawrence Erlbaum, 2004.

[35] PETERSON C, MCCABE A. Linking Children's Connective Use and Narrative Macrostructure[M]//PETERSON C, MCCABE A. Developing Narrative Structure Hillsdale, NJ: Lawrence Erlbum, 1991.

[36] PRIZANT B M, WETHERBY A M, RUBIN E M S, et al. The Scerts Model: A Comprehensive Educational Approach for Children with Autism Spectrum Disorders [M]. Towson: Paul H. Brookes Publishing, 2006.

[37] RICHARDS I A. The Philosophy of Rhetoric [M]. New York: Oxford University Press, 1967.

[38] RUNSWICK-COLE K, MALLETT R, TIMIMI S. Re-Thinking Autism: Diagnosis, Identity and Equality[M]. London: Jessica Kingsley, 2016.

[39] SPERBER D, WILSON D. Relevance: Communication and cognition[M]. Oxford: Blackwell, 1995.

[40]STRONG C. The Strong Narrative Assessment Procedure[M]. Eau Claire, WI: Thinking Publications, 1998.

[41] WALES K. Adictionary of Stylistics [M]. England: Longman Group UK Ltd. , 1989.

（二）期刊

[1]ACHIM A M, DESCHAMPS I, THIBAUDEAU E, et al. The Neural Correlates of Referential Communication: Taking Advantage of Sparse - Sampling fMRI to Study Verbal Communication with a Real Interaction Partner [J]. Brain and Cognition, 2021, 154(1).

[2]ADAMS N C, JARROLD C. Inhibition and the Validity of the Stroop Task for Children with Autism [J]. Journal of Autism and Development Disorders, 2009, 39(8).

[3] ADAMS N C, LOCKTON E, FREED J, et al. The Social Communication Intervention Project: A Randomized Controlled Trial of the Effectiveness of Speech and Language Therapy for School-Age Children Who Have Pragmatic and Social Communication Problems [J]. International Journal of Language & Communication Disorders, 2012, 47(3).

[4] ADAMSON L B, BAKEMAN R, DECKNER D F, et al. Joint Engagement Andthe Emergence of Language in Children with Autism and

Down Syndrome[J]. Journal of Autism and Developmental Disorders, 2009, 39(1).

[5]ALTMAN C, ARMON-LOTEM S, FICHMAN S, et al. Macrostructure, Microstructure, and Mental State Terms in the Narratives of English-Hebrew Bilingual Preschool Children with and without Specific Language Impairment[J]. Applied Psycholinguistics, 2016, 37(1).

[6]ANDREU L, SANZ-TORRENT M, OLMOS J G, et al. Narrative Comprehension and Production in Children with SLI: An Eye Movement Study[J]. Clinical Linguistics & Phonetics, 2011, 25(9).

[7]ANDREWS J, FALKMER M, GIRDLER S. Community Participation Interventions for Children and Adolescents with a Neurodevelopmental Intellectual Disability: A Systematic Review[J]. Disability and Rehabilitation, 2015, 37(10).

[8]ARNOLD J E, BENNETTO L, DIEHL J J. Reference Production in Young Speakers with and without Autism: Effects of Discourse Status and Processing Constraints[J]. Cognition, 2009, 110(2).

[9]BACSO S A, NILSEn E S. What's That You're Saying? Children with Better Executive Functioning Produce and Repair Communication more Effectively[J]. Journal of Cognition and Development, 2017, 18(4).

[10] BADDELEY A. Working Memory [J]. Science, 1992, 255 (5044).

[11]BAILEY B, ARCIULI J. Indigenous Australians with Autism: A Scoping Review[J]. Autism: The International Journal of Research and Practice, 2020, 24(5).

[12]BAIO J, WIGGINS L, CHRISTENSEN D L. Prevalence of Autism Spectrum Disorder Among Children Aged 8 Years-Autism and Developmental

Disabilities Monitoring Network[J]. MMWR Surveill Summ, 2018, 67(6).

[13]BAIXAULI I, COLOMER C, ROSELLÓ B, et al. Narratives of Children with High - Functioning Autism Spectrum Disorder: A Meta - Analysis[J]. Research in Developmental Disabilities, 2016, 59.

[14]BALTAXE C A M, D'ANGIOLA N. Referencing Skills in Children with Autism and Specific Language Impairment[J]. International Journal of Language and Communication Disorders, 1996, 31(3).

[15] BALTAXE C A M, D'ANGOLA N. Cohesion in the Discourse Interaction of Autistic, Specifically Language-Impaired and Normal Children [J]. Journal of Autism & Developmental Disorders, 1992, 22(1).

[16]BALTAXE C A M. Discourse Cohesion in the Verbal Interactions of Individuals Diagnosed with Autistic Disorder or Schizotypal Personality Disorder[J]. Australia and New Zealand Journal of Developmental Disorders, 1995, 20(2).

[17]BALTAXE C A M. Pragmatic Deficits in the Language of Autistic Adolescents[J]. Journal of Pediatric Psychology, 1977, 2.

[18] BANG J, BURNS J, NADIG, A. Brief Report: Conveying Subjective Experience in Conversation: Production of Mental State Terms and Personal Narratives in Individuals with High Functioning Autism[J]. Journal of Autism and Developmental Disorders, 2013, 43(7).

[19]BANNEY R M, HARPER-HILL K, ARNOTT W L. The Autism Diagnostic Observation Schedule and Narrative Assessment, Evidence for Specific Narrative Impairments in Autism Spectrum Disorders[J]. International Journal of Speech Language Pathology, 2015, 17(2).

[20]BARNES J L, BARON-COHEN S. The Big Picture: Storytelling Ability in Adults with Autism Spectrum Disorders[J]. Journal of Autism and

Developmental Disorders, 2012, 42(8).

[21] BAROKOVA M, TAGER – FLUSBERG H. Person – Reference in Autism Spectrum Disorder: Developmental Trends and the Role of Linguistic Input[J]. Autism Research, 2020, 13(6).

[22] BARON – COHEN S, GOLAN O, ASHWIN E. Can Emotion Recognition be Taught to Children with Autism Spectrum Conditions? [J] Philosophical Transactions of the Royal Society B: Biological Sciences, 2009, 364(1535).

[23] BARON–COHEN S, LESLIE A M, FRITH U. Does the Autistic Child Have a Theory of Mind? [J] Cognition, 1985, 21(1).

[24] BARON – COHEN S, LESLIE A M, FRITH U. Mechanical, Behavioral and Intentional Understanding of Picture Stories in Autistic Children[J]. British Journal of Developmental Psychology, 1986, 4(2).

[25] BARON–COHEN S. Empathizing, Systemizing, and the Extreme Male brain Theory of Autism[J]. Progress in Brain Research, 2010, 186.

[26] BARON–COHEN S. Joint–Attention Deficits in Autism: Towards a Cognitive Analysis[J]. Development and Psychopathology, 1989, 1(3).

[27] BARSALOU L W. Grounded Cognition [J]. Annual Review of Psychology, 2008, 59.

[28] BARZY M, BLACK J, WILLIAMS D. Autistic Adults Anticipate and Integrate Meaning Based on the Speaker's Voice: Evidence from Eye – Tracking and Event – Related Potentials [J]. Journal of Experimental Psychology General, 2019, 149(6).

[29] BERMAN R A. On the Ability to Relate Events in Narrative[J]. Discourse Processes, 1988, 11(4).

[30] BERNA A, UZUNDAG C, KÜNTAY C. Children's Referential

Communication Skills: The Role of Cognitive Abilities and Adult Models of Speech[J]. Journal of Experimental Child Psychology, 2018, 172.

[31] BLACK M H, VAZ S, PARSONS R, et al. Disembedding Performance and Eye Gaze Behavior of Adolescents with Autism Spectrum Disorder[J]. Research in Autism Spectrum Disorders, 2019, 66.

[32] BOTTING N. Narrative as a Clinical Tool for the Assessment of Linguistic and Pragmatic Impairments[J]. Child Language Teaching and Therapy, 2002, 18(1).

[33] BOUDREAU D M, HEDBERG N L. A Comparison of Early Literacy Skills in Children with Specific Language Impairment and Their Typically Developing Peers[J]. American Journal of Speech - Language Pathology, 1999, 8(3).

[34] BRADLEY M D. Gaze Patterns of Individuals with ASD during Active Task Engagement: A Systematic Literature Review[J]. Journal of Autism & Developmental Disorders, 2018, 5(4).

[35] BRÔNE G, OBEN B. Insight Interaction: A Multimodal and Multifocal Dialogue Corpus[J]. Language Resources & Evaluation, 2015, 49(1).

[36] BROWN H M, KLEIN P D. Writing, Asperger Syndrome and Theory of Mind[J]. Journal of Autism and Developmental Disorders, 2011, 41.

[37] BRUINSMA Y, KOEGEL R L, KOEGEL L K. Joint Attention and Children with Autism: A Review of the Literature[J]. Mental Retardation and Developmental Disabilities Research Reviews, 2004, 10(3).

[38] BURGHOORN F, DINGEMANSE M, LIER R V, et al. The Relation Between Autistic Traits, the Degree of Synaesthesia, and Local/

Global Visual Perception[J]. Journal of Autism and Developmental Disorders, 2020, 50(1).

[39]CAPPS L, LOSH M, THURBER C. "The Frog Ate the Bug and Made His Mouth Sad": Narrative Competence in Children with Autism[J]. Journal of Abnormal Child Psychology, 2000, 28(2).

[40] CARTER A S, MESSINGER D S, STONE W L, et al. A Randomizedcontrolled Trial of Hanen's "More Than Words" in Toddlers with Early Autism Symptoms [J]. Journal of Child Psychology and Psychiatry, 2011, 52(7).

[41]CHANG M H, SU H Y. To Mark or Not to Mark the Cause, That is the Question: Causal Marking in Taiwanese Conversation[J]. Journal of Pragmatics, 2012, 44(13).

[42] CHAWARSKA K, MACARI S, SHIC F. Context Modulates Attention to Social Scenes in Toddlers with Autism [J]. Journal of Child Psychology and Psychiatry, 2012, 53(8).

[43] CHEN P I D. Entifiability and Definiteness in Chinese [J]. Linguistics, 2004, 42(6).

[44] CHEVALLIER C, PARISH – MORRIS J, MCVEY A, et al. Measuring Social Attention and Motivation in Autism Spectrum Disorder Using Eye–Tracking: Stimulus Type Matters[J]. Autism Research, 2015, 8(5).

[45]CLELAND J, GIBBON F E, PEPPÉ S J E, et al. Phonetic and Phonological Errors in Children with High Functioning Autism Spectrum Disorders[J]. International Journal of Speech–Language Pathology, 2010, 12(1).

[46]COHN N, PACZYNSKI M, JACKENDOFF R, et al. (Pea)Nuts

and Bolts of Visual Narrative: Structure and Meaning in Sequential Image Comprehension[J]. Cognitive Psychology, 2012, 65(1).

[47] COHN N. Visual Narrative Structure [J]. Cognitive Science A Multidisciplinary Journal, 2012, 37(3).

[48]COLOZZO P, MORRIS H, MIRENDA P. Narrative Production in Children with Autism Spectrum Disorder and Specific Language Impairment [J]. Canadian Journal of Speech-Language Pathology and Audiology, 2015, 39(4).

[49]CONGIU S, SCHLOTTMANN A, RAY E. Unimpaired Perception of Social and Physical Causality, but Impaired Perception of Animacy in High Functioning Children with Autism[J]. Journal of Autism and Developmental Disorders, 2010, 40(1).

[50] DAMASIO A R, MAURER R G. A Neurological Model for Childhood Autism[J]. Archives of Neurology, 1978, 35(12).

[51] DIEHL J J, BENNETT L, YOUNG E C. Story Recall and Narrative Coherence of High - Functioning Children with Autism Spectrum Disorders[J]. Journal of Abnormal Child Psychology, 2006, 34(1).

[52] DINDAR K, KORKIAKANGAS T, LAITILA A, et al. An Interactional 'Live Eye Tracking' Study in Autism Spectrum Disorder: Combining Qualitative and Quantitative Approaches in the Study of Gaze[J]. Qualitative Research in Psychology, 2017, 14(3).

[53]DINGEMANSE M, ROSSI G, FLOYD S. Place Reference in Story Beginnings: a Cross - Linguistic Study of Narrative and Interactional Affordances[J]. Language in Society, 2017, 46(2).

[54]EIGSTI I M, BENNETTO L. Grammaticality Judgments in Autism: Deviance or Delay[J]. Journal of Child Language, 2009, 36(5).

［55］EIGSTI I M. A Review of Embodiment in Autism Spectrum Disorders［J］. Frontiers in Psychology, 2013, 4.

［56］ESPY K A. Using Developmental, Cognitive, and Neuroscience Approaches to Understand Executive Control in Young Children ［J］. Developmental Neuropsychology, 2004, 26(1).

［57］FALCK - YTTE T, FERNELL E, HEDVALL A, et al. Gaze Performance in Children with Autism Spectrum Disorder When Observing Communicative Actions［J］. Journal of Autism and Developmental Disorders, 2012, 42(10).

［58］FERNANDEZ C. Mindful Storytellers: Emerging Pragmatics and Theory of Mind Development［J］. First Language, 2013, 33(1).

［59］FERRETTI F, ADORNETTI I, CHIERA A, et al. Time and Narrative: An Investigation of Storytelling Abilities in Children with Autismspectrum Disorder［J］. Frontiers in Psychology, 2018, 9.

［60］FILIPEK P A, ACCARDO P J, BARANEK G T, et al. The Screening and Diagnosis of Autistic Spectrumdisorders［J］. Journal of Autism and Developmental Disorders, 1999, 29(6).

［61］FOGASSI L, FERRARI P F. Mirror Neurons and the Evolution of Embodied Language［J］. Current Directions in Psychological Science, 2010, 16(3).

［62］FRITH U, HAPPÉ F. Autism: Beyond Theory of Mind［J］. Cognition, 1994, 50.

［63］GARON N, BRYSON S, SMITH I. Executive Function in Preschoolers: A Review Using an Integrative Framework［J］. Psychological Bulletin, 2008, 134.

［64］GEEST J N V D, KEMNER C, CAMFFERMAN G. Looking at

Images with Human Figures: Comparison Between Autistic and Normal Children[J] Journal of Autism & Developmental Disorders, 2002, 32(2).

[65] GENOVESE A, BUTLER M G. Clinical Assessment, Genetics, and Treatment Approaches in Autism Spectrum Disorder(ASD)[J]. Int J Mol Sci, 2020, 21(13).

[66] GILLESPIE - LYNCH K, ELIAS R, ESCUDERO P, et al. Atypical Gaze Following in Autism: A Comparison of Three Potential Mechanisms[J]. Journal of Autism and Developmental Disorders, 2013, 43 (12).

[67] GRIFFIN T M. Oral Discourse in the Preschool Years and Later Literacy Skills[J]. First Language, 2004, 24(2).

[68] GROSS T F. Global-Local Precedence in the Perception of Facial Age and Emotional Expression by Children with Autism and Other Developmental Disabilities [J]. Journal of Autism and Developmental Disorders, 2005, 35.

[69] GUILLON Q, HADJIKHANI N, BADUEL S, et al. Visual Social Attention in Autism Spectrum Disorder: Insights from Eye Tracking Studies [J]. Neuroscience and Biobehavioral Reviews, 2014, 42(6).

[70] HANLEY M, RIBY D M, MCCORMACK T, et al. Attention During Social Interaction in Children with Autism: Comparison to Specific Language Impairment, Typical Development, and Links to Social Cognition [J]. Research in Autism Spectrum Disorders, 2014, 8(7).

[71] HANNA J E, BRENNAN S E. Speakers Eye Gaze Disambiguates Referring Expressions Early during Face-to-face Conversation[J]. Journal of Memory and Language, 2007, 57(4).

[72] HAPPÉ F G E, FRITH U. The Weak Coherence Account: Detail-

focused Cognitive Style in Autism Spectrum Disorders[J]. Journal of Autism and Developmental Disorders, 2006, 36(1).

[73]HAPPÉ F G E, RONALD A. The Fractionable Autism Triad: A Review of Evidence from Behavioural, Genetic, Cognitive and Neural Research[J]. Neuropsychology Review, 2008, 18(4).

[74]HAPPÉ F G E. An Advanced Test of Theory of Mind: Understanding of Story Characters Thoughts and Feelings by Able Autistic, Mentally Handicapped, and Normal Children and Adults[J]. Journal of Autism and Developmental Disorders, 1994, 24.

[75]HAPPÉ F G E. Autism: Cognitive Deficit or Cognitive Style? [J] Trends in Cognitive Sciences, 1999, 3(6).

[76]HAPPÉ F G E. Communicative Competence and Theory of Mind in Autism: A Test of Relevance Theory[J]. Cognition, 1993, 48(2).

[77]HARRISON A J, SLANE M M. Examining How Types of Object Distractors Distinctly Compete for Facial Attention in Autism Spectrum Disorder Using Eye Tracking [J]. Journal of Autism and Developmental Disorders, 2020, 50(3).

[78]HEILMANN J, MILLER J F, NOCKERTS A, et al. Properties of the Narrative Scoring Scheme Using Narrative Retells in Young School-age Children[J]. American Journal of Speech-language Pathology/American Speech-Language-Hearing Association, 2010, 19(2).

[79] HICKMANN M, HENDRIKS H. Cohesion and Anaphora in Children's Narratives: A Comparison of English, French, German, and Mandarin Chinese[J]. Journal of Child Language, 1999, 26(2).

[80]HIRONORI A, ATSUSHI S, YUKIKO K, et al. Do Children with ASD Use Referential Gaze to Learn the Name of an Object? An Eye-tracking

Study[J]. Research in Autism Spectrum Disorders, 2011, 25.

[81]JOBS E N, FALCK-YTTER T, BLTE S. Local and Global Visual Processing in 3-Year-Olds with and without Autism[J]. Journal of Autism and Developmental Disorders, 2018, 48.

[82]JUSTICE L M, BOWLES R P, KADERAVEK J N. The Index of Narrative Microstructure: A Clinical Tool for Analyzing School-age Children's Narrative Performances[J]. American Journal of Speech-language Pathology, 2006, 15(2).

[83]JUST M A, CARPENTER P A. A Theory of Reading: From Eye Fixations to Comprehension[J]. Psychological Review, 1980, 87(4).

[84] KANNER L. Autistic Disturbances of Affective Contact [J]. Nervous Child, 1943, 2.

[85]KARMILOFF-SMITH A. Language and Cognitive Processes from a Developmental Perspective[J]. Language and Cognitive Processes, 1985, 1(1).

[86]KASARI C, FREEMAN S, PAPARELLA T. Joint Attention and Symbolic Play in Young Children with Autism: A Randomized Controlled Intervention Study[J]. Journal of Child Psychology and Psychiatry, 2006, 47(6).

[87] KASARI C, PAPARELLA T, FREEMAN S, et al. Language Outcome in Autism: Randomized Comparison of Jointattention and Play Interventions[J]. Journal of Consulting and Clinical Psychology, 2008, 76(1).

[88]KAUSCHKE C, BEEK B, KAMP-BECKER I. Narratives of Girls and Boys with Autism Spectrum Disorders: Gender Differences in Narrative Competence and Internal State Language [J]. Journal of Autism and

Developmental Disorders, 2016, 46(3).

[89]KEEHN B, BRENNER L A, RAMOS A I, et al. Brief Report: Eye-movement Patterns during an Embedded Figures Test in Children with ASD[J]. Journal of Autism & Developmental Disorders, 2009, 39(2).

[90]KENAN N, ZACHOR D A, WATSON L R, et al. Semantic - Pragmatic Impairment in the Narratives of Children with Autism Spectrum Disorders[J]. Frontiers in Psychology, 2019, 10.

[91]KENDRICK K, HOLLER J. Gaze Direction Signals Response Preference in Conversation[J]. Research on Language and Social Interaction, 2017, 50(1).

[92]KLIN A, JONES W, SCHULTZ R, et al. Visual Fixation Patterns During Viewing of Naturalistic Social Situations as Predictors of Social Competence in Individuals with Autism[J]. Archives of General Psychiatry, 2002, 59(9).

[93]KORKIAKANGAS T, DINDAR K, LAITILA A, et al. The Sally-Anne Test: An Interactional Analysis of a Dyadic Assessment[J]. International Journal of Language & Communication Disorders, 2016, 51(6).

[94]KUIJPER S J M. Narrative Production in Children with Autism Spectrum Disorder(ASD) and Children with Attention-deficit/Hyperactivity Disorder (ADHD): Similarities & Differences [J]. Journal of Abnormal Psychology, 2017, 126(1).

[95]KUIJPER S J M. Who is he? Children with ASD and ADHD Take the Listener into Accountin Their Production of Ambiguous Pronouns[J]. PLo S ONE, 2015, 10(7).

[96]LABOV W. Some Principles of Linguistic Methodology [J]. Language in Society, 1972, 1(1).

[97] LAM Y G, YEUNG S S. Cognitive Deficits and Symbolic Play in Preschoolers with Autism [J]. Research in Autism Spectrum Disorders, 2012, 6(1).

[98] LANDAU M J, MEIER B P, KEEFER L A. A metaphor – Enriched Social Cognition[J]. Psychological Bulletin, 2010, 136(6).

[99] LEE M, NAYAR K, NALTMAN N, et al. Understanding Social Communication Differences in Autism Spectrum Disorder and First – Degree Relatives: A Study of Looking and Speaking [J]. Quantum Electronics, 2020, 50(6).

[100] LILLEY R, SEDGWICK M, PELLICANO E. Inclusion, Acceptance, Shame and Isolation: Attitudes to Autism in Aboriginal and Torres Strait Islander communities in Australia[J]. Autism, 2020, 24(7).

[101] LOSH M, CAPPS L. Narrative Ability in High – functioning Children with Autism or Asperger's Syndrome [J]. Journal of Autism and Developmental Disorders, 2003, 33(3).

[102] MAENNER M J, WARREN Z, WILLIAMS A R, et al. Prevalence and Characteristics of Autism Spectrum Disorder among Children Aged 8 Years – Autism and Developmental Disabilities Monitoring Network, 11 Sites, United States, 2020[J]. MMWR Surveill Summ, 2023, 72(2).

[103] MAGLIANO J P, ZACKS J M. The Impact of Continuity Editing in Narrative Film on Event Segmentation [J]. Cognitive Science: A Multidisciplinary Journal, 2011, 35(8).

[104] MAYNARD D W, MCDONALD T A, STICKLE T. Parents as a team: Mother, father, a child with autism spectrum disorder, and a spinning toy[J]. Journal of Autism and Developmental Disorders, 2016, 46 (2).

［105］MCCABE A, ROLLINS P R. Assessment of Preschool Narrative skills［J］. American Journal of Speech-Language Pathology, 1994, 3(1).

［106］MCCLEERY J P, ELLIOTT N A, SAMPANIS D S, et al. Motor Development and Motor Resonance Difficulties in Autism: Relevance to Earlyintervention for Language and Communication Skills［J］. Frontiers in Integrative Neuroscience, 2013, 7.

［107］MERRITT D D, LILES B Z. Narrative analysis: Clinical Applications of Story Generation and Story Retelling［J］. Journal of Speech and Hearing Disorders, 1989, 54(3).

［108］MILES S, CHAPMAN R S. Narrative Content as Described by Individuals with Down Syndrome and Typically Developing Children［J］. Journal of Speech, Language, and Hearing Research, 2002, 45(1).

［109］MÄKINEN L, LOUKUSA S, LEINONEN E, et al. Characteristics of Narrative Language in Autism Spectrum Disorder: Evidence from the Finnish ［J］. Research in Autism Spectrum Disorders, 2014, 8(8).

［110］MONDADA L. Challenges of Multimodality: Language and the Body in Social Interaction［J］. Journal of Sociolinguistics, 2016, 20(3).

［111］MURPHY S, FAULKNER D, FARLEY L. The Behavior of Young Children with Social Communication Disorders during Dyadic Interaction with Peers［J］. Journal of Abnormal Child Psychology, 2014, 42(2).

［112］NIEDENTHAL P M, BARSALOU L W, WINKIELMAN P, et al. Embodiment in Attitudes, Social Perception, and Emotion［J］. Personality and Social Psychology Review, 2005, 9(3).

［113］NILSEN E S, GRAHAM S A, SMITH S, et al. Preschoolers' Sensitivity to Referential Ambiguity: Evidence for a Dissociation Between

Implicit Understanding and Explicit Behavior[J]. Developmental Science, 2010, 11(4).

[114]NILSEN E S. Children with Stronger Executive Functioning and Fewer ADHD Traits Produce more Effective Referential Statements [J]. Cognitive Development, 2015, 36.

[115] NORBURY C F, BISHOP D V M. Inferential Processing and Story Recall in Children with Communication Problems: A Comparison of Specific Language Impairment, Pragmatic Language Impairment and High-Functioning Autism[J]. International Journal of Language and Communication Disorders, 2002, 37(3).

[116]NORBURY C F, BISHOP D V M. Narrative Skills of Children with Communication Impairments[J]. International Journal of Language and Communication Disorders, 2003, 38(3).

[117]NORBURY C F, GEMMELL T, PAUL R. Pragmatics Abilities in Narrative Production: A Cross-Disorder Comparison[J]. Journal of Child Language, 2014, 41(3).

[118]NOVOGRODSKY R, EDELSON L R. Ambiguous Pronoun Use in Narratives of Children with Autism Spectrum Disorders[J]. Child Language Teaching and Therapy, 2016, 32(2).

[119] NOVOGRODSKY R. Subject Pronoun Use by Children with Autism Spectrum Disorders (ASD) [J]. Clinical Linguistics & Phonetics, 2013, 27(2).

[120]OZONOFF S, MILLER J N. An Exploration of Right-Hemisphere Contributions to the Pragmatic Impairments of Autism [J]. Brain and Language, 1996, 52(3).

[121] OZONOFF S, PENNINGTON B F, ROGERS S J. Executive

Function Deficits in High-Functioning Autistic Individuals: Relationship to Theory of Mind[J]. Journal of Child Psychology and Psychiatry, 1991, 32 (7).

[122] PAMELA A H. Language Sampling Protocols for Eliciting Text-Level Discourse[J]. Language, Speech, and Hearing Services in Schools, 1998, 29(3).

[123] PAN P Y, BÖLTE S, KAUR P, et al. Neurological Disorders in Autism: A Systematic Review and Meta-Analysis[J]. Autism, 2021, 25 (3).

[124] PELLICANO E, DINSMORE A, CHARMAN T. What Should Autism Research Focus Upon? Community Views and Priorities from the United Kingdom[J]. Autism, 2014, 18(7).

[125] PENNINGTON B F, OZONOFF S. Executive Functions and Developmental Psychopathology [J]. Journal of Child Psychology and Psychiatry, 1996, 37(1).

[126] PERISTERI E, BALDIMTSI E, ANDREOU M, et al. The Impact of Bilingualism on The Narrative Ability and the Executive Functions of Children with Autism Spectrum Disorders[J]. Journal of Communication Disorders, 2020, 85(3).

[127] PORAYSKA-POMSTA K, FRAUENBERGER C, PAIN C H, et al. Developing technology for autism: An interdisciplinary approach[J]. Personal Ubiquitous Computing, 2012, 16(2).

[128] PREMACK D, WOODRUFF G. Does the Chimpanzee Have a Theory of Mind? [J] Behavioral and Brain Sciences, 1978, 1(4).

[129] PURSER H R M, HERWEGEN J V, RANZATO E, et al. The Role of Context in Verbal Humor Processing in Autism [J]. Journal of

Experimental Child Psychology, 2021, 209(4).

[130] RAYNER K. Eye Movements and Attention in Reading, Scene Perception, and Visual Search[J]. The Quarterly Journal of Experimental Psychology, 2009, 62(1).

[131] REESE E, SUGGATE S P, LONG J, et al. Children's Oral Narratives and Reading Skills in the First 3 Years of Reading Instruction[J]. Reading and Writing, 2010, 23(6).

[132] REILLY J, KLIMA E S, BELLUGI U. Once more with Feeling: Affect and Language in Atypical Populations [J]. Development and Psychopathology, 1990, 2(4).

[133] ROBERTS J A, RICE M L, TAGER-FLUSBERG H. Tense Marking in Children with Autism[J]. Applied Psycholinguistics, 2004, 25 (3).

[134] ROMERO V. Evidence of Embodied Social Competence during Conversation in High Functioning Children with Autism Spectrum Disorder [J]. PLo S ONE, 2018, 13(3).

[135] RUFFMAN T, GARNHAM W, RIDEOUT P. Social Understanding in Autism: Eye Gaze as a Measure of Core Insights [J]. Journal of Child Psychology and Psychiatry, 2001, 42(8).

[136] RUMPF A L, KAMP-BECKER I, BECKER K, et al. Narrative Competence and Internal State Language of Children with Asperger Syndrome and ADHD[J]. Research in Developmental Disabilities, 2012, 33(5).

[137] SAH W, TORNG P. Narrative Coherence of Mandarin-Speaking Children with High-Functioning Autism Spectrum Disorder: An Investigation into Causal Relations[J]. First Language, 2015, 35(3).

[138] SCHILBACH L. Eye to Eye, Face to Face and Brain to Brain:

Novel Approaches to Study the Behavioral Dynamics and Neural Mechanisms of Social Interactions[J]. Current Opinion in Behavioral Sciences, 2015, 3.

[139] SCHNEIDER D, SLAUGHTER V P, BECKER S I, et al. Implicit False-Belief Processing in the Human Brain[J]. NeuroImage, 2014, 101.

[140] SCHNEIDER P, HAYWARD D. Who Does What to Whom: Introduction of Referents in Children's Storytelling from Pictures [J]. Language, Speech, and Hearing Services in Schools, 2010, 41(4).

[141]SCHREIBMAN L, INGERSOLL B R. Naturalistic Developmental Behavioral Interventions: Empirically Validated Treatments for Autism[J]. The Journal of Speech and Language Pathology - Applied Behavior Analysis, 2005, 1(3).

[142]SCOTT N, ZHANG R, LE D, et al. A Review of Eye-Tracking Research in Tourism[J]. Current Issues in Tourism, 2019, 22(10).

[143] SEERNANI D, IOANNOU C, DAMANIA K, et al. Studying Global Processing in Autism and Attention-Deficit/Hyperactivity Disorder with Gaze Movements: The Example of a Copying Task[J]. PLOS ONE, 2020, 15(6).

[144]SHIELD A, MEIER R P. Palm Reversal Errors in Native-Signing Children with autism [J]. Journal of Communication Disorders, 2012, 45 (5).

[145]SILLER M, SWANSON M R, SERLIN G, et al. Internal State Language in the Storybook Narratives of Children with and without Autism Spectrum Disorder: Investigating Relations to Theory of Mind Abilities[J]. Research in Autism Spectrum Disorders, 2014, 8(5).

[146]SIMON H. Speaking and listening with the eyes: Gaze signaling

during dyadic interactions[J]. PLo S ONE, 2015, 10(8).

[147] SOBEL D M, CAPPS L M, GOPNIK A. Ambiguous Figure Perception and Theory of Mind Understanding in Children with Autistic Spectrum Disorders[J]. British Journal of Developmental Psychology, 2005, 23(2).

[148] STERPONI L, KIRBY K D. A Multidimensional Reappraisal of Language in Autism: Insights from a Discourse Analytic Study[J]. Journal of Autism and Developmental Disorders, 2016, 46.

[149] STERPONI L, SHANKEY J. Rethinking Echolalia: Repetition as Interactional Resource in the Communication of a Child with Autism[J]. Journal of Child Language, 2014, 42(2).

[150] SUH J, EIGSTI I M, NAIGLES L, et al. Narrative Performance of Optimal Outcome Children and Adolescents with a History of an Autism Spectrum Disorder (ASD) [J]. Journal of Autism and Developmental Disorders, 2014, 44(7).

[151] SWINEFORD L B, THURM A, BAIRD G, et al. Social (Pragmatic) Communication Disorder: A Research Review of This New DSM-5 Diagnostic Category[J]. Journal of Neurodevelopmental Disorders, 2014, 6(1).

[152] SZOKOLSZKY Á, KÉKES S M. The Embodied View of Autism [J]. Journal of Psychology, 2019, 20(1).

[153] TAGER-FLUSBERG H, ANDERSON M. The Development of Contingent Discourse Ability in Autistic Children [J]. Journal of Child Psychology and Psychiatry, 1991, 32(7).

[154] TAGER - FLUSBERG H, JOSEPH R M. Identifying Neurocognitive Phenotypes in Autism[J]. Philosophical Transactions of the Royal Society of London. Series B: Biological Sciences, 2003, 358(1430).

［155］TAGER－FLUSBERG H， KASARI C. Minimally Verbal School－Aged Children with Autism Spectrum Disorder：The Neglected End of the Spectrum［J］. Autism Research，2013，6(6).

［156］TAGER－FLUSBERG H. "Once upon a Rabbit"：Stories Narrated by Autistic Children［J］. British Journal of Developmental Psychology，1995，13(1).

［157］TAGER－FLUSBERG H. Semantic Processing in the Free Recall of Autistic Children：Further Evidence for a Cognitive Deficit［J］. British Journal of Developmental Psychology，1991，9(3).

［158］TAGER－FLUSBERG H. The Conceptual Basis for Referential Word Meaning in Children with Autism［J］. Child Development，1985，56(5).

［159］TAKACS Z K，BUS A G. How Pictures in Picture Storybooks support Young Children's Story Comprehension：An Eye－Tracking Experiment［J］. Journal of Experimental Child Psychology，2018，174.

［160］TOTH K，MUNSON J，MELTZOFF A N，et al. Early Predictors of Communication Development in Young Children with Autism Spectrum Disorder：Joint Attention，Imitation，and Toy Play［J］. Journal of Autism and Developmental Disorders，2006，36(8).

［161］TREPAGNIER C，SEBRECHTS M M，PETERSON R. Atypical Face Gaze in Autism［J］. Cyberpsychol Behav，2002，5(3).

［162］WAUGH C，PESKIN J. Improving the Social Skills of Children with HFASD：An Intervention Study［J］. Journal of Autism & Developmental Disorders，2015，45(9).

［163］WIMMER H，PEMER J. Beliefs about Beliefs：Representation and Constraining Function of Wrong Beliefs in Young Children Understanding of Deception［J］. Cognition，1983，13(1).

附　录

附录一　孤独症(自闭症)谱系障碍
(编码：F84.0)

诊断标准

A. 在多种场合下，社交交流和社交互动方面存在持续性的缺陷，表现为目前或历史上的所有下列情况(以下为示范性举例，而非全部情况)：

1. 社交情感互动中的缺陷，例如，从异常的社交接触和不能正常地来回对话到分享兴趣、情绪或情感的减少，到不能启动或对社交互动做出回应。

2. 在社交互动中使用非语言交流行为的缺陷，例如，从语言和非语言交流的整合困难到异常的眼神接触和身体语言，或从理解和使用手势方面的缺陷到面部表情和非语言交流的完全缺乏。

3. 发展、维持和理解人际关系的缺陷，例如，从难以调整自己的行为以适应各种社交情境的困难到难以分享想象的游戏或交友的困难，到对同伴缺乏兴趣。

标注目前的严重程度：

严重程度是基于社交交流的损害和受限的重复的行为模式(参见本章中的表1)。

B. 受限的，重复的行为模式、兴趣或活动，表现为目前的或历史上的下列2项情况(以下为示范性举例，而非全部情况)：

1. 刻板或重复的躯体运动、使用物体或言语(如简单的躯体刻板运动，摆放玩具或翻转物体，模仿言语，特殊短语)。

2. 坚持相同性，缺乏弹性地坚持常规或仪式化的语言或非语言的行为模式(例如对微小的改变极端痛苦,难以转变僵化的思维模式,仪式化的问候,需要走相同的路线或每天吃同样的食物)。

3. 高度受限的固定的兴趣,其强度和专注度方面是异常的(例如对不寻常物体的强烈依恋或先占观念,过度的局限或持续的兴趣)。

4. 对感觉输入的过度反应或反应不足,或在对环境的感受方面有不寻常的兴趣[例如,对疼痛(温度)的感觉麻木,对特定的声音或质地的不良反应,对物体过度地嗅或触摸,对光线或运动的凝视]。

标注目前的严重程度:

严重程度是基于社交交流的损害和受限的重复的行为模式(参见本章中的表1)。

C. 症状必须存在于发育早期(但是直到社交需求超过有限的能力时,缺陷可能才会完全表现出来,或可能被后天学会的策略所掩盖)。

D. 这些症状导致社交、职业或目前其他重要功能方面的有临床意义的损害。

E. 这些症状不能用智力障碍(智力发育障碍)或全面发育迟缓来更好地解释。智力障碍和孤独症(自闭症)谱系障碍经常共同出现,做出孤独症(自闭症)谱系障碍和智力障碍的合并诊断时,其社交交流应低于预期的总体发育水平。

注:若个体患有已确定的 DSM-5 中的孤独症(自闭症)、Asperger 氏障碍或未在他处注明的全面发育障碍的诊断,应给予孤独症(自闭症)谱系障碍的诊断。个体在社交交流方面存在明显缺陷,但其症状不符合孤独症(自闭症)谱系障碍的诊断标准时,应进行社交(语用)交流障碍的评估。

标注如果是:

有或没有伴随的智力损害。

有或没有伴随的语言损害。

与已知的躯体或遗传性疾病或环境因素有关（编码备注：使用额外的编码来确定有关的躯体或遗传性疾病）。

与其他神经发育、精神或行为障碍有关（编码备注；使用额外的编码来确定有关的神经发育、精神或行为障碍）。

伴紧张症（其定义参见与其他精神障碍有关的紧张症的诊断标准，第49-50页）〔编码备注：使用额外的编码F06.1与孤独症（自闭症）谱系障碍相关的紧张症表明存在合并的紧张症〕。

表1　孤独症（自闭症）谱系障碍的严重程度

严重程度	社交交流	受限的重复性行为
水平3 "需要非常多的支持"	语言和非语言社交交流技能方面的严重缺陷导致功能上的严重损害，极少启动社交互动，对来自他人的社交示意的反应极少。例如，个体只能讲几个能够被听懂的字，很少启动社交互动，当他（她）与人互动时会做不寻常的举动去满足社交需要，且仅对非常直接的社交举动做出反应	行为缺乏灵活性，应对改变极其困难，或其他局限的（重复性）行为显著影响了各方面的功能。改变注意力或行动很困难（痛苦）
水平2 "需要较多的支持"	在语言和非语言社交交流技能方面的显著缺陷；即使有支持仍有明显社交损害；启动社交互动有限；对他人社交示意反应较少或异常。例如，个体只讲几个简单的句子，其互动是局限在非常狭窄的特定兴趣方面，且有显著的奇怪的非语言交流	行为缺乏灵活性，应对改变困难，或其他局限的（重复性）行为对普通观察者来说看起来足够明显，且影响了不同情况下的功能。改变注意力或行动痛苦（困难）
水平1 "需要支持"	在没有支持的情况下，社交交流方面的缺陷造成可观察到的损害。启动社交互动存在困难，是对他人的社交示意的非典型的或不成功反应的明显例子。可表现为对社交互动方面的兴趣减少。例如，个体能够讲出完整的句子和参与社交交流，但其与他人的往来对话是失败的，他们试图交友的努力是奇怪的，且通常是不成功的	缺乏灵活性的行为显著地影响了一个或多个情境下的功能。难以转换不同的活动。组织和计划的困难妨碍了其独立性

记录步骤

对于那些与已知的躯体或遗传性疾病或环境因素或其他神经发育的、精神的或行为障碍相关的孤独症(自闭症)谱系障碍，记录为与疾病障碍的名称或因素相关的孤独症(自闭症)谱系障碍[例如，与 Rett 氏综合征相关的孤独症(自闭症)谱系障碍]。严重程度应记录为本章表2中两种精神病理领域中的每一种需要支持的水平(例如，"社交交流缺陷方面需要非常多的支持，及受限的重复性行为方面需要多的支持")。接下来应记录"有伴随的智力损害"或"没有伴随的智力损害"的标注。再下来是记录语言损害的标注。如果有伴随的语言损害，则应记录目前的语言功能水平(例如，"有伴随的语言损害—无可理解的言语"或"有伴随的语言损害—短语言语")。如果存在紧张症，则应分开记录"与孤独症(自闭症)谱系障碍相关的紧张症"。

附录二 自闭症（孤独症）谱系障碍
（编码：F84.0）

诊断标准

A. 在多种场所，社交交流和社交互动方面存在持续性的缺陷，表现为目前或病史中的下列情况（以下为示范性举例而非全部情况）：

1. 社交情感互动缺陷，如从异常的社交接触和不能正常地来回对话，到分享兴趣、情绪或情感的减少，再到不能启动或不能对社交互动做出回应。

2. 在社交互动中使用非语言交流行为的缺陷，如从语言和非语言交流的整合困难，到眼神接触和身体语言异常或理解和使用手势存在缺陷，再到完全缺乏面部表情和非语言交流。

3. 发展、理解和维持人际关系的缺陷，如从难以调整自己的行为以适应各种社交情境，到难以分享想象的游戏或交友，再到对同伴缺乏兴趣。

B. 受限的、重复的行为、兴趣或活动模式，表现为目前或病史中至少存在下列两种情况（以下为示范性举例而非全部情况）：

1. 刻板或重复的躯体运动、使用物体或言语（如简单的躯体刻板运动、重复摆放玩具或翻转物体、重复说着模仿言语或特殊短语）。

2. 坚持相同性，缺乏弹性地坚持常规、仪式化的语言或非语言的行为模式（如对微小的改变极端痛苦，难以转变僵化的思维模式，仪式化的问候，需要走相同的路线或每天吃同样的食物）。

3. 高度受限的、固定的兴趣，其强度和专注度方面是异常的（如对不寻常物体的强烈依恋或关注，过度局限的或持续的兴趣）。

4. 对感官输入的过度反应或反应不足，或对环境的感受有不同寻常的兴趣[如对疼痛（温度）的感觉麻木，对特定的声音或质地的不良反应，过度地嗅或触摸物体，视觉上对光线或运动痴迷]。

C. 症状必须存在于发育早期（但直到社交需求超过其有限的能力时，缺陷可能才会完全表现出来，或可能被后天学会的策略所掩盖）。

D. 这些症状导致了社交、职业或目前其他重要功能方面的有临床意义的损害。

E. 这些症状不能用智力发育障碍（智力障碍）或全面发育迟缓来更好地解释。智力发育障碍（智力障碍）和自闭症（孤独症）谱系障碍经常同时出现，做出自闭症（孤独症）谱系障碍和智力发育障碍（智力障碍）的共病诊断时，个体的社交交流应低于预期的总体发育水平。

注：若个体患有已确定的 DSM-5 中的孤独症（自闭症）、阿斯伯格综合征或未在他处标注的全面发育障碍，则应给予自闭症（孤独症）谱系障碍的诊断。若个体在社交交流方面存在明显缺陷，但其症状不符合自闭症（孤独症）谱系障碍的诊断标准，则应进行社交（语用）交流障碍的评估。

严重程度应基于社交交流的损害和受限的重复行为的模式（参见表2）：

需要非常多的支持。

需要较多的支持。

需要支持。

标注如果是：

有或没有伴随的智力损害；有或没有伴随的语言损害。

标注如果是：

与已知的遗传疾病或其他躯体疾病或环境因素有关（编码备注：使

用额外的编码来确定有关的遗传或躯体疾病）。

与其他神经发育、精神或行为问题有关（编码备注：使用额外的编码来确定有关的神经发育、精神或行为问题）。

标注如果是：

伴紧张症（其定义参见与其他精神障碍有关的紧张症的诊断标准，第130-131页）。［编码备注：使用额外的编码F06.1"与自闭症（孤独症）谱系障碍相关的紧张症"表明存在共病的紧张症］。

记录步骤

标注表2中两种核心精神病理领域的每一种需要支持的水平（如"社交交流方面需要非常多的支持及受限的重复的行为方面需要多的支持"）可能会对诊断有所帮助。接下来应列出"有伴随的智力损害"或"没有伴随的智力损害"的情况。再下来要记录语言损害的情况。如果有伴随的语言损害，则应列出目前的语言功能水平（如"有伴随的语言损害—不能理解的言语"或"有伴随的语言损害—短语型言语"）。

对自闭症（孤独症）谱系障碍来说，"与已知的遗传疾病或躯体疾病或环境因素有关"或"与其他神经发育、精神或行为问题有关"这两个标注是恰当的，应记录为"与疾病、障碍或因素的名称相关的自闭症（孤独症）谱系障碍"［如与结节性硬化症相关的自闭症（孤独症）谱系障碍］。这些标注适用于列出的疾病或问题与个体的临床服务潜在相关的情况，并不一定表明这些疾病或问题与自闭症（孤独症）谱系障碍有因果关系。如果相关的神经发育、精神或行为问题符合神经发育障碍或其他精神障碍的标准，则应同时诊断为自闭症（孤独症）谱系障碍和其他精神障碍。

如果存在紧张症，则应分别记录"与自闭症（孤独症）谱系障碍相关的紧张症"。更多信息参见"精神分裂症谱系及其他精神病性障碍"一章中与其他精神障碍相关的紧张症的诊断标准。

表2 自闭症(孤独症)谱系障碍的严重程度(需要支持水平的范例)

严重程度	社交交流	受限的重复性行为
水平3"需要非常多的支持"	在语言和非语言社交交流技能方面的严重缺陷导致功能上的严重损害,极少启动社交互动,对来自他人的社交示意反应极少,如个体只能讲几句能够被听懂的话,很少启动社交互动,当与人互动时,个体会作出不寻常的举动去满足社交需要,且仅对非常直接的社交举动作出反应	行为缺乏灵活性,应对改变极其困难,或其他局限的(重复的)行为显著影响了各方面的功能。改变注意力或行动非常痛苦(困难)
水平2"需要较多的支持"	在语言和非语言社交交流技能方面的显著缺陷(即使有支持)仍有明显的社交损害,启动社交互动有限,对他人的社交示意反应较少或异常,如个体只能讲简单的句子,其互动局限在非常狭窄的特定兴趣方面,且有显著的奇怪的非语言交流	行为缺乏灵活性,应对改变比较困难,或其他局限的(重复的)行为对普通观察者来说足够明显,且影响了不同情境下的功能。改变注意力或行动比较痛苦(困难)
水平1"需要支持"	在没有支持的情况下,社交交流方面的缺陷造成可观察到的损害,启动社交互动存在困难,如对他人的社交示意有非典型或不成功的反应。可表现为对社交互动的兴趣减少,如个体能够讲出完整的句子和参与社交交流,但与他人的对话是失败的,个体试图交友的努力是奇怪的且通常是不成功的	缺乏灵活性的行为显著地影响了一个或多个情境下的功能。难以转换不同的活动。组织和计划的困难妨碍了其独立性

标注

严重程度标注(参见表2)可用来简要描述目前的症状(可能降到水平1以下)。严重程度会因环境而异,会随着时间而波动。社交交流困难和受限的、重复的行为的严重程度应该分别评估。严重程度不应被作为决定是否具有被服务的资格和是否需要提供服务的依据。事实上,总体上具有相对较好的技能的个体可能会遇到不同的甚至较大的社会心理挑战。因此，服务的需求只能在个体的水平上通过讨论个体的优先事项和目标来决定。

关于标注"有或没有伴随的智力损害"，理解患有自闭症（孤独症）谱系障碍的儿童或成人的智力概貌（经常是不一致的），对于解释诊断特征是必要的。分别评估言语和非言语技能很有必要（如使用不定时的非语言的测评来评估语言受限个体的潜在优势）。

应使用标注"有或没有伴随的语言损害"来评估和描述目前的言语功能水平。无法理解的言语（非言语）、只有单字或短语都可以使用"有伴随的语言损害"的标注。"没有伴随的语言损害"个体的语言水平可以通过"用完整的句子说话"或"具有流利的言语"来进一步描述。因为自闭症（孤独症）谱系障碍患者的感受性语言落后于表达性语言的发展，所以，对感受性语言和表达性语言技能应该分别予以考虑。

当个体患有已知的遗传疾病（如雷特综合征、脆性 X 综合征、唐氏综合征）、躯体疾病（如癫痫）、子宫内环境暴露于已知的致畸剂或感染（如胎儿丙戊酸盐综合征、胎儿酒精综合征、胎儿风疹）的病史时，使用标注"与已知的遗传疾病或其他躯体疾病或环境因素有关"。该标注不应被视为自闭症（孤独症）谱系障碍病因的同义词。当一种疾病被认为与自闭症（孤独症）谱系障碍具有潜在的临床相关性或有助于服务，而不是因为临床工作者认为它是病因时，它可能会被考虑为与自闭症（孤独症）谱系障碍有关。例如，与独特的基因复制数变异有关的自闭症（孤独症）谱系障碍，它具有临床相关性，即使并未直接引起特定的变异，先前也没有认为与自闭症（孤独症）谱系障碍或克隆病有关，但它可能会加重行为症状。

可以使用"与其他神经发育、精神或行为问题有关"来标注那些有助于功能概念化或作为治疗焦点的问题（如易怒、睡眠问题、自伤行为或发育退化）。额外的神经发育、精神或行为障碍[如注意缺陷（多动障碍），发育性协调障碍，破坏性、冲动控制及品行障碍，焦虑或双相障碍，抽动或抽动秽语综合征，喂食、排泄或睡眠障碍]也应作为单独的诊断。

紧张症可以作为自闭症(孤独症)谱系障碍的一种共病出现。除了典型的摆姿势、违拗(对指令或外部刺激抗拒或无反应)、缄默和木僵症状，刻板运动和自伤行为的增加或恶化也可能构成自闭症(孤独症)谱系障碍中紧张症症状群的一部分。

诊断特征

自闭症(孤独症)谱系障碍的核心特征是存在社交交流和社交互动的持续损害(诊断标准 A)和受限的、重复的行为、兴趣或活动模式(诊断标准 B)。这些症状从发育早期出现，并限制或损害了日常功能(诊断标准 C 和 D)。根据个体的特征和个体所处的环境，功能性损害变得明显的阶段会有所不同。核心诊断特征在发育阶段很明显，但是干预、代偿和目前的支持在一些情境下可以掩盖困难，该障碍的表现会因自闭状况的严重程度、发育水平、实际年龄以及性别等不同而有很大的差别，因而使用了术语谱系。没有伴随的智力或语言损害的个体可能比有伴随的智力或语言损害的个体存在更轻微的缺陷表现(如诊断标准 A 和 B)，并且可能正在努力掩盖这些缺陷。如果个体具有更好的整体交流技巧(如口语流利，没有智力障碍)，诊断标准 A 的社交交流缺陷会更加轻微。类似地，如果兴趣更接近典型的年龄常模，则诊断标准 B 的缺陷(即行为和兴趣的受限模式)可能不明显。自闭症(孤独症)谱系障碍包括先前所指的早期婴儿自闭症、儿童自闭症、坎纳自闭症(Kanner's autism)、高功能自闭症、非典型自闭症、未特定的广泛性发育障碍、儿童期瓦解障碍和阿斯伯格综合征。

诊断标准 A 中特定的交流和社交互动的损害是全面而持续的。当诊断是基于多重信息来源时，包括临床工作者的观察、照料者提供的病史以及自我报告（可能的话），诊断才是最有效和可靠的。基于个体的年龄、智力水平、语言能力以及其他因素，如治疗史和现有的支持，社交交流中言语和非言语的缺陷会有不同的表现。许多个体有语言缺陷，其范围可以从言语完全缺乏到语言迟缓、对言语的综合理解力差、模仿性言语或生硬且过于书面化的语言等。即使正式的语言技能（如词汇、语法）完好无损，有自闭症（孤独症）谱系障碍的个体相互交流的语言技能也受到了损害。

社交情感互动（即与他人互动及分享想法和感受的能力）的缺陷在患有该障碍的幼儿中可能表现为极少或没有社交互动，没有情感分享，很少或不模仿他人的行为；语言经常是单向的，缺乏社交互动，且语言仅被用来表达需求或标记而不是给予评论、分享感受或交谈，在没有智力障碍或语言迟缓的年龄较大的儿童或成人中，特别明显的社交情感互动缺陷可能是难以理解复杂的社交线索（如何时、如何与人谈话，不该说什么）及对其做出反应。对一些社交挑战发展出代偿策略的成人在新的或非支持性情境中仍然存在困难，那些对大多数普通人来说是社交直觉的事情，对他们来说仍需要做出努力，他们可能仍然会感到焦虑。一些自闭症（孤独症）谱系障碍个体的上述情况可能难以被发现，尤其是在成年女性中。因此，想要做出诊断可能需要更长时间的评估，需要在自然语言场所观察，以及询问其任何社交互动方面的努力。如果被问及社交互动的成本，这些个体可能回答社交互动让他们筋疲力尽，因为他们觉得自己在遵守社会习俗方面付出了过多的精力，他们因为不能做自己而觉得自尊心受伤等。

用于社交互动的非言语交流行为的缺陷表现为眼神接触（相对于文化常模）、手势、面部表情、身体定位或言语语调等方面的缺乏、减少或非典型使用。自闭症（孤独症）谱系障碍的早期特征是存在联合注意力的损害，表现为缺乏指示、展示或将物品与他人分享的兴趣，行动上或眼神不能跟随他人的指示。个体可能学会一些功能性手势，但是他们的技能要比其他人少，而且他们经常不能在交流中自发地使用表达性手势。在语言流利的年轻人和成人中，在互动时非言语交流与言语协调的困难可能会给人一种非常古怪、呆板或夸张的肢体语言的印象。在个别模式中损害可能相对轻微（如说话时可能有相对良好的眼神接触），但是社交交流中眼神接触、手势、身体姿势、语调和面部表情的不良整合会很明显，或者在长期持续或在应激情况下难以维持交流方面也很明显。

发展、维持和理解人际关系的缺陷应该依据年龄、性别和文化的规范加以判断。可能表现为没有、减少或不典型的社交兴趣，对他人排斥、被动，或使用看起来像攻击或破坏行为的不恰当方式。这些困难在幼儿中表现得非常明显，他们经常缺乏可以分享的社交游戏和想象类游戏（如与年龄相匹配的灵活的假扮游戏），并且常常坚持按照非常固定的规则进行游戏。有此障碍的个体即使年龄较大也难以理解在一种场景下被认为恰当而在另一种场景下却不恰当的行为（如在求职面试时随意的行为）或不同的语言使用方式（如讽刺、善意的谎言）。他们可能对独自活动或与年龄特别小或特别大的个体互动有明显的偏好，通常渴望建立友谊，但对友谊会带来什么缺乏完整或现实的概念（如单方面的友谊或仅仅基于分享特殊兴趣的友谊）。诊断时，个体与兄弟姐妹、同事和照料者之间的关系也要重点考虑（针对互动性方面）。

自闭症（孤独症）谱系障碍也被定义为受限的、重复的行为、兴趣或活动模式（如在诊断标准 B 中特定的那样），其显示了基于年龄、能力、干预及目前得到的支持的一系列表现，刻板或重复的行为包括简单的躯体运动（如拍手、弹手指）、重复使用或摆放物品（如旋转硬币、摆放玩具）和重复的言语（如模仿言语，迟缓或即刻机械地模仿听到的单词，当提到自己时使用"你"，刻板地使用单词、短语或韵律）。过度地坚持常规和受限的行为模式可能表现为抗拒改变（对微小的改变感到痛苦，如对选择不同的路去学校或工作场所感到痛苦；坚持遵守规则；思想僵化）或刻板的言语（如重复提问）或非言语的模式（如圈踱步）。在自闭症（孤独症）谱系障碍中，高度受限的、固定的兴趣主要是在强度或专注度方面的异常（如幼儿强烈地依恋平底锅或一根绳子，儿童沉湎于吸尘器，成人花数小时写出日程表）。一些着迷和常规可能与对感官输入的反应过度或不足有关，表现为对特定的声音或质地的过度反应，对物体过度地嗅闻或触摸，对光线或旋转物体特别感兴趣，以及有时对疼痛、热或冷的明显麻木。对味觉、嗅觉、质地或食物外观的过度反应或过度的食物限制都很常见，这些可能是自闭症（孤独症）谱系障碍的表现特征。

许多没有伴随智力或语言损害的自闭症（孤独症）谱系障碍的成人患者会学习在公共场所抑制其重复行为。在这些个体中，摇摆或弹手指等重复行为可能具有抗焦虑或自我舒缓的功能。

特殊的兴趣可以是乐趣和动力的来源，并且能为日后生活中的教育和职业提供途径。如果在儿童期或在过去某段时间出现过受限的、重复的行为、兴趣或活动模式，即使症状不再存在，也可能符合诊断标准。

诊断标准 D 要求这些特征必须具备导致社交、职业或目前其他重要功能方面的有临床意义损害的特征。诊断标准 E 特别说明了社交交流缺陷虽然有时伴有智力发育障碍（智力障碍），但与个体的发展水平不一致，损害超出了基于发育水平的预期困难。

有良好的心理测评性能的标准化行为诊断工具，包括照料者访谈、问卷调查和临床工作者观察评估等都是可用的，可以提高诊断的可靠性，并且能随着时间的推移和临床工作者的更换而不断改进。然而，自闭症（孤独症）谱系障碍的症状作为维度出现，没有被普遍接受的构成障碍的划界分数。因此，考虑到所有可用信息，诊断仍然是临床诊断，而不仅仅由特定问卷或观察测评分数决定。

相关特征

许多有自闭症（孤独症）谱系障碍的个体也有智力损害和（或）语言损害（如说话缓慢、语言综合理解落后于语言生成）。即使是有平均或较高智力水平的人，他们的能力概貌通常也参差不齐。智力与适应功能之间的差异经常是巨大的。有自闭症（孤独症）谱系障碍的个体通常存在心智理论缺陷（即难以从另一个个体的角度看世界），但并非所有案例都存在这种缺陷，在有自闭症（孤独症）谱系障碍的个体中，执行功能缺陷也很常见，但并不具体，中心信息整合困难（即难以理解背景或"看到大局"，因此倾向于过度关注细节）也很常见。

对有自闭症（孤独症）谱系障碍的个体来说，运动缺陷经常存在，包括怪异的步态、笨拙和异常的运动体征（如用脚尖走路）。他们还可能出现自残（如撞击头部、咬手腕）的情况，在与其他障碍，包括智力发育障碍（智力障碍）相比时，有自闭症（孤独症）谱系障碍的儿童和青少年的破坏（挑衅）行为也更常见，一些个体可能会出现紧张症样运动行为（行动中动作变慢和"僵住"），但是这些通常达不到一次紧张症发作的程度。然而，也有些有自闭症（孤独症）谱系障碍的个体可能会经历运动症状方面的显著加重，并表现出一次完全的紧张症发作，出现如缄默摆姿势、扮鬼脸和蜡样屈曲等症状。自闭症（孤独症）谱系障碍共病紧张症的危险似乎在青少年期最为突出。

患病率

据报道，美国自闭症（孤独症）谱系障碍的患病率为1%～2%，儿童

238

和成人样本中的估计值与此类似。然而，即使考虑到社会经济资源的影响，美国非裔美国人的患病率(1.1%)和拉丁裔儿童的患病率(0.8%)似乎低于白人儿童的患病率(1.3%)。公布的自闭症(孤独症)谱系障碍的患病率可能受到某些种族背景的个体的误诊、延迟诊断或诊断不足的影响。该障碍的患病率在非美国国家接近1%(全球患病率中位数为0.62%)，在地理区域或种族以及儿童和成人样本之间没有显著差异。在全球范围内，确定的流行病学样本中男性与女性的比例约为3∶1，自闭症(孤独症)谱系障碍在妇女和女孩中的识别不足需要加以关注。

发展与病程

诊断时还应注意自闭症(孤独症)谱系障碍的起病年龄和模式。自闭症(孤独症)谱系障碍的行为特征首先在儿童早期变得明显，有些个体在生命的第一年就表现出对社交互动缺乏兴趣。症状通常在生命的第二年(12~24个月)被识别出来，但是，如果发育迟缓很严重，就可能在12个月之前被发现；如果症状比较轻微，也可能晚于24个月才会被发现。起病的描述可能包括关于早期发育迟缓的信息或者任何社交或语言技能丧失的信息。对技能已经丧失的个体，父母或照料者可能提供个体在社交行为或语言技能方面逐渐或相对快速加重的病史。通常，这种情况在12~24个月出现。

前瞻性研究表明，在大多数情况下，自闭症(孤独症)谱系障碍的起病与生命最初2年关键社交和交流行为的下降有关。这种下降在其他神经发育障碍中很少见，并且可能是自闭症(孤独症)谱系障碍诊断的一个特别有用的指标。极少数情况下，个体会在正常发育至少2年后出现发育倒退(之前被描述为儿童期瓦解障碍)，这种情况更为不寻常，需要进行更广泛的医学调查(即慢波睡眠综合征以及获得性癫痫失语综合征期间的持续峰值和波)。这些脑病通常表现为社交交流以外的技能丧失(如丧失自我照料、如厕和运动技能)(参见本障碍"鉴别诊断"部分的雷特综合征)。

自闭症(孤独症)谱系障碍的初始症状常常涉及延迟的语言发育,经常伴随社交兴趣的缺乏或不常见的社交互动(如用手拉别人但没有任何意图去看他们)、古怪的游戏模式(如随身携带玩具但是从不玩它们),以及不常见的交流模式(如认识字母但是对自己的名字没有回应)。这些症状可能被怀疑是耳聋所致的,但通常又被排除。在第二年,古怪和重复的行为以及典型游戏的缺失日益明显。因为许多发育中的幼儿通常有强烈的偏好,喜欢重复(如吃同样的食物、多次观看相同的视频),所以在学龄前儿童中诊断自闭症(孤独症)谱系障碍的受限的和重复的行为可能存在困难。临床上的鉴别一般基于行为的类型、频率和强度(如儿童每天摆放物品数小时并对任何物品的移动感到痛苦)。

自闭症(孤独症)谱系障碍不是一种退行性疾病,且通常需要终身的学习和代偿策略。症状经常在儿童早期和学龄早期最明显,通常至少有一些方面在儿童期晚期会有发育上的改善(如社交互动的兴趣增加)。在青少年期。有一小部分个体会出现行为方面的加重,但是大多数个体会有所改善。只有少数有自闭症(孤独症)谱系障碍的个体在成人期可独立地生活和工作。由于自闭症(孤独症)谱系障碍的诊断在具有更高的语言和智力能力的人群中更为频繁,多数这类个体能够找到他们的特殊兴趣和技能之间的匹配性,因此他们更容易被雇佣。获得职业康复服务能显著改善有自闭症(孤独症)谱系障碍的过渡年龄(一般为18~25岁)青年的竞争性雇佣效果。

一般来说,损害水平较低的个体能够更好地独立行使功能。然而,即使这样,个体可能仍然表现出社交幼稚和易受伤害,在没有帮助时难以处理实际需求,且容易感到焦虑和抑郁。许多成人报告他们使用代偿策略和应对机制去掩盖自己在公共场所的困难,但是要承受压力和努力去维持社交上可以被接受的表象,关于老年自闭症(孤独症)谱系障碍还相对了解较少,但文献显示老年自闭症(孤独症)谱系障碍有较高比例的共病躯体疾病。

一些个体在成人期第一次被诊断出来,可能是由于家庭中某个儿童被诊断为自闭症(孤独症)谱系障碍抑或是工作或家庭关系破裂。在这样的案例中,获得详细的发育史可能有困难,获得自我报告也很困难。在临床观察表明目前符合诊断标准的情况下,特别是如果有童年期较差的社交和交流技能的病史支持的情况下,可能会诊断出自闭症(孤独症)谱系障碍。如果有一份令人信服的报告(由父母或其他亲属提供)表明该个体在童年期有正常和持续的交互性友谊且有良好的非言语交流技能的话,将显著降低诊断为自闭症(孤独症)谱系障碍的可能性;然而,如果发育信息本身不明确或缺失,则并不足以排除自闭症(孤独症)谱系障碍的诊断。

自闭症(孤独症)谱系障碍的社交和交流损害以及受限的重复的行为表现在发育期是明显的。在后期的生活中,干预或代偿以及现有的支持可能会掩盖至少某些情境中的此类情况,总体而言,症状仍然足以导致目前在社交、职业或其他重要功能方面的损害。

风险与预后因素

对于有自闭症(孤独症)谱系障碍的个体,已经确立的最好的预后因素是是否存在有关的智力发育障碍(智力障碍)和语言损害(如5岁时具有功能性语言是一个良好的预后体征),以及额外的精神健康问题,癫痫作为一个共病诊断,与更严重的智力发育障碍(智力障碍)和更低的言语能力有关。

环境的风险

神经发育障碍的各种风险因素,如父母高生育年龄、早产或在子宫内接触某些药物或致畸剂(如丙戊酸盐),可能会增加患自闭症(孤独症)谱系障碍的风险。

遗传与生理的风险

基于双生子的共患率,自闭症(孤独症)谱系障碍遗传度的估计值从37%到高于90%不等,以及最近的一个五国队列估计遗传度为80%。目前,15%的自闭症(孤独症)谱系障碍的案例似乎与一个已知的基因突变有关,在不同家庭中与此障碍有关的特定基因存在新生的复制数变异或新生的突变。然而,即使是与一个已知的基因突变有关的自闭症(孤独症)谱系障碍,它似乎也不是完全外显的[即并非所有具有相同基因异常的个体都会患上自闭症(孤独症)谱系障碍]。大多数案例的风险似乎是多基因的,可能有上百个基因位点起了相对较小的作用。由于在基因研究中涉及的有色人种社区有限,因此尚不清楚这些发现是否适用于所有种族(民族)群体。

与文化相关的诊断问题

社交互动、非言语交流和人际关系的规范存在文化差异,但是有自闭症(孤独症)谱系障碍的个体在其文化背景的规范下明显受损。文化影响对自闭行为的感知、某些行为对其他行为的显著性,以及对儿童行为和育儿实践的期待。对来自不同种族背景的儿童,自闭症(孤独症)谱系障碍的诊断在年龄上存在很大差异。大多数研究发现,受社会压抑的民族和种族的儿童的诊断会延迟,此外,非裔美国儿童比白人儿童更常被误诊为适应障碍或品行障碍。

与性和性别相关的诊断问题

自闭症(孤独症)谱系障碍在男性中的诊断率是女性的3~4倍,平均而言，女性的诊断年龄较晚。在临床样本中，女性往往更容易出现伴随的智力发育障碍（智力障碍）和癫痫，这表明没有伴随的智力损害或语言迟缓的女孩可能无法被识别，这可能是因为女孩有较轻的社交和交流困难。与患有自闭症（孤独症）谱系障碍的男性相比，尽管与男性有类似的社交理解困难，但女性可能有更好的交互性交谈，更可能分享兴趣以及整合语言和非语言行为，并根据情况改变自己的行为。试图隐藏或掩盖自闭行为（如通过模仿社交成功女性的着装、声音和方式）也可能使某些女性的诊断更加困难。平均而言，女性的重复行为可能不如男性明显，并且特殊兴趣可能更具有社会性（如歌手、演员）或"正常"的关注焦点（如马），但在强度上仍然不正常。据报道，相对于一般人群，自闭症（孤独症）谱系障碍的性别差异率有所增加，女性的差异高于男性。

与自杀想法或行为的相关性

与没有自闭症（孤独症）谱系障碍的个体相比，患有自闭症（孤独症）谱系障碍的个体自杀死亡的风险更大。与没有社交交流损害的儿童相比，有社交交流损害的自闭症（孤独症）谱系障碍儿童在16岁时有更高的自伤风险，伴有自杀意念、自杀想法和自杀计划。与年龄和性别匹配的对照者相比，患有自闭症（孤独症）谱系障碍的少年和青年的自杀企图风险增加，即使在调整了人口统计学因素和精神障碍的共病后也是如此。

自闭症（孤独症）谱系障碍的功能性后果

对有自闭症（孤独症）谱系障碍的幼儿而言，缺乏社交和交流能力可能妨碍学习，特别是通过社交互动或在有同伴的场所中的学习。在家里，坚持常规、厌恶改变以及比较敏感可能妨碍进食和睡眠，也会使得常规护理(如理发、牙齿护理)变得非常困难。适应技能通常低于测得的智商。计划、组织和应对改变方面的极端困难会对学业成绩造成负性影响，即使那些智力在平均水平以上的学生也是如此。在成人期，由于持续的机械性和难以适应新事物，这些个体可能很难变得独立。

许多患有自闭症(孤独症)谱系障碍的个体，即使没有智力发有障碍(智力障碍)，成人心理社会功能(如独立生活和有酬就业等指标)也不佳，老年人的功能性后果尚不清楚，但社会接触变少和交流问题(如求助减少)可能会对老年人的健康造成不良影响。

同时发生的智力发育障碍(智力障碍)、癫痫、精神障碍和慢性躯体疾病可能导致了自闭症(孤独症)谱系障碍患者的过早死亡风险较高。自闭症(孤独症)患者的受伤和中毒死亡人数高于一般人群，自杀死亡人数也是如此，溺水也是自闭症(孤独症)谱系障碍儿童意外死亡的主要原因。

鉴别诊断

注意缺陷/多动障碍

注意的异常(过度关注或容易分神)在有自闭症(孤独症)谱系障碍的个体中很常见，多动症状也是如此。此外，一些患有注意缺陷(多动障碍)的个体可能会表现出社交交流缺陷，如打断他人讲话、说话太大声以及不尊重个人空间。尽管可能很难将注意缺陷/多动障碍与自闭症(孤独症)谱系障碍区分开来，但注意缺陷/多动障碍的发育过程和缺乏受限的、重复的行为及不寻常的兴趣仍有助于区分这两种情况。当个体的注意困难或多动超出了在心智年龄相匹配的个体中典型所见时，应考虑同时诊断注意缺陷/多动障碍，并且注意缺陷/多动障碍是自闭症(孤独症)谱系障碍中最常见的共病之一。

不伴有自闭症(孤独症)谱系障碍的智力发育障碍(智力障碍)

在非常年幼的儿童中，鉴别不伴有自闭症(孤独症)谱系障碍的智力发育障碍(智力智碍)和自闭症(孤独症)谱系障碍是困难的。有智力发育障碍(智力智碍)的个体如果没有发展出语言或符号语言的技能，对于鉴别诊断就提出了挑战，因为重复的行为经常出现在这样的个体中。在有智力发育障碍(智力智碍)的个体中，当社交交流和互动相对于个体的非言语技能(如精细的运动技能、非言语问题的解决能力)的发育水平显著受损时，做出自闭症(孤独症)谱系障碍的诊断是恰当的。相反，当社交交流技能和其他智力技能的水平没有显著受损时，做出智力发育障碍(智力障碍)的诊断更为恰当。

语言障碍与社交(语用)交流障碍

在一些形式的语言障碍中可能存在交流问题和一些继发的社交困难。然而，特定的语言障碍通常与异常的非言语交流无关，有语言障碍的个体也没有受限的、重复的行为、兴趣或活动模式。

当个体显示出社交交流和社交互动的缺陷但未显示出受限的、重复的行为、兴趣时，可能符合社交(语用)交流障碍的诊断标准，而不是自闭症(孤独症)谱系障碍。当个体的状况符合自闭症(孤独症)谱系障碍的诊断标准时，自闭症(孤独症)谱系障碍的诊断可以取代社交(语用)交流障碍的诊断，同时应该仔细询问既往或目前受限的、重复的行为模式。

选择性缄默症

在选择性缄默症中，早期发育通常没有被干扰。个体通常在一些情境和环境下表现出恰当的交流技能。即使在儿童须保持安静的场所，个体的社交交互性也未受损，也没有受限的或重复的行为模式。

刻板运动障碍

刻板运动是自闭症(孤独症)谱系障碍的诊断标志之一,因此,当重复的行为用自闭症(孤独症)谱系障碍来解释更合适时,就无须再额外给出刻板运动障碍的诊断。然而,当刻板运动引起自伤并成为治疗的焦点时,可以同时给出两种诊断。

雷特综合征

社交互动的中断可能在雷特综合征的退行阶段(一般在 1~4 岁)被观察到,因此,相当大比例的患病年幼女孩可能存在符合自闭症(孤独症)谱系障碍诊断标准的表现。然而,在这个阶段之后,大多数有雷特综合征的个体的社交交流技能会有所改善,且自闭的特征不再是他们症状的主要方面。因此,只有符合所有诊断标准时,才能考虑自闭症(孤独症)谱系障碍的诊断。

与焦虑障碍相关的症状

焦虑症状与自闭症(孤独症)谱系障碍的核心症状的重叠可能使自闭症(孤独症)谱系障碍中对焦虑症状的分类存在挑战性。例如,社交退缩和重复行为是自闭症(孤独症)谱系障碍的核心症状,但也可能是焦虑的表现。自闭症(孤独症)谱系障碍中最常见的焦虑障碍是特定恐怖症(病例数高达 30%),以及社交焦虑障碍和场所恐怖症(病例数高达 17%)。

强迫症

重复行为是强迫症和自闭症(孤独症)谱系障碍的共同特征。在这两种情况下,重复行为都被认为是不恰当的或奇怪的。在强迫症中,侵入性想法通常与污染、组织、性或宗教主题有关。个体对这些侵入性想法的反应是进行强迫行为,以试图缓解焦虑。在自闭症(孤独症)谱系障碍中,重复行为通常指更刻板的运动行为,如拍手、手指颤抖或更复杂的行为(如坚持常规或不停地排列物体)。与强迫症的情况相反，自闭症(孤独症)谱系障碍中的重复行为可能被感知为令人愉快的和充实的。

精神分裂症

儿童期起病的精神分裂症通常在一段时间的正常或接近正常的发育阶段之后出现。前驱期状态被描述为社交障碍、非典型的兴趣和信念的发生，这可能与自闭症(孤独症)谱系障碍中的社交缺陷和限制性的固定的兴趣相混淆。作为精神分裂症定义特征的幻觉和妄想不是自闭症(孤独症)谱系障碍的特征。然而，临床工作者必须考虑到有自闭症(孤独症)谱系障碍的个体在解释精神分裂症关键特征相关问题时会有具体化的倾向[如"在没人的时候你能听见声音吗?""能(在收音机里)"]。自闭症(孤独症)谱系障碍和精神分裂症可以同时出现，应在两者都符合诊断标准时给出诊断。

人格障碍

没有智力发育障碍(智力障碍)或明显语言损害的成人的一些与自闭症(孤独症)谱系障碍相关的行为可能被视为自恋型、分裂型或分裂样人格障碍的症状。特别是分裂型人格障碍，它可能与自闭症(孤独症)谱系障碍在不寻常的专注和感知体验、奇怪的思维和言语、受限的情感和社交焦虑、缺乏亲密的朋友，以及奇怪的行为方面相交叉。自闭症(孤独症)谱系障碍的早期发展过程(缺乏想象力的游戏、受限的或重复的行为、感觉敏感)最有助于人们将其与人格障碍区分开。

共病

自闭症(孤独症)谱系障碍常常与智力发育障碍(智力障碍)和语言障碍有关(即不能使用恰当的语法综合理解和构建句子)。在自闭症(孤独症)谱系障碍中，特定的学习困难(识字和识数方面的困难)很常见，发育性协调障碍也是这样。

自闭症(孤独症)谱系障碍可有与其共病的精神障碍。在有自闭症(孤独症)谱系障碍的个体中，约70%的个体可能有一种共病的其他精神障碍，约40%的个体可能有两种或多种共病的其他精神障碍。在与自闭症(孤独症)谱系障碍共病的障碍中，焦虑障碍、抑郁障碍和注意缺陷(多动障碍)尤其常见。共病回避性(限制性)摄食障碍也是自闭症(孤独症)谱系障碍相当常见的特征，并且可能持续存在极端和有限的食物偏好。

对那些不能讲话或有语言缺陷的个体，如果观察到他们有睡眠或进食的改变和挑衅性行为增加的体征，则应对他们进行焦虑或抑郁的评估，以及未确诊的躯体或牙科问题的潜在疼痛或不适的评估。与自闭症(孤独症)谱系障碍有关的躯体疾病通常包括癫痫和便秘。

后　记

　　本书得以顺利出版问世，离不开众多良师益友的无私帮助与深切关怀。在撰写与筹备的漫长过程中，我得到了来自四面八方的鼓励与支持，每一份温暖都如同灯塔一般照亮了我前行的道路。在此，笔者满怀感激之情，向所有给予我支持与鼓励的师长和朋友致以最诚挚的谢意。你们的陪伴与共同奋斗，让这段旅程充满了意义与价值。

　　在本书的撰写过程中，我广泛借鉴了国内外众多知名专家学者的宝贵研究成果。这些智慧的结晶不仅为我提供了丰富的素材与灵感，更为读者深入探索相关领域提供了多元、多样的视角与深邃的思考。在此，我谨向所有被引用的作者表示最深的敬意与感谢。你们的卓越贡献与不懈努力，为本书的丰富性和深度奠定了坚实的基础，也让我的研究能够更加全面和深入。

　　同时，我也深知自己在学术视野上的局限性。若在引用过程中存在未能详尽标注之处，我恳请相关作者能够海涵，并接受我诚挚的歉意与感激之情。我始终抱着对知识的敬畏之心，力求准确与完整，但难免会有疏漏之处，望能得到诸位的谅解与指正。

　　此外，我要特别感谢光明日报出版社的张金良老师、王佳琪老师及全体编辑团队。是你们的慧眼识珠、专业指导与不懈努力，让本书能够圆满完成并成功付梓。你们对笔者书稿的充分肯定、中肯的批评意见以及为本书出版所付出的辛勤工作，都让我深感荣幸与感激。你们的肯定与批评意见对本书的完善与提升起到了不可估量的作用，也让我更加明白了作为一名作者的责任与使命。

我还要将这份感激之情献给我的家人——父母、妻子与孩子。是你们在我生活、学习与工作的每一个阶段，都给予了我最坚定的支持、最深的理解与最温暖的鼓励。你们的爱与付出、鼎力相助，是我不断前进的思想和动力源泉。在我疲惫、困惑或迷茫的时候，是你们给了我力量与勇气，让我能够坚持走到今天。

最后，我深知本书受限于我个人的学识、经验及能力，难免存在不足之处与错误纰漏。在此，我诚挚地邀请各位专家与读者不吝赐教，您的每一条批评与建议都将是我的宝贵财富。它们将激励我不断探赜寻隐，也将激励我永远学习进步，追求更高的学术境界与更深的思考层次。对于您的慷慨指正与宝贵建议，我将不胜感激，并致力于在未来的研究中加以完善与提升。我希望通过不断的努力与进步，能够为读者带来更加有价值、有深度的作品。

作者写于二〇二四年六月